소설로
배우는
장외주식

소설로 배우는 장외주식

초판 1쇄 인쇄 2015년 11월 5일
초판 1쇄 발행 2015년 11월 10일

지은이 김태수
감수자 김종철
펴낸이 전익균

편집장 김진주
마케팅 기획 정우진
교 정 허강
디자인 김정
행사 및 매니지먼트 새빛에듀넷

펴낸곳 도서출판 새빛
주소 서울시 송파구 가락로 102
전화 (02) 2203-1996 **팩스** (02) 417-2622
이메일 svedu@daum.net **홈페이지** www.bookclass.co.kr
등록번호 제215-92-61832호 **등록일자** 2010. 7. 12

값 12,000원
ISBN 978-89-92454-12-4 (03320)
* 잘못 만들어진 책은 구입하신 곳에서 바꾸어 드립니다.

이 도서의 국립중앙도서관 출판시도서목록(CIP)은 서지정보유통지원시스템 홈페이지(http://seoji.nl.go.kr)와 국가자료공동목록시스템(http://www.nl.go.kr/kolisnet)에서 이용하실 수 있습니다.(CIP제어번호: CIP2015009176)

새빛 투자 소설 시리즈 2

소설로 배우는 장외주식

Off Board Market

만들어진 가격

| 김태수 지음 • 김종철 감수 |

도서출판 새빛
SAEVIT

차례

감수의 글

주식시장에서 30년 이상 주식시장을 분석해 온 저도 장외시장에서 형성되는 불합리한 주가의 흐름을 설명하긴 정말 어려운 일이다. 그런데 "소설로 배우는 장외주식"을 통해 그것이 인간의 욕심과 불확실한 자본주의의 제도적인 허점 때문임을 쉽게 이해할 수 있었다.

벤처기업들이 장외시장에서 자금을 조달하기 시작하면 주식을 둘러싼 수많은 사람들이 서로의 이해관계 속에서 자신의 이익을 추구하기 위해 전쟁을 치른다. 이 책은 저자의 경험을 바탕으로 이러한 일련의 과정들이 어떻게 이루어지는지를 디테일하게 보여주고 있어 투자자들이 간접 경험을 통해 장외주식의 생리를 이해할 수 있도록 해준다. 장외주식에 투자를 해 본 투자자라면 자신의 경험과 비교하면서 재미있게 읽어 나갈 수 있을 것이다.

그리고 올바른 벤처기업의 꿈을 키우고 있는 많은 기업인들에게도 순간의 욕심에 빠지거나 사기꾼들의 감언이설에 속아 기업의 주식을 휴지로 만드는 어리석은 의사결정을 피할 수 있는 도움을 줄 것이다.

일반적으로 장외주식 시장에서는 좀 더 큰 수익을 기대하고 투자하는 만큼 리스크도 제도권의 시장보다 훨씬 높을 수 밖에 없다. 따라서 투자자들은 자신이 매수하고자 하는 기업의 주가가 어떻게 시장에서 결정되었는지를 판단할 수 있어야만 한다. 지인의 말만 믿고 묻지마 투자를 감행하던 시대는 이미 끝났기 때문이다.

소설로 배우는 장외주식는 벤처기업의 주가가 장외시장에서 어떻게 불합리하게 상승할 수 있는지를 다양한 이벤트와 투자자들의 욕심을 통해 보여준다. 그리고 효율적시장가설과 법이 어떻게 악용될 수 있는지도 함께 설명한다.

자신의 이익만을 추구하려는 한탕주의의 극단적인 벤처기업인 박사장과 그를 둘러싸고 또 다른 개인의 이익만을 추구하는 주변인들의 진흙탕 싸움 속에서 인간의 욕심이 만들어낸 처참한 결과도 보여준다. 하지만 그럼에도 불구하고 선의의 투자자들이 구제받을 길은 어디에도 없음을 이 책에서는 말하고 있다. 어쩌면 그것이 우리가 살고 있는 냉정한 돈의 세계일 것이다.

많은 벤처기업들이 장외시장에서 자금을 조달하고 있지만 한국의 투자환경에선 쉽지 않은 일이다. 그나마 최근 코스닥 시장이 조금씩 활기를 띄고 있고, 제3시장이나 클라우드 펀드와 같은 다양한 투자방법들이 생겨나면서 제도적인 보호를 받을 수 있는 투자환경이 조금씩 조성되고 있다. 조금 더 위험을 감수하면 훨씬 큰 수익이 돌아오는 시장이므로 앞으로 투자매력도는 점점 더 상승 할 것이다. 따라서 투자자들은 장외주식에 대한 분석력을 키우고 다양한 경험을 해야만 한다. 이러한 것을 이 책을 통해 투자자들이 배우길 바란다. 향후 장외주식 투자에 있어 훌륭한 길잡이 역할을 해 줄 것으로 기대해 이 책을 추천 드린다.

〈김종철 / 주식정보라인 대표이사〉

서문

주식 사기꾼들은 어떻게 법과 제도를 악용하는 걸까요? 장외 주식시장에서 일반 투자자들은 어떻게 그런 사기꾼들과 왜곡된 주식의 가격과 만나게 되는 걸까요? 이 책에선 인간의 욕심과 자본주의 시장이론의 한계가 맞물려 장외주식시장에서 어떻게 주가가 왜곡되는지 보여주고자 했습니다.

라틴어로는 in dubio pro reo(인두비오프로레오), 영어로는 when in doubt, for the accused. 이 말의 뜻은 '의심스러운 때에는 피고인에게 유리하게'라는 형사법상의 기본원칙을 뜻합니다. 우리말로 하면 무죄추정의 원칙(無罪推定의 原則)이라고 합니다. 이것은 범인으로 지목된 사람에 대해 권력으로부터 독립한 사법부가 최종적으로 유죄 판결을 하기까지 무죄로 추정해야 한다는 원칙입니다.

프랑스 시민 혁명에서 발생한 것으로 알려져 있는데 1948년도에 유엔이 제정한 세계 인권선언 제11조에 기록되어 있고, 우리나라의 경우 헌법과 형사소송법에도 명시되어 있습니다.

영화나 뉴스에서 심심치않게 나오는 장면이 있습니다. 죄를 지은 게 분명한 거 같은데 증거불충분이라고 풀려나는 사람들을 볼 수 있을 겁니다. 예를 들어 평판이 아주 좋은 사람에게 폭행을 당했는데 확증적인 증거가 불충분하다면 맞은 사람만 억울하게 되는겁니다. 아무런 증거가 없으니까 때린 사람은 풀려나게 됩니다.

프랑스 시민혁명에서 발생되어서 그런지 아마도 인간의 존엄성을 넘어서 인간의 능력과 사회에 대한 무한한 자긍심이 바탕에 깔려있지 않나 싶습니다. 분명히 불합리한 상황이고 말이 안됩니다.

여기서 우리는 '불확실성'에 대한 '인간의 한계'를 생각해야 합니다. 특히 '불확실하다'라는 것에 대해 우리가 관심을 가져야만 합니다.

불확실함을 우리는 회피하려고 합니다. 인간의 한계를 인정하기 싫어서일 겁니다. 그런데 그냥 회피할 수는 없으니까 우리끼리 약속을 하나 해두는 겁니다. 좀전에 예를 들었던 무죄추정의 원칙에서처럼… 판사의 입장에서 보면 아무런 증거가 없으니까 모든게 불확실한 겁니다. 그런 상황에서 무작정 누구 손을 들어줄 수가 없으니까 무죄추정의 원칙이란 아주 거창한 원칙을 만들어 둔 겁니다. 그것을 바탕으로 판결을 내리게 되면 비록 그 판결이 잘못된 판결이라 할지라도 판사에겐 어떠한 책임도 없으니까요. 이것이 바로 불확실성에 직면한 '인간의 한계'입니다.

자본주의에서도 인간은 이러한 원칙을 만들었습니다. 바로 주식가격의 결정에 관한 것입니다. 주식시장에서 가격은 아주 효율적인 시장의 보이지 않는 손에 의해서 합리적으로 결정됩니다. 바로 여기에 모든 답이 들어 있습니다. 바로 효율적 시장가설이라는 이론입니다.

이 이론은 100년전 프랑스의 '루이 바셸리에'라는 경제학자가 내놓은 것인데, 그 당시엔 아주 이단으로 취급을 받았지만 1970년대에 미국 월가에서는 이 이론이 마치 종교의 교리처럼 숭배되었습니다.

모든 매매에 있어서 매도자와 매수자 두 사람 모두가 이익을 원하기 때문에 가격은 서로가 타당하다고 인정되는 선에서 결정이 되어야 합니다. 이러한 개개인들의 거래들이 합쳐진 시장에서는 수많은 정보들에 의해 가격이 변하게 되는데 바로 이때 아주 효율적인 보이지 않는 손이 작용해서 합리적인 가격을 형성한다는 것입니다. 즉 시장이라는 것이 개개인의 거래에서 발생하는 비합리성을 제거한다는 것입니다.

그럼 먼저 예를 들었던 무죄추정의 원칙에서 말한 불확실성에 대한 인간의 한계를 떠올려 보겠습니다. 시장은 매우 불확실하고 비합리적일 수 있습니다. 그런데 인간은 그러한 것을 명확하게 심판하거나 계산할 수 없습니다. 그래서 인간들은 '시장'이라는 가상의 세계에서 '보이지 않는 손'에 의한 가격으로 이루어진 '거래'에 대해서는 어떠한 가격이나 거래일지라도 그것이 '합리적이다'라고 서로 원칙을 세웠습니다.

2011년도에 나온 영화 마진콜(margin call)이란 영화를 보면 아주 쉽게 이해할 수 있습니다. 이 영화는 2008년 미국의 서브프라임 모기지 사태로부터 시작된 금융위기 직전의 상황을 보여주고 있습니다. 이 영화에 등장한 금융회사는 그들이 보유한 모기지 파생상품들이 심각한 손실을 초래할 것이란 사실을 인지했지만 시장에 어떠한 정보도 흘리지 않은채 모든 상품을 팔아치웁니다. 그리고 직원들은 보너스에 현혹되어 도덕심은 접어둔 채 더 많은 상품을 다른 회사의 친구들에게 팔아 넘기게 됩니다. 오히려 자신들이 손해를 보고 팔고 있다고 말합니다.

그들은 2000년 IT버블 붕괴와 같이 과거에도 수많은 위기가 있었지만 돈의 편에서 살아 남은자의 미래가 더 풍요로워 졌다고 말합니다. 그들은 어떠한 처벌도 받지 않았습니다. 실제로 파산에 이른 금융회사의 CEO들이 처벌이 아니라 계약에 따라 천문학적인 수준의 보상금을 손에 쥐고 회사를 떠났습니다.

어떻게 이런 극단적인 도덕적해이조차 처벌을 받지 않는 걸까요? 그건 이들의 거래가 성립된 바탕에 Fair Market Price에 관한 인간으로서는 어쩔 수 없는 허상이 깔려있기 때문입니다. 바로 효율적시장가설에 따라 시장에서 형성된 가격에 대해 현재 자본주의는 어떠한 제재도 할 수 없는 것입니다.

현실적으로 주식가격의 결정이 가장 왜곡되는 곳이 장외주식시장입니다. 그리고 지금 이 시간에도 수많은 피해자들이 생겨나고 있습니다. 하지만 그들이 보호받을 수 있는 제도적인 장치는 별로 없습니다. 민사소송을 통해 사기임을 판정받아야 하지만 재판이 이뤄지는 긴 시간을 고통속에 보내야만 합니다. 그마저도 법과 제도를 악용하는 저들의 교묘한 장치들 때문에 판결이 나면 어떤 식으로든 법원은 나의 책임을 묻습니다. 피해액을 100% 완벽하게 보상받을 길은 사실상 없습니다. 명확한 사기임에도 인간이 만든 법과 제도는 일정부분 악의 편에 설 수 밖에 없는 것입니다. in dubio pro reo(인두비오프로레오)와 자본주의의 효율적 시장가설에 의해서 말입니다.

이 책은 그런 분들을 위해 쓰여졌습니다. 저들이 어떻게 법과 제도를 악용하는지 그리고 어떻게 장외주식 시장에서 일반 투자자들이 왜곡된 주식의 가격과 만나게 되는지를 설명했습니다. 가족에게 들었든, 친구 혹은 전문가에게 소개를 받았든, 그런 건 중요하지 않습니다. 사실 내가 직접 확인을 했다는 것조차 중요하지 않습니다. 책을 읽고 나면 그런 것들이 얼마나 어리석은 행위였는지를 알게 될 겁니다.

우리나라 전체 주식거래의 20%를 점유한 장외주식시장이지만 여전히 한국은 엔젤투자와 벤처투자가 미미한 수준입니다. 그래서 장외시장은 더욱 변질되고 있는지도 모릅니다. 미국은 OTC마켓이라고 해서 약 1만개 기업이 등록이 되어 있고, 영국의 PLUS-quoted market의 경우엔 약 3천 개 기업이 등록되어 자금을 조달하고 있습니다. 기술과 비전이 있는 기업들이라면 언제든 제도권 내에서 자금을 조달할 기회가 있습니다. 그리고 투자자들은 상대적으로 안전하게 보호받으면서 투자를 할 수 있습니다.

마지막으로 한국의 장외주식시장이 좀 더 제도적으로 성숙할 수 있기를 희망합니다.

이 책이 출간되기까지 도움을 아끼지 않으신 새빛에듀넷의 전익균 대표님, 감수를 도와주신 김종철 주식정보라인 대표님, 그리고 제게 언제나 용기를 주시는 한미금융그룹의 김재동 회장님께 깊은 감사의 말씀을 드립니다.

OFF BOARD MARKET

01

대상 발견

아직 시장에서 제대로 매출을 올리는 사업체는 없다.
그들은 주식이나 팔면서 억지로 연명하고 있었다.

영태는 지난번 태영반도체 기업공개 프로젝트로 한 차례 천국과 지옥을 오간 후, 잠시 숨을 고르며 새로운 프로젝트를 준비하고 있었다. 하지만 계속 구상만 하고 있으면 생활비를 벌 수 없어서, 일단 아르바이트 삼아 주식 강의를 시작했다.

하지만 많은 교육생들을 모아 놓고 하는 공개 특강은 하지 않았다. 영태의 목적은 이 분야의 스타강사가 되는 게 아니었기 때문이다. 다시 사업을 펼치는 걸 최우선과제로 하고 있는 영태는, 나중에라도 도움이 될 인맥을 얻기 위해 소수의 진짜 투자자들만 불러 실전 중심으로 비공개 교육을 진행했다.

그렇게 영태는 진짜 선수들만 관심 있는 장외주식 등의 교육을 쭉 진행했고, 그러던 어느 날 기회가 왔다. 영태의 장외주식 강의를 들은 수강생(이라고는 하지만 사실은 해마다 몇 억씩의 투자수익을 올리는 큰손 중년여성이다) 중 한 명인 박연주 실장이 저녁에 영태를 찾아온 것이다.

"실장님, 이 저녁에 웬일이세요? 연락도 없이."

영태가 박 실장을 맞으며 물었다.

"임 사장, 불쑥 찾아와서 미안해요. 사실 내가 임 사장에게 부탁하고 싶은 게 있어서."

박 실장이 어두운 표정으로 말했다.

"무슨 일인데요?"

"사람을 한 명 만나줬으면 해. 지금 이리로 오고 있는 중이야."

"누군데요?"

"사촌 오빠인데, 내가 아무래도 이번에 말려든 것 같아. 무슨 에너지 사업을 해보겠다고 하면서 투자를 부탁하길래 해줬거든. 그리고 내가 식구들에게도 오빠 좀 도와주라고 얘기해서 여기저기서 돈이 꽤 들어가 있어. 그런데 아무래도 본전 뽑기가 어려울 것 같아. 벌써 1년이 넘었는데 식구들 돈만 5억을 날렸어. 내 돈도 꽤 들어가 있고."

"음…… 난처한 상황이네요……."

"그래서 그런데, 임 사장이 좀 봐줄 수 있을까? 사업 얘기도 들어보고, 오빠를 도와서 이걸 어떻게 정상화시킬 방법이 있었으면 하는데."

"그렇군요……. 일단 오시면 이야기나 들어볼까요?"

"응. 꼭 좀 부탁해! 임 사장 실력 익히 들어서 믿고 부탁하는 거야."

박 실장이 영태의 손을 꼭 붙잡고 말했다.

잠시 후 영태의 사무실로 50대 초반의 남자가 들어섰다. 말끔한 정장 차림이었다.

"오빠 왔어요? 혼자 온 거 맞죠?"

박 실장이 남자를 맞이하며 물었다.

"그래. 네가 혼자 오라길래 혼자 오긴 했는데, 무슨 일이야? 또 돈 얘기하려는 거야?"

남자가 경계하는 표정으로 말했다.

"오늘은 아니에요. 내가 생각을 정말 많이 해봤는데 우리끼린 답이 안 나와서 이리로 오시라고 했어요. 진짜 전문가한테 도움을 좀 받으려고요."

"뭐? 아니 회사에 장 이사도 있고 형님도 있는데 또 무슨 도움? 그런 거라면 됐다. 다음에 보자."

남자가 다시 몸을 돌려 사무실을 나서려 했다. 그러자 영태가 얼른 입을 열었다.

"그러지 마시고 오신 김에 잠시 앉아서 술이나 한 잔 하시죠? 마침 사무실에 괜찮은 게 있습니다. 여기 박 실장님이 많이 힘들어 하시던데 위로도 좀 해주시구요."

영태가 사무실 한켠의 바에서 21년산 위스키 한 병을 들어 보였다.

"흠……. 뭐 그럼……."

위스키를 보자 남자가 마음을 바꾸고 자리에 앉았다. 사실 요즘 궁핍한 생활로 소주 한 잔 마시기 어려웠기에 모처럼 본 고급 양주에 마음이 동했던 것이었다.

"임영태라고 합니다. 보시다시피 조그만 컨설팅 사무실을 운영하고 있습니다. 만나서 반갑습니다."

"넥스트에너지 사장 박철민이요."

영태는 첫 만남부터 거만함을 보이는 박 사장이 불쾌했지만, 옆에서 불안해하는 박 실장을 위해 애써 분위기를 유도하고자 노력했다.

"먼저 한 잔 하시고요, 궁금해서 그러는데 사업 얘기도 좀 들려주시겠어요? 요즘 사업이 쉽지 않잖아요?"

영태가 박 사장에게 위스키를 따라주며 물었다.

"어렵긴 뭘, 조만간 다 잘될 겁니다. 이게 정부 정책이 문제라서 그렇지, 우린 아무 어려움 없이 잘 되고 있어요, 하하."

박 사장이 일부러 크게 웃으며 말했다. 한눈에 봐도 허세가 실려 있었다.

"잘 되긴 뭐가 잘 돼요? 임 사장은 이 분야 전문가니까 그냥 솔직하게 말해요. 오늘 임 사장과 상의해보고도 길이 안 보이면 오빠랑은 끝이니까, 숨기지 말고 다 얘기하라고요."

박 실장이 날카로운 목소리로 말했다. 박 사장이 슬쩍 박 실장의 눈치를 살피며 다시 술을 들이켰다.

"제가 몇 가지 질문을 드릴 테니, 간단하게 답해주시겠어요?"

영태가 물었다.

"그러쇼."

박 사장이 답했다.

"넥스트에너지는 무슨 제품을 판매하는 회사인가요?"

"그게 우리가 아직 판매를 할 단계는 아니고, 연구 중이라고 해야 하나? 한 85%는 완성 단계인데 수소를 자체생산해서 사용하는 제품들을 만들고 있어요."

"수소라고요? 그건 아직 시장에 내놓을 만큼 상용화한 기술이 없을 텐데요. 그런 기술을 가지고 계신 건가요?"

"당연히 있지. 우리 회사에 와서 시연을 한번 봐야 믿겠나? 수소버너 가지고 라면이라도 끓여줄까?"

박 사장이 발끈했다.

"기술이 있으면 왜 이렇게 시간이 많이 걸리나요? 투자 받고 시간이 꽤 지난 걸로 들었습니다만?"

영태가 고개를 갸웃거리며 물었다.

"그게 돈이 한방에 딱 들어와야 연구도 얼른 끝내고 제품을 만드는데, 그놈의 돈이 찔끔찔끔 들어오니 인건비 나가고 재료비 나가고, 그래서 맨날 모자란다구. 그러다 보니 연구도 제대로 안 되고. 한 2억만 한방에 들어와 주면 지금 당장 만들 수 있는데 말이야. 그러면 게임 완전히 끝나는 거지. 아주 대박이 날 거거든!"

"그 소리 그만 좀 해요. 그 말에 넘어가서 내가 준 돈이 벌써 5억이야. 대박은 무슨 얼어 죽을. 원금이라도 좀 돌려줘요."

박 실장이 박 사장을 향해 다시 언성을 높였다.

"실장님, 진정하시고요. 그러면 사장님, 수소 관련된 것들은 시중에 제법 있는데, 그 중에서 특별히 내세울 만한 장점이 있나요?"

"우리 회사는 고순도 수소를 생산하는데 아주 저렴하게 만든단 말이요. 그러니 당연히 경쟁력이 있지. 거기다 보일러나 가스버너에도 적용이 가능하고 말이야."

"네……. 듣고 보니 좋은 사업 하시네요. 여기 몇 잔 더 하시죠? 실장님도 같이 하세요."

"그래요? 임 사장이 듣기에 좋아 보여요? 그런데 왜 이렇게 안 풀리지?"

영태의 말에 박 실장의 표정이 밝아졌다.

"제가 보기엔 아마도 제대로 사람을 만나지 못해서 그런 것 같습니다. 돈 많은 투자자보다 내부에서 사장님을 잘 보필할 사람이 필요해 보이네요. 내일부터라도 그런 사람 잘 찾아서 사업하시면 괜찮아질 겁니다. 이렇게 열심히 노력하시는데 어떻게 성공을 못하겠어요?"

"하하! 이 젊은 양반, 오늘 처음 봤지만 그런 말 들으니 용기가 생기네. 고맙소. 여기 한 잔 받아요."

영태의 말에 갑자기 기분이 좋아진 박 사장이 잔을 권했다. 그렇게 세 사람은 한참동안 술잔을 기울였다.

잠시 후 취한 박 사장이 먼저 돌아가고 사무실에는 박 실장과 영태만 남았다.

"임 사장, 정말 괜찮은 거죠? 난 아주 이것 때문에 요즘 피가 말라요."

박 실장이 영태에게 물었다.

"실장님. 솔직히 말하면 해결되는 것 없이 속만 더 상하실 것 같아서, 그냥 기분이라도 좋으라고 분위기만 맞춰드린 겁니다. 죄송하지만 제 생각에 저분은 사업하실 만한 분이 못됩니다. 주식을 유통시킬 만한 분은 더더욱 안 되고요. 엄청난 기술이 완성되어 있는 것도 아니고, 회사에 있는 사람들도 형제거나 별다른 경험이 없는 분들인 것 같은데, 자금도 없고 대단한 인맥도 지금은 없는 것 같고……. 그냥 하루라도 일찍 사업 접으시는 게 더 이상 피해를 확산시키지 않는 방법일 겁니다."

영태가 진지하게 말했다.

"그렇게 심각해요? 임 사장. 내가 임 사장 하라는 대로 다 할 테니까 제발 좀 어떻게 살려봐요. 임 사장 능력 있잖아? 지금 노 실장이 하고 있는 제약주 말이야. 그거 다들 회사 망하고 노 실장 소송 걸려서 무너질 거라고 말했는데, 임 사장이 뒤에서 작업해서 넉달 만에 주당 5,000원까지 끌어올려준 거 내가 다 알아. 회사를 완전히 바꿔버렸다며? 다들 임 사장 성격 아니까 대놓고 말은 안 해도 이 바닥에 소문이 자자해. 이번엔 나 좀 살려줘. 부탁할게."

박 실장이 영태의 장외주식 강의를 같이 들은 또 다른 큰손, 노 실장 이야기를 꺼냈다.

"아…… 노 실장님이 입이 가볍네. 그렇게 말하지 말라고 당부를 했는데……. 그래도 죄송하지만 이번엔 안 될 것 같습니다. 다른 분 알아보시는 게 좋겠어요."

영태가 고개를 저으며 말했다.

"왜 그래? 왜 이번엔 안 되는데? 문제가 뭔데 그러는 거야?"

박 실장이 더 다급해진 목소리로 물었다.

"박 사장님은 오늘 처음 뵈었지만, 솔직히 신뢰하기가 어려운 분인 것 같습니다. 귀도 너무 가볍고, 정말 사업을 간절히 해야 하는 사람으로 보이지도 않더라고요. 게다가 서로 약속한 걸 정확히 이행하실 분 같지도 않고……. 기껏 일해줬더니 나중에 딴소리 하는 분들 많은 거 잘 아시잖아요? 제가 몇 번 당한 게 있어서 이제는 정말 믿을 수 있는 사람하고만 일하려고 하거든요. 저는 계약서도 안 쓰고 일하니까 신뢰가 정말 중요해요. 아까 말씀하신 노 실장님 쪽은 다행히 회사 대표가 아주 젠틀했어요. 약속도 칼같이 지켰고. 그래서 가능했던 거죠."

영태가 조용조용한 목소리로 답했다.

"임 사장, 나 지난번에 공모주 건드렸다가 공모가 낮게 확정되는 바람에 사람들한테 돈 물어주고 지금 아주 죽을 지경이야. 제발 사람 한 번 살린다 치고 도와줘요. 나 이거 망가지면 정말 힘들어져. 자기도 봤잖아? 우리 애들……. 큰애 음악 한다고 레슨비 엄청 들어가고, 내년엔 유학도 보내야 해. 작은애도 이제 고등학교 올라가는데 과외비가 좀 비싸야지. 애들 기 안 죽이려고 남편이랑 이혼 후에도 이 동네에서 사는데 여기 월세 얼마나 비싼지 잘 알잖아? 내가 지금 남은 게 뭐 있어? 그저 애들 둘 어떻게든 잘 키우겠다고 이 지랄을 하고 사는데. 제발 나 한 번만 도와줘요. 하라는 대로 다 할 테니까. 도와줘. 흑흑……."

박 실장은 기어이 눈물을 쏟았다.

"실장님, 왜 이러세요? 아이 참……."

언제나 강해 보이던 박 실장이 뜻밖의 모습을 보이자 영태의 마음이 흔들렸다.

"나 좀 살려줘, 임 사장."

눈물 젖은 눈으로 박 실장이 영태를 바라보며 말했다.

"에휴……. 그러면 3일 뒤에 다시 여기로 오세요. 그동안 저도 조사를 좀 해볼게요. 진정하시고 오늘은 돌아가세요."

영태가 체념한 목소리로 말했다.

"그래? 그럼 조사해보고 제발 좀 살려줘요. 오늘은 그만 갈게요."

박 실장이 죽다 살아난 목소리로 말했다. 그런 박 실장을 보며 영태도 애써 웃어보였다.

박 실장이 돌아가고 영태는 혼자 소파에 기대 한숨을 쉬었다.

'수소? 그걸로 뭘 한다는 거지? 폭탄 같은 거 만드나? 그게 돈이 되나?'

한참 막막해하던 영태는 이윽고 일어나 컴퓨터 앞에 앉아 인터넷을 뒤지기 시작했다.

약속한 3일째가 되는 날 낮, 영태는 무거운 발걸음으로 선릉공원을 걷고 있었다.

수소자동차를 만든다는 성진자동차에 문의해봤지만 담당자들의 반응은 시큰둥했다. 가끔 신문에 대고 무슨 대박이라도 난 것처럼 떠들어대던 모습과는 완전 딴판으로, 막상 캐묻고 들어가보니 별로 실체는 없는 모양이었다. 수소를 집중적으로 연구한다는 국가 기관 에너지연구소에도 연락을 해봤지만, 역시 아직 시중에서 사용할 수 있는 생활가전 형태로 나오기는 이르다는 반응이었다. 정리해보면 수소가스는 아직 용광로 같은 공장에서 연료로나 쓰일 뿐, 민간 단위에서 무슨 사업을 해서 돈을 벌 수 있는 상황은 아니라는 것이었다.

"대기업도 못하고 국가기관도 못하고……. 할 수 있는 곳이 없다……?"

영태가 진지한 표정으로 걸음을 옮겼다.

그때 갑자기 전화벨이 울렸다. 연락을 기다리던 후배였다. 후배가 다니는 국내 굴지의 반도체기업에서 예전에 수소 관련 뭔가를 했었다는 이야기를 듣고 좀 자세히 알아봐 달라고 부탁해뒀던 터였다.

"어, 그래! 뭐 좀 알아봤어?"

영태가 반갑게 전화를 받았다.

"예. 저희 회사 개발팀에서 5년 전에 추진했었던 게 맞더라고요. 그런데 선배들한테 물어봤더니 그거 몇 년간 돈만 들이고는 결국 접었답니다. 아무도 제품 들고 나서지 않는데 우리가 먼저 나섰다가 사고라도 나면 끝장난다고 말이죠."

후배가 말했다.

"아……."

영태가 말끝을 흐렸다.

"그래도 출발은 대단했답니다. 여기저기서 자금도 막 들어오고. 뭐 결국은 그거 물어주느라 혼이 났지만요. 아무튼 형님도 괜히 손대지 마세요. 아무것도 제대로 된 게 없더라고요. 최근 10여 년 동안 너도 나도 개발한다고 뛰어들어서 기술력도 다들 고만고만해졌다고 하고요. 뭐 유럽에선 자동차회사를 중심으로 정부 지원이 이뤄지고 있지만, 그것도 시간만 가니까 적당한 시연 모델 만들어서 언론플레이나 하는 분위기구요. 국내에서는 유명한 회사 한두 군데가 있긴 한데, 유상증자하면서 억지로 버티는 것 같아요. 수소로는 힘드니까 다들 전기 충전이나 연료전지 쪽으로 기우는 것 같고요."

"영 상황이 별로라는 얘기네?"

"별로가 아니라 아주 안 좋죠. 밑 빠진 독에 물 붓는 격이에요. 언제 끝날지도 모르는……."

"그런데 정말 그렇게 아무것도 없어? 제대로 된 제품으로 시장에 팔고 있는 회사가?"

"없어요. 제대로 사업해서 잘되는 회사는 정말 하나도 없어요. 연구용 수소발생기나 연료전지 업체 정도가 그나마 사업이 조금 될까? 상용화되는 생활가전이나 자동차 쪽은 아직 미지수예요. 기껏 해봐야 모델하우스 같은 거 하나 지어 놓고 전시용으로 보여주는 정도죠."

후배가 가망 없다는 투로 말했다.

"그래 고맙다. 수고했어. 언제 니네 팀장하고 밥이나 먹자. 들어가."

"네. 안 그래도 팀장님이 조만간 형님 한번 보자던데요. 약속 잡아 볼게요. 들어가세요."

후배가 전화를 끊었다.

영태는 잠시 하늘을 쳐다봤다. 그러고는 씨익 웃었다.

"아무것도 없다! 아무도 못 한다!"

영태가 갑자기 빠르게 발걸음을 사무실 쪽으로 옮기기 시작했다.

'아무것도 없다면, 내가 전체 판을 짤 수도 있어! 문제는 전략!'

영태가 거의 뛰듯 사무실로 향하면서 전화기를 다시 꺼내들었다.

"박 실장님? 접니다. 박 사장님 모시고 지금 바로 제 사무실로 오세요. 어쩌면 길이 있을지도 모르겠습니다."

영태의 목소리에 생기가 가득했다.

OFF BOARD MARKET

02

작업 제안

세상이 우리를 주목하게 될 겁니다. 인식을 바꿔야 한다는 거죠.
모두가 혼란에 빠질 겁니다.

저녁 무렵 박 실장이 박 사장을 데리고 사무실로 들어섰다.

"어서 오세요. 밖이 많이 춥죠? 우선 와인 한 잔 하시죠. 이쪽으로 앉으세요."

"네. 다시 보네요."

박 사장이 자리에 앉자 옆에 박 실장도 같이 앉았다.

"우선 술 먼저 한 잔 하시고 얘길 시작하죠."

영태가 따른 와인으로 셋은 건배를 했다. 두 사람이 와인 맛을 음미하는 동안 영태가 다시 말을 꺼냈다.

"와인 어떠세요?"

"이거 좋네요. 너무 드라이하지도 않고 달면서 과일향도 많이 나고, 무슨 와인인지 알려주면 몇 병 사둬야겠네."

"그러세요. 가실 때 알려드리죠. 그 전에 와인에 얽힌 몇 가지 얘기를 해드릴까 합니다. 한번 들어보시겠어요? 듣고 나면 와인 맛이 더 좋아질 겁니다."

"그래요? 이거 궁금해지네요."

박 실장이 영태의 이야기를 재촉했다.

"와인이 어떻게 탄생했는지 아시나요? 몇 가지 설이 있는데 그 중 많이 알려진 게 고대 페르시아 왕조의 셈시드 왕 스토리입니다.

셈시드 왕은 야생 포도를 아주 좋아해서 궁궐 정원에 포도나무를 옮겨 심고 늘 즐겨 먹었는데, 여름이 지나고 겨울이 다가오자 포도를 좀 더 오랫동안 먹기 위해 모든 포도를 한 번에 다 따서 큰 나무통에 담고 궁궐 지하에 저장했다고 합니다. 그랬더니 포도들이 눌려서 포도즙이 나왔고 그러다 자연 발효가 되기 시작한 거죠. 이 과정에서 발효 냄새가 궁궐을 뒤덮었고, 발효 과정에서 발생하는 가스로 인해 지하에서 일하던 노예 몇 명은 기절까지 했고요. 그래서 사람들은 처음 맡아보는 이 이상한 냄새를 왕을 죽이려는 악령이 깃든 음식이라고 생각하게 됐고, 결국 왕은 그 저장고를 폐쇄했습니다.

그러던 어느 날, 왕비가 극심한 두통으로 병을 앓게 됐어요. 그래서 그 고통을 견디지 못하고 차라리 죽으려고 지하창고로 들어가 포도즙을 마셨는데, 이게 웬걸 죽기는커녕 두통도 없어지고 기분도 좋아지게 된 거죠. 그래서 그 이후로는 포도즙을 악령의 음식이 아니라 신이 내린 축복의 음식이라 여겨 즐겨 마시게 됐다는 겁니다.

이렇게 와인이 시작되었고, 지금은 뭐 우리나라에서도 생산을 하고 있고 세계 50여 개국에서 연간 약 250억 병이 만들어진다고 하죠."

영태가 설명을 마쳤다.

"그래요? 난 밀림에서 원숭이가 마셨단 얘기만 들었는데 그런 얘기도 있었구만."

박 사장이 멋쩍은 듯 웃었다.

"말 나온 김에 하나 더 이야기해 드릴까요? 와인에 얽힌 전쟁 이야기예요."

"이거, 젊은 양반이 와인에 대해 아주 박식하시구만. 아주 와인박사네, 박사."

박 사장이 다시 살짝 허세 낀 목소리로 말했다. 영태는 신경 쓰지 않고 말을 이었다.

"백년전쟁이라고 들어보셨죠? 여전사 잔다르크가 탄생한 전쟁이기도 한데요. 백년전쟁은 표면적으로는 영국과 프랑스의 왕위 계승에 관한 다툼이었지만, 그 이면엔 영토에 대한 욕심들이 깔려 있었습니다.

영국은 11세기 초에 바다 건너 프랑스 내부의 영토를 일부 소유하고 있었기 때문에, 양국 사이에 분쟁이 많았어요. 그러다 13세기 말에 이르자 영국 국왕의 프랑스 내 영토가 프랑스 국왕보다 더 많은 지경에 이르게 되었죠. 이 당시엔 결혼을 하면 법적으로 아내의 재산이 모두 남편에게 귀속되었기 때문에, 프랑스 공주를 아내로 맞은 영국 왕이 자연스럽게 프랑스의 일부 영토를 가지게 된 것입니다. 그래서 중세 봉건제도 하에서 영국 국왕은 왕국의 군주이면서 동시에 프랑스 국왕의 신하라는 이중 지위를 갖고 있었습니다. 이렇게 되자 프랑스 내에서 영국 왕의 입김은 프랑스 국왕보다 더욱 셌지만, 법률상으로는 영국 왕이 프랑스 국왕의 신하라는 아이러니한 상황이 발생했습니다. 프랑스 국왕의 입장에서 보면 자신의 신하 중에 자신을 능가하는 세력이 생긴 것이죠. 당연히 기분이 안 좋았겠죠?

그러다가 프랑스 왕이 남자 후계자 없이 죽고, 선왕의 4촌 형제가 새로 왕위를 계승하는 일이 생겼습니다. 그러자 영국 왕이 자신도 프랑스 왕비의 아들이므로, 새 왕 대신 자신이 프랑스의 왕이 되어야 한다고 주장하기 시작했어요. 당연히 프랑스의 새 왕은 입장에서는 영국 왕을 죽이고 싶었겠죠. 그래서 프랑스 왕은 영국 왕이 가지고 있는 영토를 몰수하기로 합니다. 자신의 위신을 높이기 위해서였죠.

이렇게 싸움이 시작되었고요, 이 과정에서 특히 주목해야 할 두 지역이 있었습니다. 하나는 영국 편을 들어준 유럽 최대의 양모 공급 지역이자 모직물 공업지대였던 플랑드르 지역이고, 또 하나는 프랑스 편에 선 유럽 최대의 포도주 생산지 가스코뉴 지역이었습니다. 서로 이 두 지역을 갖겠다고 백 년을 싸운 거예요. 왕이 바뀌면서도 지겹도록 싸웠죠. 왕위계승이라는 명분으로 시작한 싸움이었지만 결국은 영토 전쟁 그리고 와인전쟁이었던 겁니다."

"와인에 얽힌 얘기들이 많은가보네요. 임 사장은 어떻게 그렇게 잘 아세요?"

박 실장이 웃으며 물었다.

"하하! 저도 두 분께 들려드리려고 오늘 공부한 겁니다. 와인이라는 게 정말 대단하지 않나요? 이 술이 대체 뭐라고. 하하!"

영태도 빙긋 웃었다.

"자…… 그런데, 뭐 와인 마시고 좋은 얘기 들어서 좋긴 한데, 급하게 오라고 한 이유가 있을 거 아니요? 이제 슬슬 본론으로 들어갑시다."

박 사장이 잔을 내려놓고 영태와 눈을 마주쳤다.

"맞습니다. 아주 중요한 일입니다. 그리고 제가 오늘 박 사장님과 실장님께 말씀드릴 것들은 이미 대충 끝났습니다."

영태가 여유로운 표정으로 말했다.

"와인 얘기만 해놓고 무슨 말을 했다고?"

"바로 그 이야기들 속에 핵심이 다 있습니다."

영태가 말했다. 박 사장과 박 실장은 도무지 모르겠다는 표정이었다. 영태가 둘을 번갈아가며 쳐다본 후 다시 말을 이었다.

"원래 포도는 야생에 즐비했지만 대중적인 과일은 아니었습니다. 그리고 처음에 우연히 포도주를 만들었을 때, 사람들은 그걸 보고 악령이 깃들었다고 생각했고요. 그런데 지금은 어떻습니까? 포도는 무척 대중적인 과일이 되었고, 포도주는 누구나 좋아하는 최고의 술이 되지 않았습니까?

저는 수소도 마찬가지라고 생각합니다. 지금은 위험하다고만 또 허황되다고만 생각하는 그걸, 누구나 일반 LPG처럼 쉽게 쓸 수 있는 것으로 여기게 만들어야 합니다. 인식을 바꿔야 한다는 거죠. 이미 사람들은 수소에 대해 많은 경험들을 하고 살지만 그것을 자각하지 못하고 있다는 게 중요합니다. 우리는 사람들이 악령이 깃든 와인을 안심하고 마실 수 있게 판을 깔아줘야만 합니다. 그것만 해내면 인식이 바뀌는 겁니다."

박 사장과 박 실장이 말없이 표정으로 영태의 다음 이야기를 재촉했다.

"전쟁 이야기를 들려드린 건 이런 뜻입니다. 저는 수소를 가지고 주식시장에서 전쟁을 일으킬 작정입니다. 전쟁의 특징은 혼돈과 파괴 그리고 재창조입니다. 아마 모두가 혼란에 빠질 겁니다. 정부나 기관 쪽에선 우리가 누군지 알아내려 하겠지만, 어쩔 수 없이 등이 떠밀려서 우리가 원하는 방향으로 움직이게 될 겁니다. 기업들도 한동안은 우리를 의심하겠지만, 결국 우리와 관계를 유지하려고 하게 될 거고요. 그리고 투자자들은 소외되지 않기 위해 주식을 사두려고 서로 경쟁을 할 겁니다. 대기업에 이끌리거나 기존의 연구결과에 연연하지 않을 거예요. 그런 것들을 모두 무시하고 그들이 덤벼들게 해야 합니다. 그래야 우리의 존재가 세상에 더 드러나게 됩니다. 우리는 잔다르크 같은 전사가 되어 우리가 만나고 우리를 주목하는 모든 이들에게 선전포고를 해야 합니다. 그래야 세상이 우리를 주목하게 될 겁니다.

마침 얼마 전 저탄소녹색성장기본법이 국회를 통과했고 대통령이 공포까지 했습니다. 보나마나 공무원들은 실적 내려고 안달이 났을 거고, 기업들은 대통령 눈치 때문에 적당한 사업을 펼쳐서 눈에 들려고 할 겁니다. 지난 2009년 2월에 녹색성장위원회까지 출범했는데 아직도 우리나라에선 유럽처럼 제대로 된 움직임이 없으니, 우리가 적당히 바람만 잘 잡으면 주식시장은 기다렸다는 듯이 바로 반응할 겁니다. 녹색성장 못 건지면 정부 체면도 말이 아닐 테니, 우린 밥상만 잘 차리면 됩니다. 그 밥상 위에서 정부기관, 연구소, 기업들이 실적을 내려고 전쟁을 하게 될 거고, 결국 주식시장은 자연히 요동을 치게 되겠죠."

영태가 긴 설명을 마치고 와인을 마셨다. 박 사장과 박 실장은 서로 눈치만 보고 있었다.

"왜 그러세요?"

영태가 물었다.

"아니, 그게, 난 이해를 잘 못하겠는데 말이지. 갑자기 정부기관이 어쩌고저쩌고, 연구소들이 어쩌고저쩌고, 그리고 대기업들까지. 그런 게 실제로 가능할까?"

"그리고 그렇게 하다가 잘못되면 괜히 회사만 날아가는 거 아냐?"

박 사장과 박 실장은 연이어 걱정을 쏟아냈다.

"물론 지금 이 상태라면 당연히 그렇게 됩니다. 절대 불가능하죠. 하지만 이제부터 제가 그게 가능하도록 만들 겁니다. 정부의 무리한 정책과 공무원들의 실적경쟁을 통한 시장의 왜곡된 흐름 속에서 제가 찔러 들어갈 포인트를 찾아내겠습니다. 그 다음엔 그저 장외주식시장의 흐름에 몸을 잠시 맡겨두고 즐기기만 하면 됩니다."

영태가 자신 있는 표정으로 말했다. 박 사장과 박 실장은 여전히 감이 안 잡히는 모양이었다.

"그런데 여기서 중요한 게 있습니다."

영태가 갑자기 표정을 바꾸며 말했다.

"이 부분은 박 실장님이 해결을 해주셔야 할 것 같은데요. 지금부터 제가 제안 드리는 걸 잘 들으시고 결정해서 알려주세요."

"뭔데 그래요? 임 사장 몸값이 비싼 건 알고 있어요."

"그것보다도, 일단 앞으로 4주 동안 제가 회사를 좀 바꿀 겁니다. 자본금은 20억 원으로 증자하고, 워크샵 거쳐서 회사조직도 재편성하고 사업계획서도 새로 만들 겁니다. 그리고 자금 조달을 위해 주식시장 활성화에 관한 보고서도 작성해서 드릴 겁니다.

일단 여기까지의 제 급여는 4천만 원입니다. 그리고 자본금 증자에 필요한 자금 1억 원을 구해주셔야 하구요, 회사 근무환경 개선하고 주식시장에서 움직이는 데 필요한 몇 가지 자료들 제작하는 비용들까지 해서 1억 원이 더 필요합니다. 그리고 마지막으로 직원들 미지급 급여 같은 것들 있으면 다 정산하고, 경영지원비로 사용할 1억 원이 추가로 필요합니다. 돈은 모두 3일 안에 회사통장으로 넣어주십시오. 불필요한 자금의 사용을 제한하기 위해 입출금에 필요한 통장과 법인인감은 제가 관리하겠습니다. 제 급여는 내일까지 통장으로 넣어주시고요. 두 분이 원하지 않으시겠지만 돈은 선지급해 주십시오. 그 돈에 대한 대여와 상환 완료에 대한 계약서는 돈 받은 후에 박 실장님과 바로 작성하죠. 그리고 한 달 후, 제게 매매에 제한을 두지 않는 보통주 10만 주 넘겨주시고 급여는 월 2천만 원씩 선급으로 주십시오.

우리 계약기간은 8개월이고 목표주가는 15,000원입니다. 만약 8개월 뒤에 목표한 바가 이뤄지지 않으면 제가 받은 주식 10만 주와 급여의 절반은 회사로 반납하겠습니다. 그리고 기본작업을 마친 한 달 후에라도 뭐가 마음에 안 드시면 더 이상 진행하지 않으셔도 됩니다. 그냥 끝나는 거죠. 저도 더 이상 관여하지 않을 거구요. 하지만 한 달 후에 계속하기로 결정하면 반드시 제가 일을 마칠 때까지 우리는 한 배를 타야 합니다. 도중에 하차하거나 제 등을 밀어내려고 하시면 정말 심각한 상황을 보시게 될 겁니다. 그 부분은 실장님이 잘 아실 테니까 더 이상 말하지 않겠습니다."

영태가 말을 마치고 두 사람을 보았다. 두 사람은 말을 잃고 있었다. 영태는 두 사람이 생각을 정리할 수 있게 다시 와인을 따라 마시며 차분히 기다렸다.

한참 시간이 지난 후에야 박 실장이 말을 꺼냈다.

"미안한데 임 사장, 혹시 노 실장하고도 이 정도로 계약했어? 좀 세다고 듣긴 했는데 솔직히 너무 예상 밖이라 당황스러워서 말이야."

"노 실장님 쪽은 주식 옵션 없이 급여만 지금보다 2배 더 받았습니다. 하지만 이번엔 현금 줄이고 주식옵션 넣었습니다. 일이 아주 재밌을 것 같아서요."

"재미있어? 이거 너무한 거 아냐? 지금 월급 줄 돈도 없는데 3억을 내놓으라니. 거기다 월급이 얼마? 한 달 일하는데 4천만 원? 이 사람이 장난하나!"

박 사장이 흥분해서 자리에서 일어났다. 영태는 여전히 자리에 앉은 채 박 사장 대신 박 실장을 바라보며 조용히 말을 이어갔다.

"실장님. 이 바닥 생활 10년 훨씬 넘으셨죠? 산전수전 다 겪으셨을 텐데 그 동안 익힌 감으로, 저한테 오시면 살 수 있을 거라 생각하신 거 아닌가요? 아니면 내일 아침에 당장 무슨 대안이라도 있나요? 여태껏 어떤 사람들을 만나셨는지 모르겠지만, 그래서 결과가 겨우 이겁니까? 저는 제안을 드렸고 그걸 선택하는 건 실장님 결정입니다. 그리고 조건이 바뀌는 일은 없을 겁니다. 3억. 그거 실장님이 마지막이라고 각오하시면 내일이라도 바로 만들 수 있다는 거 잘 압니다. 다음번에 제게 전화를 주신다면, 그땐 제 급여를 입금하셨고 3억도 마련되었다는 이야기이길 바랍니다. 3일 안에 3억 넣은 회사통장과 법인인감 가지고 오시면 일 시작하겠습니다. 혹시라도 박 실장님, 여기 오시는 동안 제가 사기꾼일 거란 생각을 조금이라도 하셨다면 앞으로 이 바닥에서 서로 모른 체 지냈으면 합니다.

자, 저는 먼저 일어나겠습니다. 실장님 여기 문 잠그실 줄 아시죠? 그럼 두 분 잘 의논하시고요."

영태가 자리에서 일어났다.

"뭐? 가긴 어딜 가? 이게 무슨 지랄 같은……!"

박 사장이 따라 일어나며 영태를 잡았다.

"오빠! 닥치고 앉아요!"

박 실장이 고함을 질렀다. 박 사장이 움찔했다.

"오빠가 뭐 잘한 게 있다고 지금 큰소리야? 우리가 이대로 살 수 있을 거 같아? 생각 좀 하게 입 다물고 좀 앉아요! 내일 우리 둘 다 약 먹고 확 죽어버리고 싶지 않으면. 오빠 사업자금 대느라 오빠네 부모님 코딱지만 한 시골집 달랑 하나 남은 거 다음 달에 경매되는 거 몰라? 왜 이렇게 정신을 못 차려!"

박 실장의 기세에 박 사장이 슬그머니 자리에 앉았다.

"그래요, 임 사장. 우리가 생각을 좀 해보고 다시 연락할게요. 자리 좀 비켜줘요."

그렇게 영태는 두 사람을 남겨두고 사무실을 빠져나왔다.

가을이라지만 도심의 밤바람은 그다지 시원하지 않았다. 영태는 강남대로를 따라 무작정 걸으며 생각했다. 머릿속이 복잡했다.

'말은 그렇게 했지만 사실 힘든 일이야. 불가능할지도 몰라.'

불법적인 시장조작으로 조사받지 않으려면 작업팀을 꾸려서는 안 됐다. 혼자서 모든 것이 정상적으로 흐르도록 진행해야 하는 것이다. 어디까지 보여주고 어디까지 말을 해야 할지 분명하게 정해야 하고, 말단 직원 한 사람까지 모두 철저히 세뇌 수준으로 교육시켜야 했다. 그러면서도 민사상 주식매매의 사기행위와 주식시장에서의 주가조작에 대한 모든 것에서 자유로울 수 있게 진행해야 했다. 신경 쓸 게 한두 가지가 아닌, 정말 복잡한 프로젝트였다.

'후……. 할 수 있을까?'

영태는 자기도 모르게 걸음을 멈추고 깊은 숨을 내쉬었다. 문득 어릴 때 학교에서 체육시간에 하던 평균대가 떠올랐다. 아슬아슬한 외길. 정상적인 거래와 불법적인 매매 사이에서 어떻게 균형을 잡을 것인가?

복잡한 머리를 붙잡고 한참을 걷다 보니 밤바람이 너무 추웠다. 정신을 차리고 살펴보니 어느새 영동대교 근처였다. 하지만 영태는 멈추지 않고 다시 두어 시간을 더 걸으며 생각을 정리하다 중랑구 어디쯤에선가 택시를 타고 집으로 향했다.

띵동!

다음 날 오후 3시, 새벽에 들어와 계속 늦잠을 자고 있던 영태를 휴대폰 문자 소리가 깨웠다.

'고객님 통장으로 4,000만 원이 입금되었습니다. **은행. 02-22**-*****'

"시작이다!"

영태가 벌떡 일어났다.

OFF BOARD MARKET

03
착수

우린 사람들에게 미래의 청정한 에너지에 대한 꿈을 심어주는 일을 할 겁니다.

똑똑!

노크 소리와 함께 박 실장이 영태의 사무실로 들어섰다.

"어서 오세요. 기다리고 있었습니다. 당부 드린 대로 박 사장님께는 말씀 안 드리셨죠?"

영태가 박 실장을 맞으며 물었다.

"그래요. 오빠에겐 아무 얘기 안 했어요."

"잘하셨습니다. 저희끼리 작전을 좀 짜야 해서요. 계약서도 쓰고."

"사실 아직도 좀 얼떨떨하긴 해요. 뭐가 뭔지도 모르겠고. 잘하는 게 맞는 건지도……."

"제가 앞으로 한 달 동안 회사 모양새 바꿔드리면 아마 이런 생각을 하시게 될 겁니다. '이제는 임 사장 손 안 빌리고 내가 작업해도 본전은 뽑지 않을까?' 그런 생각이 들면 꼭 솔직하게 제게 말씀해주세요.

제가 정신 번쩍 들게 찬물 한 잔 드릴게요."

"그게 뭔 소리예요? 내가 설마 그러겠어? 목숨줄이 간당간당한데."

"사람 마음이 다 그렇습니다. 두고 보세요. 그리고 석 달 뒤엔 이런 생각도 드실 겁니다. '원금은 대충 들어오겠구나, 이제 내가 따로 좀 해볼까?' 그때도 꼭 제게 말씀해주세요. 그땐 실장님 큰아들 불러서 좋아하는 자장면 한 그릇 사주고 실장님 뭐하고 다니는지 다 불어버릴 겁니다. 아드님이 어쩌면 군대 간다고 나설지도 모르겠네요."

"무슨 그런 말을. 우리 아들은 내가 보험회사 영업직원 정도로 알고 있는데 이런 거 알면 난리 날 거야."

"하하. 진담은 아니고 실장님이 심각하게 생각하시라는 얘깁니다. 그러다가 다섯 달이 지나면 그땐 아마 이런 생각이 들 겁니다. '겁난다. 무섭다. 이래도 되나? 돈이 들어와도 무섭구나.' 이런 생각 드시거든 제게 따로 말씀하실 필요는 없고요, 그냥 이렇게만 물어보세요. 실장님이 가지고 있는 주식 팔고 여기서 손 떼도 될지 어떨지. 그땐 그 주식 제가 소문 안 나게 조용히 정리해서 챙겨드리겠습니다."

"그렇게만 되면 좋겠네요. 원금이라도 뺄 수 있으면 살 만하겠구만. 그런데 작전 짠다는 게 뭐예요?"

"작전. 우리 이제 그런 말 쓰지 맙시다. 좋은 말 있습니다. '전략'이라고. 우리 모두 이제 반듯하게 보여야 하거든요. 작전이란 건 오직 돈만 보고 시장을 어지럽히는 거고, 우린 사람들에게 미래의 청정한 에너지에 대한 꿈을 심어주는 일을 하는 거니까 전략이라고 하는 게 맞습니다."

"그래요? 같은 말 같은데 느낌은 엄청 다르네."

"그럼 몇 가지만 말씀을 드릴게요. 이것들은 실장님이 3억 원을 구하시기 전에 반드시 먼저 처리해 주셔야만 합니다. 우선 실장님과 박 사장님의 관계에 대한 정리입니다. 두 분 사이에 오갔던 거래는 알아서 정리하십시오. 다만 향후 8개월간 박 사장 보유지분에 대한 의결권 공동행사 설정과 임의 매각 금지에 대한 각서를 꼭 작성하셔야 합니다. 그리고 실장님을 등기감사에 등재하는 데 합의하시고요. 실장님께서 박 사장이 딴 짓 못하도록 잘 감시하셔야만 일이 돌아갑니다."

"그래요. 안 그래도 불안해서 뭔가 해야겠다고 생각했는데 그렇게 하면 안심이 좀 되겠네요."

"그 다음은 회사 등기이사를 모두 정리하고 박 사장 부친과 박 사장 아내를 등재하는 겁니다. 이건 박 사장이 회사 일에 목숨 걸고 몰두하도록 만드는 일종의 볼모입니다. 물론 두 달 뒤에 등기이사는 다시 변경할 겁니다. 주식회사란 게 잘못되면 등기이사들이 책임을 져야 하는데 아버지와 아내가 걸려 있으니 목숨 걸고 뛰어야지 요령 부릴 시간이 없을 겁니다."

"박 사장 와이프랑 애들은 필리핀에 있는데. 부친은 팔십을 넘긴 노인이고. 괜찮을까?"

"걱정 마세요. 박 사장 가족들 불러들일 겁니다. 형편이 저런데 어디 제대로 지내고 있겠어요? 그리고 부친은 아들이 저러니 직접 봐달라고 하면 승낙하지 않겠어요? 두 달이면 되니까 설득해주세요. 그리고 회사 안팎의 관계들 좀 정리해주세요. 회사 내부에 스톡옵션 약속받은 사람들 있을 겁니다. 일 시작도 하기 전에 직원들 기운 빠지면 안 되니까 스톡옵션 지급계약서 작성해서 지급해주세요. 다만 매각은 1년 후에 가능하도록 단서를 달아주시고요. 그리고 돈 빌려주신 분들 있을 테니, 그 사람들한테 모두 매월 선이자 5% 지급한다고 약속하시고 6개월 후에 1주당 5,000원에 신주발행 주식으로 교환 가능한 증서 지급해 주십시오. 대신 그 동안 입 다물고 얌전히 있으라고도 약속 받으시고요. 대부업법에 이자율 걸릴 수도 있으니까 계약서 쓰자고 하면 자기들 손해라는 거 알려주시고 서로 믿고 가자고 하시면서 그 자리에서 바로 첫 번째 이자 지급하세요."

"채권자들이야 다 아는 사이니까 그렇게 하면 내 말을 들어주긴 할 거야."

"그럼 이제 시작입니다. 저도 이제 전략을 제대로 세워야겠습니다. 3일 뒤에 회사통장하고 법인인감 가지고 말씀드린 내용들 합의해서 박 사장님하고 같이 뵙죠."

"그래요. 바쁘겠네. 어디부터 가야 하나? 돈부터 구해놓고 해야겠다. 하루 지나면 이자가 그만큼 붙으니까 내일이라도 만나요. 돈 구하는 대로."

"그러시죠. 그럼 연락 기다리겠습니다."

이틀 뒤 영태의 사무실로 박 실장과 박 사장이 찾아왔다.

"여기 통장하고 법인인감이에요."

박 실장이 작은 가방을 건넸다. 영태는 그 자리에서 가방을 열어 통장 잔고와 법인인감을 확인했다.

"고생하셨습니다. 그럼 여기서 잠시만 기다리세요. 사람이 두 명 더 올 겁니다."

영태가 자리에서 일어나 전화기를 꺼내 들었다.

"강 팀장님, 접니다. 지금 올라오세요."

전화를 끊고 다시 다른 번호를 눌렀다.

"영림 씨? 그래. 지금 올라와."

박 실장과 박 사장이 그런 영태의 모습을 빤히 쳐다봤다.

"한 사람은 앞으로 우리 회사의 법무적인 서류들 처리해줄 사람이고요, 다른 한 사람은 회계 담당입니다. 박 사장님이 데려가셔서 오늘부터 바로 업무 인수인계 해주세요."

영태가 말을 마치고, 곧 두 사람이 사무실로 들어와 자리에 앉았다.

"사당동 법무사 사무실에 있는 강봉수 팀장입니다."

"이영림입니다. 잘 부탁드립니다."

두 사람이 박 사장, 박 실장에게 인사를 했다.

"두 분 모두 저하고 오랜 시간 같이 일해 온 믿을 만한 전문가들입니다. 강 팀장님은 저보다 한참 형님이신데 이쪽 분야에서 엄청난 일을 해내고 계시지요. 보수는 매번 건당 별도 지급됩니다. 여기 영림 씨는 올해 서른이고 회사에서는 대리 직함 주시면 됩니다. 급여는 다른 사람들하고 이질감 안 생기게 연봉 3천만 원이면 되고요. 이 친구 수당은 제가 별도로 챙겨줄 겁니다."

영태가 두 사람에 대해 설명했다.

"임 사장, 갑자기 20억이나 구하라니 무슨 일이야? 뭐 좋은 거 시작하나봐? 주금납입 하려는 거지?"

강 팀장이 영태에게 물었다.

"네, 잘 아시네요. 좋은 건지, 어떤 건지, 한번 해보자구요. 서류들 말썽 안 나게 잘 챙겨주세요. 제가 하면 좋겠지만 이번엔 지원군이 없어서 제가 서류까지 챙기진 못할 것 같아서 전화 드린 겁니다. 20억은 증자 자금입니다. 주금납입하고 이틀만 쓸 거구요. 기초자본금 빼고 19억이면 되는데 20억 맞추는 게 서로 기분 좋은 일일 테니까 그렇게 부탁드린 겁니다."

영태가 답했다.

"하루 2% 이자인 건 알지?"

"형님, 우리 사이에 왜 이러세요? 앞으로 여기 일이 많습니다. 수수료 빼고 한 번만 부탁합시다. 아직 우리가 자금 여력이 없어요. 두 달만 지나면 제가 다시 챙겨드릴게요."

"그래? 알았어. 임 사장이 헛말 할 사람은 아니니, 그러지 뭐. 그깟 천만 원에 우리 사이가 멀어지면 안 되지. 어디 보자…… 증자비용하고 수수료 등등, 1억 가까이 들겠는데?"

"준비해 뒀습니다. 걱정 말고 진행해주세요. 그리고 이 대리는 지금 바로 사장님하고 같이 가서 업무 인수인계 받고 재무제표 대충 정리해서 나한테 보내줘. 그리고 여기 부동산 전화번호 받아. 전화해서 약속 잡고, 박 사장님 모시고 다녀와. 이사업체 선정해서 견적 뽑아두고. 상가에 인테리어 업체 있더라. 사무실 꾸미는 것도 좀 알아봐. 저렴하고 깔끔하게, 알았지?"

"네. 다른 건 없구요?"

"아 참, 직원들 미지급급여 정확히 계산 좀 해둬. 내일 저녁이면 이메일로 다 받아볼 수 있지?"

"2시까지 정리해서 드릴게요."

세 사람의 대화에 박 사장은 어안이 벙벙해졌다.

"이봐요. 지금 말한 것들이 당장 그렇게 되는 거요? 무슨 사람들이 일을 말로만 하나, 참나……."

"하하, 박 사장님. 이 대리 데려가시면 좀 괴로우실 겁니다. 힘들어도 잘 버텨보세요."

"임 사장님도. 내가 뭐 그렇게 빡쎄다고. 나처럼 미인이랑 다니면 기분 더 좋은 거 아닌가? 우리 박 사장님은 초면인데도 아까부터 내 몸만 스캔하고 계신데."

이 대리의 말에 박 사장이 난감한 표정으로 고개를 돌렸다.

"그래. 자기가 좀 여러 면에서 훌륭하긴 하지. 우리 같은 남자들이야 뭐 본능이니 어쩌겠어? 하하! 자, 그럼 각자 할 일 합시다. 엉덩이 들고 뛰어요!"

"증자 서류들 먼저 챙겨주면 좋겠는데. 법인등기부등본 2부, 법인인감증명서 2부, 법인인감도장, 법인인감카드, 사업자등록증원본, 최초 설립 시 공증 받은 정관사본 2부, 이사들 인감증명서와 인감도장. 그리고 대주주는 대표이사니까 됐고, 이사회의사록은 내가 작성하면 되고, 주금납입증명서가 있어야겠네. 이것들 먼저 챙겨줘요. 남의 돈 오래 가지고 있으면 사고 날 수도 있으니 빨리 처리해야지. 은행 입출금은 우리 쪽 거래은행 지점으로 가서 처리하면 되고."

강 팀장이 말했다.

"네, 그러죠. 그리고 이사님들 바뀌는 부분도 있는데 아예 같이 등록을 해주세요."

"그래? 그럼 뭐가 필요하나? 다른 서류들은 같이 복사해서 쓰면 될 것 같고, 새로 들어오는 이사들 인감도장하고 인감증명서 그리고 주민등록등본 두 통씩 있으면 될 것 같은데. 이사회의사록은 내가 쓸 거고, 이 대리님이 지난번에 나랑 같이 해봤으니까 서류 리스트 가지고 있죠?"

"네, 당연하죠. 내일까지 몽땅 챙겨서 퀵으로 보내드릴게요."

강 팀장과 이 대리는 이미 알아서 척척이었다. 영태가 다시 입을 열었다.

"박 실장님, 제가 채권자들 정리 좀 해달라고 했는데 어떻게 됐나요? 금액이 모두 얼마죠?"

"모두 임 사장 말처럼 그렇게 하기로 했어요. 모두 합하면 6억쯤 되더라고요. 다들 우리 얼굴 보고 투자한 거니까, 빌려준 거나 마찬가지야."

"이 대리 들었죠? 재무제표 정리하면서 6억 정도를 연구개발 목적으로 사용된 대표이사 가수금으로 잡아두면 되겠네. 이놈의 상법은 아직도 상계금지를 고수하고 있으니 짜증나서 원……. 가수금으로 아예 증자해 버리도록 인정해주면 얼마나 좋아? 내년엔 바뀌면 좋겠구만."

"그러게요. 잘 바뀌겠죠."

"그런데 임 사장, 내가 몰라서 그러는데, 증자하는 데 다른 사람 돈으로 하면 불법 아닌가? 잘못되면 어쩌지?"

"박 사장님, 그게 제가 말한 주금의 상계금지라는 거고, 주금의 가장납입 뭐 그런 겁니다. 그런데 뭐가 그리 걱정이 많으세요? 당연히 잘못된 일입니다. 하지만 그 돈 모두 채워 넣을 거고 나중에 문제 생겨도 충분히 소명할 수 있으니 걱정 마세요. 19억 증자 주식매각 차액으로 모두 메울 겁니다. 당장 6억은 가수금으로 돌릴 거구요. 그리고 여기 강 팀장님, 이 분야 베테랑이십니다. 아무 걱정 마시고 얼른 가서 일 시작하시죠? 저는 다음 주에 이사하고 나서 출근하겠습니다. 가뜩이나 좁아서 북적거리는 곳에 저까지 들어가면 더워져서요."

영태가 아무 걱정 말라는 듯 말했다.

그렇게 일들은 며칠 사이에 일사천리로 진행되었고, 영태는 다시 박 사장을 찾아갔다.

회사는 이미 영태가 봐둔 곳으로 이사를 한 상태였다. 공릉동 화랑대역 근처 조그만 아파트단지에 있는 상가 5층을 통째로 빌렸다. 예전부터 알고 지내던 건물주에게 1년에 3천만 원 선월세를 주고 주식도 2만 주 얹어줬다. 인테리어까지 6천만 원이 들어갔다. 엘리베이터에서 사무실 입구까지 페인트를 다시 칠하고 내부는 우드스타일의 마감재들을 사용했다. 출입문 역시 앞으로 회사를 방문하게 될 사람들에게 첫인상을 심어주게 되므로 안정된 느낌의 우드스타일로 했다.

입구엔 이 대리를 앉혔다. 워낙 뛰어난 미모와 몸매의 소유자라, 남자들은 기분 좋게 회사를 둘러볼 수 있을 것이다. 그녀가 권하는 커피를 마시며 그녀가 전하는 가벼운 농담에 웃음을 보일 것이고, 그렇게 기분이 좋아진 초보투자자들의 지갑은 생각보다 쉽게 열리게 될 것이다.

영태는 이 대리에게 현금이나 주식으로 최대 1억 원의 보너스를 약속했다. 한때 그녀는 기업행사 전문 도우미로 활동했었다. 영태는 우연히 엑스포장에서 일하는 그녀를 보았고, 웃는 모습이 좋아 자신도 모르게 그 기업의 부스를 방문해 한참동안 설명을 들은 적이 있었다. 그 후 나중에 다시 영태는 자신이 주관한 기업설명회에 대행업체 직원으로 파견된 그녀와 만났고, 그녀가 똑 부러지게 일처리하는 걸 목격했다. 그래서 하루 일하면 39만 원쯤 받는다던 그녀에게 함께 일할 것을 제안했다. 불규칙적으로 일을 하던 그녀는 영태의 제안을 받아들였고, 벌써 3년째 같이 일하고 있는 중이었다. 이 대리는 워낙 부지런하고 머리가 좋아서, 프로젝트를 두 번 뛰고 나서부터는 스스로 일을 할 수 있을 정도가 되었다. 더구나 사교성까지 좋아서 영태가 일하는 데 여러모로 많은 도움을 주고 있었다.

회의실은 넓게 꾸몄다. 몇 가지 샘플 제품들을 놓고 직접 보여줄 예정이었다. 사람에게는 눈으로 보여주는 것이 말로 설명하는 것보다 백배 더 효과적이기 때문이다. 그리고 한편엔 대형 TV를 설치해 회사 소개 동영상을 볼 수 있도록 했고, 전면에 대형 스크린을 설치해 프레젠테이션이 가능하도록 만들었다. 그리고 그 옆엔 크지 않지만 화이트보드도 하나 설치했다. 가끔 사람들은 화면에 나오는 것들보다 실무자의 직접 쓴 글씨에 더 집중하고 신뢰감을 얻기 때문이었다. 이곳을 방문하는 투자자들의 성향에 따라 프레젠테이션의 방법도 다양하게 진행될 것이었다.

사장실은 심플하게 꾸몄다. 책상 하나에 5인용 소파 세트. 여유 공간은 없다. 다만 한쪽에 책장을 두고 온갖 에너지 관련 서적을 꽂은 뒤 옆에 간이침대를 보일 듯 말 듯하게 두었다. 누가 봐도 간이침대라는 것을 알 수 있지만 티 나지는 않게. 사람들은 말하지 않은 것들에 대해 내린 스스로의 분석과 판단을 무척 신뢰한다. 유명한 얘기지만 누군가는 상대방의 구두를 자세히 보고, 누군가는 여직원의 사장에 대한 태도를 유심히 관찰한다. 살짝 보이는 간이침대를 보면 아마도 사람들은 사장이 회사를 위해 밤낮으로 일한다고 생각할 것이다. 그리고 그 생각은 우리에 대한 신뢰감을 조금 더 높여줄 것이다.

직원들 자리는 모두 상단에 유리가 있는 오픈된 낮은 파티션으로 깔끔하게 꾸몄고, 전체적으로 신뢰감을 줄 수 있는 밝은 파란색 계통으로 설치했다. 업무복도 통일시켰다. 검정색 계통의 양복바지에 단체로 맞춘 차분한 느낌의 짙은 녹색 계열 근무복을 입혔다.

투자자들의 이동 동선도 중요했다. 회사로 들어오기 전 건물 밖에서부터 투자자들은 회사를 평가하기 마련이다. 그래서 좁은 주차장이지만 어렵게 세 대를 주차할 수 있는 공간을 확보했다. 서울에서 주차는 전쟁이다. 회사를 방문하기도 전에 주차 때문에 짜증이 난다면 이런 작은 회사에서 게임은 이미 끝난 것이다. 더구나 비싼 주차비를 내야 한다면 기분이 찝찝할 수밖에 없다. 10억을 투자한 사람도 일을 마치고 나갈 때 내야 하는 주차비 5,000원에 인상을 쓰는 법이니까.

간판은 해외 유명 에너지 기업의 것을 살짝 모방했다. 한눈에 봐도 신선한 느낌의 연두색과 파란색이 눈에 들어오도록 했다. 위치는 큰 도로와 지하철역에서 잘 보이도록 가장 높은 곳에 자리를 잡았다. 누가 봐도 저곳은 젊고 밝은 이미지의 에너지 기업이란 인상을 줘야 했다.

베란다 쪽에는 흡연실을 뒀고 냉난방기에 공기청정기까지 설치했다. 여전히 한국은 담배 피우는 5분 동안 많은 것이 결정되는 나라이기 때문이었다.

마지막으로 가장 심혈을 기울인 곳은 바로 박 사장의 형님 박 고문의 방이었다. 영태는 이 사람을 주식가격을 고가로 뛰게 만들 복병으로 생각하고 있었다. 사실인지 모르지만 정부기관 출신이라고 하는 이 사람을 처음 만났을 때 영태는 약간의 서늘함을 느꼈다. 그 사람 특유의 몸에 밴 분위기 때문이었다. 근거는 없지만 뭔가 비밀스러운 것이 있어 보이는 이 사람을 보고 영태는 뭔가 느낌이 왔고, 제일 구석진 곳에 가장 큰 공간을 그에게 배정해줬다. 고문실 안엔 샤워실과 대형 소파세트 그리고 원목 책상을 넣었다. 사장실과 비교한다면 그야말로 초호화 시설이었다. 그리고 특별히 눈에 잘 띄는 지문인식 잠금장치를 설치했다. 앞으로 직원들은 이쪽으로 올 때 최대한 발소리를 줄이도록 교육을 받게 될 것이다. 가장 정숙해야 하는 공간으로 만들었지만, 바로 앞에 사람들이 수시로 드나들어야 하는 경영지원이사의 방을 만들었다. 그곳에는 사장을 만나기 전, 투자자들을 먼저 가볍게 커피와 다과로 접대하기 위해 6인용 널찍한 테이블을 두었다. 투자자들은 처음 회사 문에 들어선 후 이 대리의 미모에 홀려 이쪽 복도로 안내받고, 짧은 시간 동안 갑자기 가라앉는 분위기를 느끼며 속으로 '저긴 뭐지?' 라고 생각하다 커피를 대접받게 될 것이다. 하지만 그때 직원들은 그저 '고문님이 기거하시는 방입니다. 사실 저희도 잘 모릅니다' 정도의 말만 들려줄 예정이다. 신비감. 이게 바로 훗날 이 회사 주식의 매매가격에 갭을 만들어줄 것이다. 주식투자이론의 돌파갭 정도랄까?

박 사장과 박 실장은 회사 위치에 대해 의구심을 가졌다. 투자자들을 만나려면 좀 비싸도 강남에 보기 좋게 사무실을 얻어야 하는 것 아니냐는 이야기였다. 하지만 영태는 그렇게 생각하지 않았다. 중요한 건 컨셉이지 껍데기나 모양새가 아니기 때문이었다. 스티브 잡스 역시 허접한 주차장을 개조한 사무실에서 투자를 받았으니까.

영태가 구상한 이 회사의 컨셉은 연구개발에 집중한 벤처기업이었다. 그런데 다른 회사들처럼 프레젠테이션 자료와 입증된 문서로는 보여줄 만한 게 아직 없었다. 그래서 직접 제품들을 시연해야 하고 직원들이 액티브하게 움직이는 역동성이 필요했는데, 강남의 좁은 사무실은 깔끔하긴 하지만 이런 모습을 연출하기 어려웠고 그렇다고 널찍한 공간을 얻기에 돈이 부족하니 어쩔 수 없었다.

투자자 입장을 고려하는 것도 중요했다. 이 정도의 회사로는 당장 서울의 유명한 투자사 매니저들을 만나기는 어려웠다. 그들은 그렇게 한가하지 않기 때문이었다. 그래서 먼저 직원들의 가족들과 친구들을 공략해야 하는데, 그들은 대부분 지방에 거주하고 있었다. 그리고 그 사람들이 데려올 다른 투자자들 역시 대부분 지방 사람이었다. 지방에 있는 사람들은 보통 자기 차로 올라오는데, 안 그래도 먼 거리를 이동해 서울에 도착한 그들이 다시 강남의 교통체증 때문에 한 시간 넘게 시달리다 사무실에 오게 된다면, 그건 투자 결정에 상당한 마이너스가 될 수 있었다.

서울과 인근 투자자들이라고 해도 상황은 비슷했다. 서울에 있는 투자자들도 자기 차를 타고 오지, 지하철을 타고 오는 경우는 드물기 때문이다. 물론 가끔 지하철을 이용하는 투자자들도 있고, 무엇보다 직원들은 대부분 대중교통을 이용하기 때문에 깨끗한 6호선 지하철역에서 도보로 5분 거리에 사무실을 잡았다.

자기 차를 가지고 오는 사람들은 복잡한 시내 대신 시원한 외곽순환도로나 동부/북부 간선도로를 30분쯤 달려 곧장 사무실에 도착할 수 있는 이 지역을 선호할 것이다. 적어도 운전하면서 짜증날 일은 없는 것이다. 기관투자자들 역시 도착하는 데 얼마나 시간이 걸릴지 모르는 강남 한복판에서의 미팅을 위해 반나절이나 시간을 비우는 것을 좋아하지 않을 것이다. 더구나 북적거리고 짜증나는 지하철을 타는 수고를 감당하는 것은 더 최악임에 분명하다. 그러니 분명 회사에서 출발해서 미팅을 마치고 다시 돌아오기까지 두 시간이면 충분한 이곳을 더 선호할 것이다. 운이 좋다면 우린 그들과 식사도 같이 할 수 있는 시간을 확보할 수 있을지도 모른다. 길에서 버리는 짜증나는 시간을 우리에게 유리한 시간으로 바꾸는 것이다.

사람들은 이것들을 영태가 무심히, 되는 대로, 가볍게 처리한 것이라 생각하고 있었지만, 주식시장이라는 전쟁터에서 잔뼈가 굵은 영태는 모든 일을 전략적으로 진행하고 있었다.

"박 사장님. 제가 말씀드린 직원들 스톡옵션이랑 주식 문제는 어떻게 되었나요? 모두 이면계약하기로 합의된 거죠?"

"그럼. 모두 통일하기로 했어. 지금 이 마당에 어쩌겠어? 마지막이라고 희망을 걸어보는 거지. 모두들 강 팀장이 준비해준 서류에 사인했고 6개월 동안 안 팔기로 했어. 그리고 이 대리한테 미지급급여 정리하라고 한 거 있잖아? 그거 직원들이 그거 엄청 궁금해 하던데, 어쩔 셈이야?"

"모두 지급해줘야죠. 서류 보니까 7천 정도 되던데. 다음 주가 설날이니 명절 떡값도 좀 줘야 하고, 대충 8천은 잡아야겠어요."

"그렇게 다 주면 남는 게 없는데 괜찮을까?"

"사장님. 직원들을 그렇게 못 믿으세요? 기다려보세요. 저들이 무슨 일을 해내는지. 사장님 나중에 저분들한테 제대로 사례하셔야 할 겁니다. 일단 이렇게 하시죠. 다음 주 화요일까지 미지급한 급여 100% 넣어주세요. 그리고 수요일과 목요일은 용평으로 워크샵을 갈 거고, 워크샵 다녀온 다음 날인 금요일엔 제2의 비전선포식을 회사에서 개최하겠습니다. 물론 떡값은 그날 나가면 됩니다. 그리고 설 연휴가 그 다음 수요일부터 시작되는데 그냥 앞의 월요일과 화요일도 휴가 주셔서 토요일부터 그 다음 일요일까지 9일 연휴를 만들어 주십시오."

"이거 놀자판이네. 열흘 넘게 그렇게 날린다고?"

"사장님, 지금 뭐 하실 일 있으세요? 솔직히 직원이고 사장님이고 다들 놀고 계신 거 다 아는데 뭘 그러세요? 그냥 그렇게 하십시오. 해보시면 제가 왜 그러는지 아실 겁니다. 그때 분위기나 잘 맞춰주세요. 경영지원이사 불러다가 이 내용 전달하라고 하시죠. 보니까 대충 밖에서 사장님이 말로 하시던데 앞으로는 절대 그러지 마시구요. 급여 100% 나간다는 거랑 떡값 지급은 아직 비밀입니다. 그냥 설이니까 급여 일부 해결할 거라는 정도만 하세요. 기대가 적어야 기쁨이 크기 때문입니다. 저는 워크샵 장소에서 뵙겠습니다. 그리고 제가 한 사람 더 데려갈 겁니다. 아 맞다! 아직 연구소장님을 못 뵈었는데 그때는 반드시 참석하도록 해주시구요."

"알았네. 그렇게 해보세."

OFF BOARD MARKET

04

정신 무장

왜 우리가 못할 거라 생각하지?
1년 전만 해도 우리는 아무것도 아니었는데 지금 당신을 만나고 있잖아?
그럼 앞으로 1년이 더 지나면, 당신이 우리를 만날 수 있을까?

며칠 후, 영태는 한 여성을 데리고 아침 일찍 강원도 용평리조트로 향했다. 두 시간을 넘게 달려 9시쯤 도착한 리조트엔 이미 박 사장을 비롯한 직원들이 와 있었다.

"사장님, 그럼 가볍게 몸부터 풀고 시작하실까요? 여기 몇 번 와보셨을 텐데, 오늘은 스키 대신 다 같이 꼭대기까지 한 번 가보면 좋을 것 같습니다. 제가 많이 다녀봐서 아는데 크게 어렵진 않더라구요. 눈도 별로 없으니까 가볍게 다녀오죠. 그런데 제가 물을 준비 못해서 두 사람당 한 병씩밖에 지급이 안 될 것 같습니다. 얼마 안 걸리니까 그냥 가셔도 될 겁니다"

"그래요. 가봅시다."

"사장님, 우리 오늘 스키 타는 거 아니에요?"

"그러게, 아닌가보네. 일단 가보자고. 뭐 좋은 게 있나보지. 다들 갑시다."

"그리고 이쪽은 말씀드렸던 김선주 대리입니다. 앞으로 기획실에서 일할 겁니다. 인사는 위에서 제대로 하시죠."

그렇게 영태를 선두로 다 같이 길을 올라가기 시작했다.

사실 이곳은 그리 쉽지 않은 산행길이었다. 용평리조트 콘도에서 레인보우 꼭대기까지는 정상적인 날씨에서도 성인 걸음으로 두 시간 이상 걸리는데, 지금은 눈까지 있으니 다섯 시간은 소요될 예정이었다. 그런 데다가 물까지 두 사람당 한 병씩뿐이니 이들의 고생길은 무척이나 험난했다. 영태는 지친 이 대리와 김 대리를 이끌고 부축하며 가장 먼저 정상에 도착했다. 박 사장도 박 실장을 끌다시피 해서 정상까지 올랐다. 그 외 다른 직원들도 불평 속에 꾸역꾸역 오르고 올라서 간신히 정상에 도착했다.

그들을 위해 영태는 따뜻한 어묵과 컵라면을 준비하고 기다렸다. 점심때가 훨씬 지난 데다 산행까지 했으니 눈밭에 불어 있는 발과 얼어붙은 몸을 녹이기에 이만한 만찬은 없었다. 다행히 한 사람도 돌아가지 않고 정상에 도착했다. 사람들 마음이 다 그렇듯 어려움을 같이 겪어서인지 모두 표정들이 좋았다. 영태는 의도한 목적을 어느 정도 이룬 것 같아 기분이 좋았다.

"그럼 모두들 올라오셨으니까 저희가 인사를 드리겠습니다. 이 대리, 김 대리, 이리 와서 인사드려요."

"이영림 대리입니다. 경영지원팀에서 회계와 비서 업무를 맡고 있습니다. 잘 부탁드립니다."

"김선주 대리입니다. 기획팀에서 각종 리서치 및 자료제작 업무를 지원할 예정입니다."

사람들이 환호했다. 두 사람의 미모가 워낙 출중한 탓이기도 하겠지만, 정상에 올랐다는 성취감이 이들의 마음을 활짝 열었기 때문이었다.

"저는 임영태입니다. 아마도 대놓고 주식팀장으로 명함을 준비할 것 같습니다. 최근에 이사도 하셨고 밀린 급여도 받으셨는데, 제 선물이 마음에 드셨는지 모르겠습니다. 앞으로도 잘 부탁드리겠습니다."

"환영합니다!"

여기저기서 반가워하는 목소리가 들려왔다.

"제가 여기 계신 대표이사님까지 속이면서 여러분들을 이곳으로 모신 이유가 있습니다. 저는 여러분들이 그동안 잊고 있던 성취감이란 것을 다시 느끼시길 원했습니다. '우리도 할 수 있다'라는 그런 마음 말입니다. 잠시 뒤 저 아래에서 이곳을 올려다보시면 아마도 아득하게만 느껴지실 겁니다. 눈 때문에 보이지 않을지도 모릅니다. 하지만 우린 걸어서, 두 발로 이곳을 정복했습니다. 이 성취감을 꼭 기억해주시길 부탁드립니다. 그리고 조금 전에 드셨던 어묵과 컵라면, 정말 보잘것없는 음식입니다. 하지만 정말 감사하게 서로 나눠가며 잘 드셨을 겁니다. 지금 우리 회사가 이렇게 보잘것없는 음식을 먹고 있습니다만, 지금처럼 감사하게 생각하며 서로에게 따뜻한 국물을 권하는 마음으로 지냈으면 좋겠습니다."

사람들의 얼굴에 '이런 이유가 있었구나' 하는 표정이 떠올랐다. 영태는 뿌듯한 마음으로 말을 이어갔다.

"마지막으로 힘든 여러분들을 위해 곤도라 티켓을 준비했습니다. 짧은 시간이지만 즐거운 여행이 되시길 바랍니다. 하지만 이것만은 생각해 주십시오. 우리가 앞으로 가야 할 길은 방금 다 같이 두발로 걸어 올라온 그 길과 비슷합니다. 자칫 작은 실수로 발을 헛디디기라도 한다면 몇 시간 올라온 게 무색하게 순식간에 저 밑바닥으로 굴러 떨어져버릴 겁니다. 하지만 오늘처럼 서로 격려하며 한 걸음 한 걸음 올라온다면, 이렇게 정상에서 황홀한 희열을 맛보게 될 겁니다.

이제 내려가시면서는, 좋은 경치 감상하시는 것도 좋지만 올라온 길을 다시 살펴보며 앞으로 어떻게 회사에 기여할지 생각해주시면 정말 감사하겠습니다. 박 사장님께서 절 찾아와 이번이 마지막이라고 자신의 목숨을 건다고 하셨습니다. 저는 여기 계신 분들은 무엇을 걸고 일을 할지 많이 궁금합니다.

내려가시면 이곳에 있는 모든 시설을 금액에 상관없이 마음껏 즐겁게 이용하십시오. 모든 비용은 영수증 첨부해서 이 대리한테 주시면 바로 현금으로 지급해 드리겠습니다. 그리고 저녁 8시에 제가 조촐하게 준비한 통돼지 바베큐 파티에 참석해 주십시오. 분위기가 좋으면 신임 박연주 감사님께서 나이트클럽도 쏘시기로 약속했습니다. 이상입니다. 감사합니다."

영태가 말을 마치고 사람들을 둘러봤다. 환호나 웃음이 터져 나오지 않을까 싶었는데 의외로 직원들은 한동안 말이 없었다.

'어? 반응이 왜 이러지?'

영태는 잠시 영문을 몰라 당황했다.

"자자! 다들 갑시다. 여기 더 보실 분은 보시고, 이제 즐기러 가십시다!"

서글서글한 인상의 한 임원이 나서서 분위기를 이끌었다. 그러자 그제서야 사람들이 웃음을 되찾고 왁자지껄하게 떠들며 길을 내려가기 시작했다.

"임 팀장님이라고 불러야 하나요? 노병진 이사입니다."

방금 그 임원이 영태에게 와서 손을 내밀었다.

"네 이사님, 말씀 낮추십시오. 이젠 부하직원입니다."

영태가 정중히 악수를 받았다.

"그래요. 여기서 내려가면 그때부터 그럽시다. 지금만큼은 내가 고맙단 말을 해야겠어요. 아까 팀장님이 해준 얘기에 모두들 할 말을 잃었을 거예요. 우리 직원들 그동안 정말 많이 힘들었거든요. 지금처럼 기쁘다는 걸 표현하지 못할 정도로 힘들었어요. 다들 능력이 부족하긴 해도 마음만은 참 좋은 사람들인데, 그동안 웃을 일이 너무 없었어요. 많은 사람이 회사를 떠나도 아직까지 버텨준 고마운 사람들인데 말이죠. 오늘 저 사람들 모두 임 팀장님한테 감사하게 생각할 겁니다. 임 팀장님 준비하는 일이 무엇이든 내가 전력으로 도울 테니 앞으로도 잘 부탁드립니다."

"아닙니다. 제가 더 부탁드리겠습니다. 내려가셔서 사우나나 가시죠? 지금 이사님 모습이 무슨 조난자 수준이십니다. 하하."

"그래요. 내려갑시다. 춥네, 하하하."

문득 영태의 머릿속에 군대 시절이 떠올랐다. 중대에서 각 5명씩 10팀이 참가하는 족구대회가 열렸는데, 고참들이 영태에게 후임들을 데리고 팀을 꾸려 참가하라고 시켰던 것이다. 영태에게 주어진 멤버들은 운동엔 영 젬병이어서 선임들이 축구나 족구를 할 때 늘 공만 주웠던 몸치들이었다. 즉, 운동바보들의 몸개그를 보고 싶었던 고참들의 장난이었던 것이다.

그렇게 어쩔 수 없이 대회에 참가하게 된 영태는, 이왕 이렇게 된 거 잘해보자고 마음먹고 운동바보 후임들의 장점을 파악해보기 시작했다. 키가 큰 친구는 상대편 공격수 앞에 세워만 둬도 위협이 되었다. 그래서 그에게 손발은 묶어두고 머리만 쓰라고 주문했더니 공중에 뜬 볼을 상대방 진영의 사각에 제법 잘 꽂아 넣었다. 키가 작지만 몸이 날랜 친구는 몇 번 칭찬을 해줬더니 몸을 사리지 않고 넘어지며 공을 받아내곤 했다. 그 공이 잘 받아지든 못 받아지든 한 번 더 만들어진 기회는 결정적인 실점의 순간들을 이겨내도록 만들었다. 게다가 그 이등병이 고군분투하다가 팔다리에 빨간색 피가 맺히기라도 하면 모두가 투지를 불태우는 기회도 되었다. 그리고 영태 말을 잘 따르던 후임병을 앞쪽에 세워 영태가 말하는 곳으로 공을 잘 넘기게만 했다. 빠르게 보낼 필요도 없었다. 그저 정확히만 넘기면 됐다. 분위기에 휩쓸려 과장된 행동을 한다거나 욕심을 부리지 않고 차분히 찔러 넣은 곳은 상대가 미처 커버하지 못하는 공간들이었다. 영태는 그저 뒤에서 안전하게 공을 받아주기만 하면 그만이었다.

뛰어난 스트라이커도 없었다. 족구 경기에 나서봤던 선수도 없었다. 하지만 그들에겐 나름의 장점이 있었고, 영태의 지도하에 그 장점을 충분히 살려 경기에 임했다. 늘 놀림만 받던 그들에게 장점을 알려주고 그 장점으로 득점의 성취감과 승부욕을 일깨워줬더니, 그들은 이전엔 생각조차 할 수 없었던 함성을 상대편 고참들에게 내지르고 있었다. 자기가 가진 장점을 인정받고 그것을 무기로 내세울 수 있는 기회를 잡는다는 건, 엄청난 에너지와 승부욕을 갖게 한다는 것을 영태는 경험한 것이다. 대부분의 팀들은 이런 것들을 무시하고 잘하는 선수, 뛰어난 스트라이커만 찾는다. 그러나 소수의 스타플레이어는 팀의 분위기를 와해시키고 경기를 지게 만들 뿐이다. 영태의 팀원들은 그렇게 한 번 해보자는 정신으로 다른 팀들을 압도해나갔고, 결국 거짓말처럼 우승까지 하게 되었다. 물론 아마추어끼리의 게임이니 가능한 것이다. 프로들의 세계는 또 다른 무엇이 있다. 하지만 지금 영태가 시작하려는 이 게임은 아직 아마추어 시장이었고, 그래서 아직 프로선수가 필요 없었다. 오직 탄탄한 팀워크만이 필요할 뿐이었다.

신나는 낮을 보낸 사람들은 저녁 8시에 야외 천막에서 준비된 바베큐와 와인을 즐겼고, 흥이 난 박 실장은 정말로 모두를 나이트클럽으로 이끌었다. 그렇게 사람들은 12시가 넘어 각자의 방으로 돌아갔다.

다음 날 아침 7시.

"김 대리, 사람들 깨워서 식당으로 모이게 하세요. 지금 바로."

"네, 팀장님."

영태의 말에 이른 아침부터 김 대리가 방마다 돌아다니며 사람들을 깨웠다. 전날 산행과 늦은 술자리에 녹초가 된 사람들이 간신히 눈을 비비며 식당으로 모였다.

"여기 황태해장국 준비했습니다. 속이 확 풀릴 겁니다. 식사하시고 잠을 더 주무신 후에 10시가 되면 모두 제 방으로 모여 주십시오. 워크샵이니까 우리도 뭔가 공부라도 좀 하고 돌아가야죠? 그럼 맛있게 드십시오."

그렇게 식사를 하고 사람들은 각자의 방으로 돌아갔다.

그리고 10시가 되기도 전부터 다시 하나둘 영태의 방으로 모여들기 시작했다. 어제와는 사뭇 다른 느낌들이 있었다.

"벌써 다들 모이셨네요. 시간이 남았지만 일정대로 해야 하니까 그 전에 제가 재미있는 얘기를 하나 해드리겠습니다. 옛날에 제가 증권사에 있었던 시절 이야기인데요, 그때 저는 옵션이란 걸 한참 했었어요. 그런데 이게 만기일만 되면 아주 난리를 칩니다. 이론적으로는 가격 변동폭의 제한이 없거든요. 하루아침에 10배로 오르기도 하고 반대로 1/10로 떨어지기도 하고요. 무서운 놈이죠.

한 번은 만기를 앞두고 며칠 전부터 주가가 슬금슬금 빠지기 시작하는 거예요. 옵션도 덩달아 슬금슬금 옆으로 기는데 아주 미치겠더라구요. 차트가 오르락내리락하면 매매하는 게 재미있는데 옆으로 기면 정말 죽을 맛이거든요. 그런데 그때 제 컴퓨터에 메신저들이 난리를 치는 거예요. 메신저를 보통 세 개 정도 켜두고 매매를 하는데, 이것들이 한꺼번에 사방에서 뭔 희한한 뉴스들을 가지고 오는 겁니다. 그러더니 만기 전날 아침에 장이 갑자기 푹 빠져버렸어요. 북한 관련된 무슨 전쟁 루머였는데 아주 난리도 아니었죠. 미치겠는 거죠. 주식은 불안하니까 고객들한테 다 빼라고 연락하고 '언제 바닥치나……' 하고 보고 있는데 뭔가 이상한 생각이 드는 겁니다. 감이라는 게 이때부터 생겼나 봐요. 사실 그게 어떻게 보면 아무것도 아닌데……. 거래소에선 조회공시 어쩌고 하면서 난리인데 여의도 VIP룸에 근무하는 선배들은 꿈쩍도 안 하고 있는 겁니다. 너무 이상한 게 평소 같으면 장 빠졌다고 술 먹자고 연락하는 인간들이 아주 쥐 죽은 듯이 가만히 있는 거예요. 그래서 이상해서 옵션 차트를 봤죠. 그랬더니 이상하게도 거래량이 전체적으로 줄어드는데 상방향으로 외가격에서는 빠르게 늘더라고요. 주가가 빠지고 있으니까 그쪽은 가격이 완전히 바닥을 치고 있었거든요. 그래서 가만히 계산을 해봤더니 종합지수가 갑자기 반등

해서 한 40포인트만 올라주면 이거 얼마나 갈지를 모르겠는 거죠. 그래서 주머니에 용돈 탈탈 털어서 50만 원어치 옵션을 샀습니다. 잘못되면 그냥 50만 원 버린 셈 치고 재미로 아주아주 바깥쪽에다 제대로 걸었죠.

그렇게 해놓고 점심을 먹고 왔는데, 갑자기 이런 뉴스가 나오는 거예요. 증권가에 헛소문이 돌았다면서, 우리나라 성장률 높다는 소식과 미국 경기도 회복되고 있다는 등 갑자기 호재가 쏟아지는 겁니다. 그러더니 기관들이 막 매수를 들어오는 거죠. 그렇게 해서 어떻게 된지 아세요? 제가 산 1,000원짜리 콜옵션이 30만 원이 된 거예요. 50만 원이 1억 5천만 원이 된 거죠. 하루만에. 아니 몇 시간 만에."

"우와…… 대박! 50만 원으로 1억 5천? 30배? 아니지! 300배!"

사람들이 입을 쩍 벌렸다.

"에고…… 또 그 소리구나! 현찰이라야 돈이지요. 팀장님, 이제 그만 사실을 말씀하시죠?"

김 대리가 입을 삐죽이며 빈정거렸다.

"하하, 그러게요. 그래서 그 순간에 제가 매도 주문을 넣었습니다. 안전하게 조금 아래쪽 가격으로 팔아도 1억은 되겠다 싶었죠. 그런데 이게 웬걸? 주문 체결이 안 되는 겁니다. 안 팔려요. 그래서 평가잔고가 1억으로 떨어지고 다시 8천만 원으로 떨어지고 아주 순간적으로 뚝뚝 떨어지는 거예요. 매도주문은 엄청 몰리는데 시장은 안정이 되었고, 일시적인 해프닝 수준으로 상황이 정리되고 있어서 가격도 다시 원점으로 복귀를 하는 거였죠. 그렇게 제 주문은 체결이 계속 안 돼서, 안 되겠다 싶어 시장가로 매도를 넣었는데, 장 막판에 겨우 체결된 거 보니까 결국 150만 원에 팔렸더라고요. 1억 5천만 원까지 갔다가

150만 원으로 끝난 거죠. 하하! 아무것도 모를 때의 일입니다. 지금이면 아마 7~8천만 원 정도는 건졌겠죠."

"이야…… 그래도 150만 원이 어디예요? 세 배나 되는데. 대단하네요."

"팀장님, 그 뒷얘기도 해야죠? 우리도 있는데 속이려고 하지 말고 빨리 하세요."

이 대리가 영태를 장난스럽게 흘겨보며 말했다.

"내가 이래서 당신들을 데려올까 말까 고민했던 거야, 씨……."

"왜 그래요? 또 뭐가 있어요?"

"네, 당연히 있죠. 아무튼 100만 원은 벌었으니까, 그날 기분 좋다고 직원들 데리고 나가서 놀다가 회며 술이며 해서 200만 원어치나 먹어버리신 거예요. 그래서 다음 날 오버된 50만 원 메우겠다고 술기운에 단타 치다가 거래중지종목 잘못 건드려서 한 달치 월급을 몽땅 날리셨다는 뭐 그런 아름다운 얘기입니다. 우리 팀장님 아주 기분파예요!"

이 대리의 빈정거림에 사람들이 모두 자지러졌다.

"하하, 제가 철이 없을 때 얘기니까 신경 쓰지 마시고, 이제 본격적으로 교육 들어갈까요?"

영태가 사람들을 둘러보며 말했다. 모두의 표정이 진지해졌다.

"지금부터 제가 말씀드리는 내용은 어제 산행 마치고 연구소장님께 확인을 받은 내용이니까 사실로 믿고 그대로 숙지해주시기 바랍니다. 오늘 이후로 어떠한 다른 이론이나 사업 내용들이 회사 내외에서 거론되는 일은 없어야만 합니다. 앞으로 우리가 하는 말들은 반드시 사전에 교육된 내용이어야만 하고, 어떠한 예측이나 개인적 견해에 대해 언급하는 행위도 철저히 통제될 겁니다. 그건 여러분 개인을 위해서입니다. 주식이란 게 법적으로 매우 민감한 문제가 될 수 있어서, 자칫 말 한마디로 법적 책임을 뒤집어쓸 수 있습니다. 회사에 투자자가 와서 지나가는 말로 잘 되냐고 물었는데 아무 생각 없이 '우리 제품 진짜 완벽합니다'라거나 '조만간 **투자은행에서 10억 투자가 들어오기로 했습니다'라는 말을 자랑하듯 내뱉으면 훗날 법적 책임을 질 수도 있다는 얘기입니다. 지금까진 아무 생각 없이 혹은 회사에 도움이 되라고 이런 말씀들을 자주 하신 걸로 압니다만, 이제부터는 절대 허락되지 않습니다. 이는 대표이사님께도 동일하게 적용되는 이야기입니다. 우리의 목표는 돈에 있는 게 아니라 우리의 행복에 있습니다. 돈 몇 푼 들어온 대신 우리가 불행해지면 아무 소용이 없는 겁니다. 이 점 반드시 지켜주시길 부탁드립니다."

"친구들 만나서 투자 받으려면 그 정도는 얘기해야 하지 않나요?"

말이 앞서는 기획실장 유 실장이 나섰다.

"물론 그렇게 생각해오셨을 수도 있지만, 이제부터는 안 됩니다. 그리고 친구들 만나서 투자받아 오시지 마십시오. 이제부턴 친구를 회사로 데려오시기만 하십시오. 노 이사님께서 응대하시고 대표이사님과 함께 연구소장님 모시고 제가 브리핑하겠습니다. 대표님께서 제품들 시연을 해주실 거고 연구소장님께서 궁금한 것을 해결해주실 겁니다. 그리고 마지막 가격절충은 제가 하고요. 나중에 말씀드리려고 했는데 이렇게 친구분이나 친지분들이 투자를 하게 되면 인센티브도 드릴까 합니다. 그동안 직원분들까지 투자문제로 고민을 많이 하신 걸로 아는데요, 이제는 그러지 않으셔도 됩니다."

"아니, 그럼 회사는 뭐로 먹고 살아요?"

유 실장의 얼굴에 반감이 드러났다. 영태로 인해 자신의 입지가 줄어들고 있음을 느낀 것이다. 유 실장은 야성이 살아있는 사람이었다. 반드시 사고를 칠 인물이지만 지금은 잘만 관리하면 누구보다 뛰어난 사냥개 역할을 할 인물이었다. 영태는 바닥에서 살아본 사람들이 만들어내는 기적이란 걸 유 실장한테서 기대하고 있었다. 하지만 그를 언제 제거할지에 대해선 아직 고민 중이었다.

"이제부터 직원분들은 그 고민을 조금 내려놓으십시오. 그냥 원하시는 분만 누구라도 데려오시면 회사에서 정중하게 모시도록 하겠습니다. 여기 계신 분들은 모두 최소 1년 이상 어려운 시절을 함께 견뎌내고 있는 분들이라 알고 있습니다. 그동안 친인척들이나 친구분들 만나서 투자도 권유해봤을 거고 그 과정에서 창피도 당하고 굴욕도 맛봤을 겁니다. 이제 그럴 일 없습니다. 앞으로 또 누군가가 여러분에게 그렇게 거만한 태도를 보이면 이렇게 말씀하십시오.

'왜 우리가 못할 거라 생각하지? 1년 전만 해도 우리는 아무것도 아니었는데 지금 당신을 만나고 있잖아? 그럼 앞으로 1년이 더 지나면, 당신이 우리를 만날 수 있을까?'

아무것도 꾸미거나 과장할 필요가 없습니다. 우리가 가진 것과 가지지 못한 것을 솔직히 인정하고 이렇게 자신감 있게 말씀하시기만 하면 됩니다. 아마 상대는 당황할 겁니다. 하지만 신경 쓰지 마시고 '관심 있으면 회사로 한 번 와' 이러면서 명함만 건네주십시오. 안 오면 뭐 그냥 잊으십시오. 투자할 사람 많습니다."

영태의 말에 사람들의 눈빛이 빛났다. 신뢰로 가득한 눈빛이었다.

'이제 진짜 시작이다.'

영태가 속으로 되뇌었다. 영태는 오늘 하루의 교육으로, 2주 내에 4

억 원 가량의 기초운영자금을 만들 계획이었다. 열정의 불씨 하나가 화려한 불꽃으로 피어난다고 했듯, 직원들 개개인이 열정을 불태우게 할 수만 있다면 그들로부터 십시일반의 투자를 이끌어내는 것은 어렵지 않은 일이었다. 오늘 이 교육이 잘 이뤄지기만 한다면 기초운영자금 마련은 물론이고 내부교육까지 한 번에 해결되니 이번 프로젝트의 절반은 성공한 것이나 다름없었다.

"아무래도 이론적인 것들은 연구소장님께서 말씀을 해주시는 게 더 좋을 것 같습니다. 나오셔서 수소에 대해 자세히 좀 가르쳐주시겠어요?"

영태가 연구소장을 바라보며 말했다.

"그래도 되겠습니까?"

연구소장이 조선족 특유의 말투로 웃음을 보이며 앞으로 나섰다.

"수소라고 하면 수소폭탄을 연상하는 사람들이 많습니다. 미국이 수소폭탄을 태평양에서 터뜨린 것이 1952년, 마샬군도의 비키니섬에서 시험한 것이 1954년의 일이죠. 그 위력이 히로시마 원폭의 1천 배 이상이라고 하더라고요. 산호섬 하나가 완전히 증발되어 사라지고 버섯구름이 최소 150km 이상 퍼졌다니까 엄청났을 겁니다.

백과사전을 보면 수소는 1766년 영국에서 처음으로 물질로서 확인되었는데, 제대로 원소라고 인식한 것은 프랑스라고 합니다. 이때 처음으로 물을 분해해서 수소를 얻는 데 성공한 거지요. 또한 수소를 연소시키면 물이 생기는 사실도 밝혀졌는데, 이로부터 그리스어의 물을 뜻하는 히드로(hydro)와, 생성한다는 뜻의 제나오(gennao)를 합쳐 hydrogne이라 명명하게 되었습니다. 주기율표 중 제1주기 제1번 원소로 원소기호는 에이치(H) 원자번호는 1, 녹는점, 끓는점은 영하 250도 정도구요. 수소는 무색·무미·무취의 기체이며, 지구상에 존재하는 물질 중에서 가장 가볍습니다.

현재 지구상엔 수소의 원료인 물이 많고, 연소시켜도 연기를 뿜지 않아서 수소는 미래의 무공해 에너지원으로서 중시되고 있으며, 인류 궁극의 연료로 지목되고 있습니다. 1973년 말의 석유위기 이후 각국에서 활발히 전개되고 있는 탈(脫)석유기술 개발에 수소에너지 개발이 포함되어 있는 것도 그런 이유에서입니다. 현재 세계의 수소 소비량은 수백 억 입방미터(m3)에 달하지만 대부분 석유탈황(石油脫黃), 암모니아 제조 등 화학공업부문의 원료적인 것으로 쓰이며, 그 제조기술이 물을 원료로 해서 값싸게 대량생산할 단계에 아직 이르지 못하고 있으므로 열원(熱源)으로서의 이용도는 아주 낮은 편입니다.

수소에너지의 장점은 크게 세 가지로 요약할 수 있습니다. 우선 연료로 사용할 경우 연소 시에 공해물질이 거의 생기지 않는 청정에너지이고, 세계적으로 문제시되는 이산화탄소의 배출이 없습니다. 그리고 제조원료가 매우 다양합니다.

이 정도로 수소에 대한 기본적인 설명을 마치겠습니다."

연구소장의 설명을 사람들이 진지한 얼굴로 경청했다. 확실히 달라진 분위기였다.

"연구소장님, 말씀 감사합니다. 조금 후에 다시 모셔서 얘기를 더 듣도록 하고요. 자 그럼, 이제부터는 우리가 앞으로 진행할 사업에 관해 얘기를 드리겠습니다."

영태가 다시 앞으로 나서며 이야기를 시작했다.

"현재 우리가 진행 중인 가정용 수소가스버너 사업 먼저 볼까요? 이미 샘플제품은 6개월 전에 만들어 놓은 것으로 알고 있는데, 그 이후로 아직 이렇다 할 진전이 없는 것 같습니다. 저는 우선 특허에 대한 요청을 드리고 싶습니다. 이 부분은 유 실장님께 먼저 확인을 해야 할 것 같은데요, 실장님 경력을 보니까 정부 정책자금지원에 관한 게 몇 건 있더라고요. 아마도 그쪽 분야의 브로커들 통해서 진행하셨을 텐데, 그분들께 특허 관련한 일들도 대행을 하도록 하죠. 그쪽 통해서 특허청에 줄 연결하고 특허사무소랑 작업하면 급행으로 얼마나 걸릴까요?"

"그건 전에도 내가 얘기했던 건데, 문제는 돈이지요. 자금이 없는데 무슨 일을 하겠어요?"

유 실장은 여전히 뭔가 불만을 가지고 있었다. 그러나 영태는 오늘 이 대화를 시작으로 그를 불만을 접고 회사에 충실한 사냥개로 변신시킬 자신이 있었다.

"저도 그쪽 일은 잘 알고 있습니다만, 제 라인을 이용하는 것보단 실장님 라인으로 일하는 게 모양새가 좋아서 그러는 겁니다. 제 라인이 가동되면 주식시장에 말들이 나오게 되고, 그러다 보면 제가 주식을 통제하기 힘들어지거든요. 자금은 제가 원하는 만큼 지원하겠습니다. 예상기간이나 말씀해주시죠."

마지못해 유 실장이 자리에서 일어났다.

"그동안 제가 아는 사람들 통해서 서류작업을 좀 해왔었기 때문에, 시간이 많이 필요하지는 않습니다. 특허사무소에 넘겨서 마무리하는 데까지 2주일 정도면 가능할 겁니다. 그동안 연구소장님께서 밤낮으로 수고를 좀 해주시면 되구요. 문제는 돈인데, 특허를 빨리 진행하려면 그만한 업체를 선정해야 합니다. 법조계에서 전관예우라는 게 있듯 이쪽도 특허청에서 요직에 계시던 분들이 일하고 있는 특허사무소에 일을 맡기면 진행이 더 빠릅니다. 서류 넣고 한 달 정도면 검토 마치고 출원번호 받을 거고, 두 달 더 지나면 심사 마치고 특허까지 받을 수 있습니다. 예산은 3천에서 4천 정도면 되고요. 그런데 사실 이왕이면 샘플제품도 그럴 듯하게 사진 첨부해서 만들면 좋은데, 지금 제품은 너무 투박해서 좀 그렇습니다. 그게 시간이 얼마나 걸릴지 모르겠습니다."

"잘 알겠습니다. 그럼 이렇게 하시죠. 연구소장님이 중국에 한 번 다녀오셔서, 샘플 좀 완벽하게 만들어와 주십시오. 어떠세요? 연구소장님. 아니다, 이건 그 옆에 계시는 조덕출 선생님, 아직 제가 직함을 정확히 몰라서 죄송한데요, 어떠세요? 제가 듣기론 중국에선 라인이 장난 아니라고 하던데, 3천만 원 지원해드리면 2주 안에 가능하시겠습니까?"

갑작스런 호출에 덕출이 잠깐 놀라며 일어섰다.

"농담 마시오. 그동안 아무리 말을 해도 지원 안 해주던데. 돈만 그렇게 해준다면야 뭘 못해?!"

"그래요? 연구소장님께 듣기로는 수소보일러도 만들어 보셨다고 하던데 그것도 가능하시겠어요? 그렇다면 5천까지 쏴드리겠습니다."

"젊은 사람이 화끈하구만! 좋소! 내가 일주일 안에 서울로 가지고 오겠소!"

덕출이 신난 목소리로 말했다.

"일주일이라고 하셨습니다. 약속 어기시면 조선족 형제들 사이에서 어떻게 하는지 아시죠? 반대로 제가 약속을 어기면 선생님께서 알아서 처단하시구요."

"좋수다! 약속했소! 내 손모가지가 아니라 다리를 걸겠수다!"

"좋습니다. 남자들 사이에 약속한 겁니다. 여기 계신 분들이 증인이구요. 자, 그럼 유 실장님 이렇게 해주십시오. 제가 예산 5천만 원 범위 안에서 지원할 겁니다. 밥을 사든 술을 사든 뭐든 하십시오. 어르신네들 골프채라도 바꿔드리구요. 특허사무소로 출근하시고 특허청 문지방이 닳도록 다니십시오. 특허사무소 통해서 담당심사관들 전부 섭외하시고 팀장은 별도로 만나서 인사하세요. 그렇게 하셔서 특허증 쥐는 데까지 두 달 드리겠습니다. 가능하시겠습니까?"

"아니, 뭐 그런……. 그게 말이 돼요? 두 달 만에 하라고? 어디든 관공서는 정해진 기간이란 게 있는데……."

"맞습니다. 그리고 어디든 급행이란 게 있고, 특별심사라는 게 있고, 고위직들 직권으로 처리하는 게 있습니다. 제가 판을 깔 수 있도록 해드리는데 못하신다면 굉장히 실망입니다. 실장님만큼은 그 정도 추진력이 있다고 생각했습니다만. 안 되신다면 어려워도 제 라인 데리고 오겠습니다. 특허청 윗분들 몇 명은 일주일 안에 접대가 가능할 테니까요. 팀장급들이야 구워삶으면 되구요. 어떠세요?"

순간 유 실장의 얼굴이 일그러졌다. 영태의 말에 자존심이 구겨진 것이다.

"됐어요! 내가 두 달 안에 완벽하게 하죠. 사람을 뭐로 보고, 나도 두 달 안에 특허증 못 갖다 주면 손모가지 걸겠으니까, 반대로 당신 5천만 원 지원 안 되면 각오 단단히 하쇼!"

"알겠습니다. 오늘 이 방안에 남성호르몬이 아주 충만합니다. 하하!"

"그래요, 우리 여자 둘은 숨 막혀요. 아저씨들 냄새도 잔뜩 나는 거 같고. 우……!"

김 대리가 흥분된 분위기를 전환하려고 애써 웃음을 보이며 말을 돌렸다.

"김 대리, 왜 그래. 난 오랜만에 남자냄새 맡아서 좋은데. 좀 놔둬 봐. 이게 얼마 만이야, 음……."

이 대리가 장난스러운 목소리로 말했다.

"얘가 또 이런다. 너 저쪽에 가서 쭈구리고 있어라, 혼난다……."

"하하, 젊은 애들이라 좋네. 난 냄새가 구분도 안 되네요. 김 대리 이 대리도 더 늙기 전에 얼른 시집가야지요."

박 실장이 맞장구치며 분위기 전환에 나섰다.

"분위기가 좀 업된 것 같네요. 그럼 다음으로 넘어가겠습니다. 이건 제가 새로 진행하려는 사업입니다. 수소저장합금에 관한 건데, 회사에 가보니까 연구소장님이 샘플이라고 콜라캔만 한 작은 걸 하나 가져다 두셨더라구요. 워낙 무겁고 용량도 작아서 다들 방치해두신 것 같던데, 이게 제 눈엔 돈덩어리로 보였습니다. 그리고 이게 우리가 나아갈 미래를 보장해줄 거라 생각했습니다. 일단 연구소장님 통해서 수소저장합금에 대해 좀 들어보겠습니다. 참고로 연구소장님 박사논문이 저장합금이었다고 합니다. 이건 이후에 중국국가연구기관에 근무하실 때 샘플로 만들었던 거구요."

영태의 말에 다시 연구소장이 조그만 샘플을 들고 자리에서 일어났다.

"이게 수소저장합금입니다. 수소원자는 수소저장합금을 구성하는 금속원자들 사이의 작은 공간에 스며들어가게 되는데, 금속 중에는 수소를 잘 흡수해 강하게 결합하는 희토류금속(란탄, 티타늄, 마그네슘 등)과 수소를 잘 흡수하지 않는 천이금속(철, 니켈 등)이 있습니다. 이 금속들을 적절하게 조합해 수소를 흡수하기도 방출하기도 하는 수소 저장합금을 만드는 겁니다. 수소를 흡장하는 금속의 개발은 20년 이상의 역사를 가지고 있는데, 적당한 온도와 압력에서 수소를 흡방출 할 수 있도록 수소와 발열반응하는 금속과 흡열반응하는 금속의 조합으로 이루어져 있습니다. 흡방출 효율과 내구성을 고려할 때 주로 AB5 계열과 AB2 계열 두 가지 타입이 쓰이고 있는데, 제가 만든 것은 AB5 계열의 란탄니켈파이브(LaNi5)입니다. 이걸 개발한 이유는 고온 고압을 필요로 하지 않고 우리가 생활하는 일상적인 온도에서도 수소의 흡방출이 용이하기 때문입니다. 현재까지 알려진 건 금속물을 얼마나 순수하게 만들어서 조합시키는가에 따라서 최대 2.5웨이트퍼센트(2.5wt%)까지 수소의 저장이 가능하다는 겁니다. 그리고 여기 이 서류를 보시면 제가 박사학위 받을 때의 테스트 결과치인데 평균 1.4wt%를 받았고 금속물조합에 따라 1.8wt%에서 최대 2.4wt%까지 인증을 받았습니다. 중국정부의 연구소에서 받은 겁니다. 참고로 한국에서도 비슷한 연구샘플들이 만들어져 있는데 대부분 1.4wt% 수준입니다."

다소 전문적인 설명에 사람들이 일부는 이해하고 일부는 어려운 듯 표정이 묘해졌다. 그러자 영태가 다시 정리를 시작했다.

"간단히 말씀드리면 이겁니다. 국내 유수의 대학연구소나 국가정책기관 연구소들도 아직 1.4wt% 수준인데 우리의 연구소장님이 그걸 뛰어넘는 실력을 가지고 계시다는 겁니다. 조금만 장비를 갖추고 만들면 1.8wt%까지는 충분히 가능하다고 하시니까 대단히 혁신적인 거죠. 정부도 연구소도 못한 걸 우리가 해내는 겁니다.

그리고 희토류라는 건 말 그대로 희귀한 금속인데, 이건 매장량의 80% 정도가 중국에 있다고 알려져 있습니다. 중국정부가 지자체들을 통해서 직접 관리하고 있구요. 몇 년 전에 워렌버핏이 희토류 개발회사에 투자해서 큰돈을 번 적이 있는데요, 당시 워렌버핏이 업체들 섭외하는 데 무척 애를 먹었다는 소문이 있습니다. 그런데 우린 이미 그 라인을 가지고 있는 겁니다. 여기 계신 연구소장님, 정말 대단하신 분입니다. 제가 알아보니 연구소장님이 지금은 개인적인 사정으로 여기 계시지만, 원래 중국 수소분야에서 열손가락 안에 꼽히셨다고 합니다. 우리는 정말 대단한 분을 파트너로 모시고 있는 겁니다."

영태의 쉬운 설명에 사람들이 감탄한 눈빛으로 연구소장을 쳐다봤다. 연구소장은 쑥스러운 듯 어색한 웃음을 지었다.

"그럼 그게 만들어서 팔면 돈이 엄청 된다는 얘긴가요? 딱히 팔 데가 없는 것 같던데. 연구소에 팔아봐야 돈도 안 되고……."

영업이사가 빈정거리며 나섰다. 박 사장의 동생인 그는 한낱 직원인 연구소장이 이렇게 공식적으로 띄워지니 고깝게 보였던 것이었다.

"좋은 말씀입니다. 박 이사님은 역시 마케팅 경험을 가지신 분답습니다. 그런데 저는 이걸 팔지 않을 겁니다."

영태가 여유 있게 답했다.

"아니 팔지도 않는 걸로 어떻게 사업을 한다고 그래요? 말이 안 되네."

"하하. 이사님 전에 옷장사 하셨죠?"

"그렇소만. 그건 왜요?"

"여성복 파셨죠? 젊은 애들이 입는 걸로."

"그래요."

"그때 얼마짜리 파셨어요? 도매가 2,000~3,000원에서 만 원 정도였나요? 한 3~4배 이윤 붙이셔서?"

"그래요. 옷장사는 다들 그렇게 하니까."

"그럼 그 옷 질은 어땠나요? 다른 브랜드 제품들하고 비교해서나 아니면 이사님이 개인적으로 평가하시기에 말이에요. 솔직하게 말해주세요."

"질이야 많이 떨어지죠. 사는 사람도 한 철 입고 버린다고 생각하고 유행 잘 타는 옷으로 고르니까요. 우리도 그런 걸로 물건 가져다 놓았죠."

"그렇죠. 그럼 파실 땐 어떠세요? 당연히 물건 엄청 좋다고는 안 하셨겠네요? 무슨 얘기하세요?"

"아 그야, 다 잘 알잖아요? 옷 사러 가면 주인들이 이쁘다, 잘 어울린다, 딱 네 옷이다, 남자친구가 엄청 좋아할 거다. 이런 말하고 기분 좋게 맞춰주고, 그렇게 옷 파는 거지 뭐 있어요?"

"맞습니다. 제가 팔려는 것도 그겁니다. 이 저장합금은 아직 소비자 시장이 형성되지 않아서 제품을 만들어 판매하기엔 많이 부족합니다. 그래서 저는 사람들에게 꿈을 팔까 합니다."

"꿈을 팔아요? 갈수록 오리무중이네……. 좀 알아듣게 얘기할 수 없어요?"

"야, 박 이사! 얘기 끝까지 듣고 나서라! 그만 좀 입 다물고 있으라고!"

구석에서 조용히 자리만 지키던 박 사장의 형 박 고문이 막내 동생인 박 이사의 깐죽거리는 말투에 버럭 고함을 질렀다. 사람들이 모두 놀라며 그를 쳐다보았다. 박 이사는 잔뜩 겁을 먹은 표정이었다.

"지금 우리가 얼마나 중요한 기로에 놓여있는지 몰라서 그러고 있는 거야? 어제 산에 오르던 거 지난밤에 술 먹고 다 잊었어? 산에서 저기 임 팀장이 말했던 거 기억 안 나? 제발 우리 정신 좀 차리자! 한 번만 더 집중 안 하고 그런 식으로 깐죽거리면 내가 너 여기 눈밭에다 묻어 버린다. 너도 유 실장처럼 뭔가 해보겠다는 열정을 좀 가져봐! 임 팀장님, 미안하네. 내가 소리가 좀 컸어요. 계속하세요."

역시 박 고문은 남다른 카리스마가 있었다. 순식간에 박 이사를 비롯해 장내가 조용해졌다.

"네, 알겠습니다. 그리고 고문님, 말씀 편하게 하십시오. 고문님은 회사의 제일 어른이시고, 저도 이제 우리 회사의 팀장이니까 그렇게 해주십시오."

영태가 고개를 숙여 박 고문에게 고마움을 표했다.

"그럽시다. 회사 복귀하면 그때부터 그렇게 합시다."

"네, 그럼 계속하겠습니다. 옷을 사는 사람들은 옷감의 질이나 염료, 바느질의 꼼꼼함 같은 건 우선순위에서 조금 뒤로 미루어 둡니다. 그리고 머릿속에 이런 생각을 합니다. '예뻐 보일까?', '내가 입으면 조금 더 날씬해 보일까?' 이런 생각들 말입니다. 그 사람은 그 순간에 꿈을 꾸는 겁니다. 그리고 그 꿈의 근사치에 다다랐을 때 옷을 구매하게 되는 거죠. 주인들은 당연히 그 꿈이 실현될 거라고 기대감을 불어넣어 주는 거고요.

저는 바로 그렇게 이 제품을 세상에 내놓을 겁니다. 투자자들은 옷을 사는 사람들처럼 테마주라는 이름으로 유행을 잘 타는 주식을 선호합니다. 신재생에너지, 그린에너지, 녹색혁명, 그린머니……. 이런 것들이 바로 주식시장의 테마입니다. 우린 이 테마를 만들어낼 것이고, 그 선두에 저장합금이 있을 겁니다. 저장합금은 수소가스를 가장 안전하게 내 옆에 두고 사용할 수 있는 방법이기 때문입니다. 투자자들이 오면 우린 그들에게 상상을 하게 만들고 꿈을 꾸게 만들 겁니다. 현실에서 아무리 날씬한 옷을 입어도 자신이 날씬해지는 건 아니지만, 옷을 산 사람이나 판 사람은 서로 만족합니다. 객관적으로는 둘 중에 누군가는 실망을 할 수도 있겠지만, 각자의 주관으로는 매우 합리적으로 만족스러운 거래가 이루어지기 때문입니다."

김 대리가 손을 들었다.

"팀장님, 조금만 더 구체적으로 얘기해주세요. 잘 모르겠어요."

"좋습니다. 제가 간단하게 그림을 그려드리죠. 여기는 우리가 사는 집입니다. 그 안에 보일러도 있어야 하고, 버너도 필요하죠. 아침이 되면 차를 타고 출근을 합니다. 출근하다 보니 기름이 떨어져서 주유소에 들르죠. 그날 주유소 사장은 재고가 얼마 남지 않아 가까운 저장소에 연락을 해서 기름을 주문합니다. 이건 아주 일상적인 우리의 모습입니다. 그럼 이걸 이렇게 표현해 보겠습니다. 우리가 사는 집에 수소보일러와 수소버너를 설치합니다. 자동차는 수소저장합금을 싣고 수소가스를 충전합니다. 주유소 지하는 기름 저장탱크 대신에 수소저장합금으로 가득 채워지고 저장소에서는 각종 방법으로 대규모 수소를 생산해냅니다. 물론 이중엔 연구용 고순도 수소생산을 위한 우리 회사의 전기분해방식 수소발생기들도 있습니다.

어떻습니까? 그림이 그려지세요? 제품 한 가지 만들어 팔아서는 승산이 없습니다. 우린 이런 꿈을 만들어 팔 겁니다. 그리고 이 꿈에 동참하는 사람들은 우리의 투자자가 될 겁니다. 그렇게 투자된 돈들은 그 꿈을 현실화시키는 데 모두 투자될 거고요. 이것이 제가 여러분들과 함께 만들어가야 할 우리 회사의 미래입니다. 이제 우리는 꿈이라는 걸 꿔야 할 때입니다. 그리고 그 꿈을 나누어야 할 때입니다. 정부도 아직 실현시키지 못하고 있고, 연구소들도 실현 못시킨 이 꿈을 우린 하나씩 하나씩 현실화시키게 될 겁니다.

그래서 제가 우리 회사의 슬로건을 준비했습니다. 앞으로 이 슬로건은 앞으로 회사에서 사용되는 모든 인쇄물에 새겨질 것입니다."

'수소에너지로 세상을 바꾸는 기업.'

영태가 준비해온 전지를 펼치자, 굵은 글씨로 써진 새로운 슬로건이 모두의 눈에 들어왔다.

짝! 짝! 짝! 짝!

박 사장이 박수를 치기 시작했다. 뒤이어 여기저기서 직원들의 박수갈채가 쏟아져 나왔다.

"임 팀장 말을 듣고 나니까 속이 다 후련하네! 이제 회사가 어디로 갈지 눈에 보여!"

"맞습니다. 그동안 우리가 뭐하는 건가 싶은 생각도 많이 했는데, 이제 뭔가 제대로 일을 할 수 있을 것 같습니다."

사람들은 모두 흥분했고 열정에 가득 찬 눈빛으로 서로를 바라보았다.

"그런데 여러분, 여기에 아주 심각한 함정이 있습니다. 아주 중요한 얘기니까 정신 바짝 차리고 들으셔야 합니다."

갑작스러운 영태의 말에 사람들이 다시 긴장했다.

"먼저 수소가스에 관한 겁니다. 이 수소가스라는 게 물을 전기분해해서 만드는데 정확한 명칭은 산수소혼합가스(Oxyhydrogen gas)입니다. 글자 그대로 산소와 수소의 혼합가스죠. 수소와 산소를 2:1 비율로 혼합한 거고 일반적으로 브라운가스라고 지칭합니다. 이건 수소를 공기 중에서 태우는 것보다 700도 정도 높은 2800도의 고온을 얻을 수 있는데, 대신 물을 분해하는 데 드는 에너지가 연료로 쓰는 에너지보다 높아 효율성이 떨어집니다. 이게 흔히 말하는 열역학법칙이라는 겁니다. 또한 역화로 인한 폭발 위험을 줄이기 위해 헥산 같은 유기용해제를 사용하는데, 에너지가 최대 6배 이상 나오긴 하지만 엄밀히 말하면 순수한 물을 원료로 하는 건 아닙니다. 제가 지난번에 회사에서 설명을 들을 때도 이 부분을 빼고 말씀하시더군요. 엄연히 발생기 내부에 용해제의 흔적이 있음에도 불구하고 순수한 물을 원료로 한다고 하는 건 사기입니다."

"사기라니? 그건 말이 좀 심한데요!"

미팅에 참여했던 유 실장이 나섰다.

"'사기'라는 표현이 맞습니다. 더 정확한 표현이 없습니다. 따라서 누군가 과거의 프레젠테이션을 믿고 투자를 했다면 여러분들은 사기죄로 처벌받을 수 있습니다."

"그래도 그렇게 말하는 건 아니지 않나?"

유 실장이 다시 흥분했다. 사실 그의 입장에서 보면 억울할 만했다. 그만큼 순수하게 믿고 있기 때문일 것이다.

"사기 맞네."

박 고문이 다시 조용히 입을 열었다.

"말은 안 했는데 우리 쪽 애들이 그렇게 얘기해주고 갔어. 벌써 다른 회사들은 꽤 여러 명 조사받고 실형 받아서 들어갔대. 수소관련 사업설명회 하면 우리 쪽 애들도 한 명씩 나가 본다는구만. 우리도 조심하라고 했는데, 아직은 민원 접수된 게 없으니까 조금 더 내버려두라고 내가 누르고 있었어."

박 고문의 대답에 박 사장을 비롯한 임직원들이 놀란 표정을 지었다.

"형님 말씀을 하시지 그랬어요."

박 사장이 난처한 표정을 지었다.

"얘기해서 뭐해? 뭐라도 제대로 만들어내길 기다리고만 있었지. 아슬아슬했어."

"고문님께서 기관에 계셨다더니 과연 정보가 빠르시네요.

그리고 또 다른 하나는 저장합금 같은 것들이 무조건 빨리 만들어져서 대박이 날 거란 말도 절대로 해선 안 된다는 겁니다. 우리가 지금 당장 그렇게 만들 수도 없고, 우리가 가진 것도 아직은 샘플이기 때문에 상용화될 수 있는 제품을 만드는 것과는 전혀 다른 얘기일 수 있습니다. 그래서 저는 회사의 모든 계획들을 정부로드맵에 맞춰서 진행되도록 할 겁니다. 현재 정부는 가정용연료전지보급사업을 통해 약 200여 대의 1kw급 가정용연료전지를 보급했습니다. 이중 절반 정도는 내년까지 가동이 지속됩니다. 잘 알고 계시는 몇몇 대기업들이 참여했습니다.

그리고 수소프론티어사업단을 통해 수소스테이션 구축사업이 곧 진행될 것이란 소식이 있습니다. 천연가스를 이용한 수소생산과 파이프라인을 통한 배송이 주 내용인데, 우리도 여기에 맞춰서 사업을 진행해야만 합니다. 일단은 지금 흔히들 가스를 배달하는 고압충전에 의한 배송시스템을 도입할 계획입니다. 당연히 대규모 사업이 아니라 지방에서부터 시범화 사업을 통해 소규모로 시작을 해야 합니다. 우선은 우리가 작게라도 할 수 있다는 것을 보여주고 나서 정부와 협의를 통해 진행해야 하기 때문입니다. 기름 한 방울 나지 않는 나라라서 석유나 전기 같은 에너지 사업은 국가가 관리합니다. 현재 초기 진입단계에 있어서 정부가 상업적으로 요구하고 있는 스테이션의 규모는 약 20~100Nm3/hr 정도입니다. 일일 연료전지 버스 1~2대 혹은 연료전지 승용차 5~10대를 충전할 수 있는 규모죠. 수소를 이용한 연료전지 자동차도 마찬가지고요.

일부에선 2015년에 상용화될 거라 말하지만 다른 전문가들은 2030년은 되어야 한다고 말하고 있습니다. 한국, 미국, 일본, 독일, 어느 나라의 로드맵을 보더라도 2015년 이전에 그리고 2030년 이전에 무언가가 완벽하게 상용화된다는 그림은 없습니다. 그런데 우리가 한참을 앞서서 말부터 해버리고 기술실현이 늦어진다면 어떻게 되겠습니까? 그러니 정부 로드맵에 근거해 사업을 진행해야 하는 겁니다. 독자적으로 욕심을 부리다 일정이 어긋나면 그 또한 사기가 되니까요."

영태가 차분한 목소리로 말했다.

"임 팀장님, 그럼 우리가 투자한다는 사람들한테 무엇을 말할 수 있는 건가요? 뭐라도 그 사람들이 기대할 만한 걸 던져줘야 하지 않을까요?"

듣고 있던 박 실장이 막막하다는 목소리로 물었다.

"실장님, 불과 며칠 전에 제 강의 듣고도 그러세요? 우린 사실만 말할 겁니다. 우리가 가진 것만 보여줄 겁니다. 수소생산도 사실 그대로 말할 거고, 저장합금도 마찬가지예요. 다시 한 번 강조하지만 사실만 말할 겁니다. 그럼에도 불구하고 우리는 대단히 유리한 위치에 있습니다. 왜냐하면 여전히, 그리고 앞으로도 '수소생산 시스템 기술과 수소

저장합금은 신규시장 분야로서 기술 노하우 확보를 통한 고용창출 및 경제활성화에 적극 기여할 수 있는 막대한 잠재력을 지니고 있다'고 평가받고 있기 때문입니다."

"나도 아직 들은 바가 없는데 구체적인 계획이 있는 건가요?"

이번에는 박 사장이 물었다.

"제가 지난밤까지 정리하느라 아직 대표님께도 보고를 못 드렸습니다. 어느 정도 자금이 조달되면 공장을 인수해서 수소저장합금으로 작동하는 장난감이나 교육용 조립키트 개발에 집중할 계획입니다. 새로운 에너지인 수소로 달리는 자동차를 비롯해 다양한 원격제어 장난감을 조립할 수 있는 키트를 생산해서 보급할 겁니다. 교육적인 효과와 새로운 놀이기구 모두를 충족하는 이 제품들은 아이들에게 새로운 것을 경험하도록 요구하는 전 세계 부모들로부터 상당한 주목을 받을 수 있습니다.

수소발생기는 고순도 수소발생기와 대규모 수소발생기를 생산하도록 진행할 예정입니다. 그리고 예정대로면 두어 달 뒤엔 지방에 오늘 우리가 얘기한 것들을 시연할 수 있는 전시용주택을 지을 겁니다. 그곳에서 수소보일러와 버너를 시연하고 이 제품들을 장시간 가동해서 안정성이나 효율성을 확보한 뒤 시중에 내놓을 수 있도록 시험인증을 받을 예정이고요.

오늘 제가 말씀드린 내용들은 반드시 명심하고 계셔야 합니다. 우리가 사기꾼이 되느냐 새로운 에너지 개발을 위해 열정을 가진 순수한 기업가가 되느냐 하는 중대한 갈림길이거든요. 이미 이와 유사한 사례들로 법적 책임을 지고 분들이 많이 있습니다. 전 여러분들 중 누구도 법적인 문제에 휘말리게 되길 원하지 않습니다. 미리 말씀드리지만 그런 문제가 발생한다면 회사는 반드시 그 사람을 철저하게 버릴 것입니다. 우리의 꿈을 짓밟는 그 누구도 용서하지 않을 겁니다!"

영태는 마지막 부분을 힘주어 말했다. 긴장감을 조성하기 위해서였다.

"그래도 사람들은 당장 눈에 보이는 걸 원할 텐데……."

박 실장이 난감해하는 표정으로 영태를 쳐다봤다.

"맞습니다. 그래서 제가 특허와 검사인증서, 시연제품들을 준비하려는 겁니다. 그래야 우리가 얘기하는 꿈을 실현시킬 수 있는 능력이 갖춰지고 있고, 노력하고 있다고 말할 수 있기 때문입니다. 또한 벤처기업으로 인증도 받을 겁니다. 제약회사에서 약 한 가지를 시중에 내놓는 데 10년이 걸립니다. 그 10년 동안 그들은 거짓말을 하지 않습니다. 하지만 그러면서도 끊임없이 투자를 받습니다. 주식시장에는 꿈에 끌리는 투자자들이 여전히 넘쳐나기 때문입니다. 거짓말로 유혹하는 것은 금방 탄로납니다. 하지만 함께 꿈을 꿀 수 있다면 투자자들은 기쁜 마음으로 지갑을 엽니다.

여러분, 생각해 보십시오. 어제 이곳에 오시던 마음과 지금의 마음이 어떠세요? 우리 유 실장님 지금도 전의를 불태우며 노트에 제 말을 몽땅 적고 계십니다. 영업이사님은 옷 파시던 실력으로 앞으로 얼마나 더 많은 사람들을 우리 회사로 모시고 올지 모릅니다. 프레젠테이션 하려면 제가 엄청 피곤해질 것 같습니다. 게다가 박 실장님은 처음 저를 만나러 오셨을 때는 죽을 것 같다고 하시더니, 어제는 없는 돈에 나이트클럽까지 쏘셨습니다. 왜 이러는 걸까요? 바로 꿈입니다. 여러분들이 제가 꾸는 꿈을 보았고, 그 꿈을 함께 꾸고 계시고, 그 꿈을 실현시킬 수 있다는 믿음이 생겨서 다 같이 뛰겠다고 마음먹었기 때문입니다. 꿈이라는 건 바로 이런 겁니다."

영태의 목소리에 사람들의 얼굴이 상기됐다. 영태가 불어넣고자 하는 자신감과 오기가 정확히 스며들고 있는 느낌이었다.

"임 팀장, 우리 잠깐 쉬었다가 할 수 있을까? 오늘 우리가 새로운 것도 많이 배웠고, 사실 충격도 좀 받고 그래서 말이야."

박 사장이 말했다.

"좋습니다. 그럼 점심 드시고 1시에 다시 모이시죠."

영태의 말에 사람들이 자리에서 일어났다.

누군가는 담배를 물었고, 누군가는 박 고문에게 사실여부를 물었다.

영태가 박 고문에게 다가갔다.

"고문님, 은퇴하셨다더니 여전히 활동 중이신가 봅니다."

"아니야. 가끔 후배들이 놀러오는 정도지 뭐."

"제가 회사 자료 다시 제대로 만들어서 후배분들께 드릴 수 있도록 준비하겠습니다. 선배가 후배한테 부탁해서야 얼굴이 서질 않죠. 법인카드도 별도로 사용하실 수 있도록 준비해 드리겠습니다. 쭉 가지고 계시면서 회사에 어려운 일들 처리 좀 부탁드립니다. 그래도 회사에 고문님 같은 어른이 계셔서 참 다행입니다."

"뭐 그렇게까지 안 해도 되는데."

"아닙니다, 형님. 저 앞으로 사석에선 형님으로 모셔도 될까요?"

"그렇게 하지."

"네. 앞으로 정중히 모시겠습니다. 그런데 형님, 이런 부탁 드려도 될지 모르겠습니다만……. 연구소장이 중국에서 샘플 만들러 갈 때 형님께서 동행해주시면 어떻겠습니까? 제가 아직은 자릴 비우기 어렵고, 조덕출 씨도 어떤 사람인지 잘 모르겠어서요."

"덕출이? 걔 내가 정보원으로 쓰려고 동네 양아치를 중간보스로까지 키워준 놈이야. 그 덕에 연구소장도 우리 쪽으로 왔지. 연구소장이 도박에 빠져서 빚더미에서 허우적거리던 걸 덕출이가 데려왔거든. 알았어. 내가 다녀올게. 일주일이면 된다고 했으니까 그 말은 맞을 거야. 어쨌거나 오늘 얘길 듣고 나니까 한시름 놓이긴 하네. 일이 있어서 나는 먼저 올라가야 할 것 같은데 괜찮겠나?"

"네. 대표님만 괜찮으시다면 저는 좋습니다."

박 고문은 이야기를 마치고 박 사장에게 얘기한 후 자리를 떴다.

영태의 예상은 적중했다. 박 고문은 분명 쓸모가 있었다. 그는 영태에게 든든한 다리가 되어 많은 우군들을 끌어다 줄 사람이었다.

오후 1시가 되기도 전에, 다시 임직원들이 모두 영태의 방에 모였다.

"다들 일찍 오셨네요. 그럼 다시 시작하겠습니다. 회사 얘기를 하기 전에 제가 세 가지 질문을 드릴 테니까 곧장 아주 빠르고 크게 대답해주세요. 준비되셨죠?"

영태의 말에 사람들이 궁금한 표정으로 집중했다.

"첫째, 여러분이 가장 바라는 건 뭔가요?"

다소 추상적인 질문에 사람들이 서로 얼굴만 쳐다봤다.

"노 이사님?"

영태가 노 이사를 지목했다.

"어? 어…… 우리 아들 서울대 가는 거? 하하!"

노 이사의 대답에 사람들이 함께 웃음을 터트렸다.

"그거 엄청 중요하죠. 다음 질문입니다. 여러분은 순수한 열정을 가지고 있습니까?"

"네!"

유 실장 혼자 크게 외쳤다. 사람이 말이 앞서고 지식의 깊이가 얕아 그렇지 순수함은 있는 사람이었다.

"유 실장님만 이 회사를 위해 모든 걸 헌신할 준비가 되셨네요. 마지막입니다. 여러분은 스스로를 믿습니까?"

이번에는 아무도 대답하지 않았다.

"아니! 아무도 자신을 안 믿으세요? 이거 실망인데요. 자신도 안 믿는데 누구한테 뭘 말할 수 있겠습니까? 나 자신을 완벽하게 믿어야만 뭐든 할 수 있습니다. 설사 우리가 지금 가고 있는 이 길이 거짓이라 할지라도, 내가 그걸 진심으로 믿고 열정을 가지고 순수하게 최선을 다해 일한다면 우린 그걸 진실로 바꾸고 성공시킬 수 있는 겁니다."

영태가 힘주어 말했다.

"임 팀장, 그래도 어제 오늘 보고 듣고 느낀 바로는 그저께와는 확실히 다르긴 하네. 아직 자신은 없지만 작게나마 '네'라고 대답할 수 있을 것 같아."

"저도 그렇습니다, 사장님."

"저도요."

"저도 그래요."

여기저기서 같은 말들이 쏟아졌다.

"고맙습니다. 그 정도라면 저희는 반드시 성공할 겁니다.

그럼 이제 교육 시작할까요? 이번엔 주식시장과 관련된 정보들을 말씀드리겠습니다. 이런 걸 아셔야 회사에서 제가 하는 일들에 대해 여러분들이 믿고 도와주실 수 있기 때문입니다.

먼저 신재생에너지를 둘러싼 세계 자금시장의 변화를 보겠습니다. 1997년 12월에 교토의정서가 발표되고 나서 10년이 지나자, 약 800억 원 규모의 탄소시장이 만들어졌습니다. 2020년엔 약 2,000조 원 시장으로 확대될 거라 하고요. 믿어지십니까? 눈에 보이지도 않는 탄소가 어마어마한 규모로 거래되는 겁니다.

2005년 1월 EU ETS(EU Emissions Trading Scheme)라는 유럽기후거래소가 문을 열었습니다. CDM(Clean Development Mechanism)이고, 탄소규제량을 맞추기 위해 선진국이 후진국에서 탄소감축 프로젝트를 일으켜 탄소세를 줄이는 겁니다. 서로 거래를 하는 거죠. 이게 처음엔 별것 아니었는데, 2008년 미국을 시작으로 세계적인 혼란을 가져온 경제불황을 기점으로 폭발적으로 성장을 하게 됐습니다. 서브프라임 모기지 사태로 인해 맨하탄이 무너지기 시작하자 세계의 투자자들은 새로운 투자처를 찾게 되면서 탄소시장이 그들의 눈에 띄게 된 거죠. 미국은 도쿄의정서에 비준조차 하지 않은 상태라 무시했던 시장이었지만, 탄소시장은 엄청난 규모로 폭발적인 성장을 하고 있습니다. 맨하탄의 자금들이 줄줄이 그쪽으로 이동을 하고 있기 때문입니다.

우리나라는 선진국과 후진국의 경계에 있으면서 이산화배출은 세계 6위 정도 하고 있는 상황이라 여기저기 눈치 보다가 뒤늦게 탄소거래소를 만든다고 하긴 했는데요, 바이오연료 업체들 기술개발 다하고 시설투자까지 마쳤는데 정유회사들 담합으로 법제화가 물건너 가면서 싸그리 빚더미에 깔려 무너져버렸습니다. 하지만 독일의 경우, 바이오디젤을 연간 100만 톤 규모로 생산하고 있고 이미 25만 개의 일자리를 창출해냈습니다.

사람들이 왜 이렇게 투자를 하는가? 이게 중요합니다. 사실 엄밀히 따지면 채굴이 불가능하다고 알려진 위치의 석유나 심해지역의 망간 같은 미개발 소재들을 에너지원으로 쓸 수 있도록 연구개발하는 것이 여러 면에서 더 효율적일지도 모릅니다. 하지만 사람들은 대체에너지에 투자를 하고 있습니다. 워렌버핏 역시 그렇게 투자해서 막대한 수익을 얻었구요. 여기에는 두 가지 이유가 있습니다."

영태가 잠시 물을 마시며 목을 축였다.

"하나는 정부정책에 따른 투자입니다. 독일이 대표적이죠. 법이 제정되고 세금이 인상되면서 이산화탄소를 줄이기 위한 대체에너지를 개발하지 않으면 막대한 환경부담금을 지불해야 하니까, 정부가 다양한 형태의 에너지원을 개발하는 겁니다. 유럽 선진국을 중심으로 시작된 이러한 정책 변화들은 중국이나 인도네시아와 같은 개발도상국의 대체에너지 산업에까지 영향을 미쳤습니다. 태양광이나 풍력을 비롯해 바이오매스 같은 수억 원에서 수천억 원의 프로젝트들이 줄줄이 시행 중이죠. 더구나 정책 초기에 발생하는 손실들은 정부나 세계기구에서 최소한의 수익을 보장해주는 식으로 메꿔주다 보니, 너도나도 달려들어 사업을 시작하려는 겁니다.

또 하나는 워렌버핏처럼 테마주를 이용한 투기세력들입니다. 다들 워렌버핏을 위대한 투자자라고 말하지만, 사실 저는 그를 뛰어난 투기꾼이라 부릅니다. 현금 동원력을 바탕으로 문어발식 사업 확장을 시도하는 기업들에 투자하면서 가치주라는 이름을 만들어 사람들을 희롱

했고, 2008년 금융위기에선 무너져 내리는 미국을 살린다는 명목으로 투자를 한다고 떠들었지만 실상은 미국정부로부터 자신의 투자에 대한 완벽한 수익보전을 약속받은 후에야 자금을 집행했거든요. 그리고 그 정도의 정보력과 실력을 갖춘 사람이 서브프라임 모기지 사태에 대한 예견을 못 했을까요? 그 정도 위치에 있는 사람이라면 공적인 이익을 위해서라도 자신이 앞장서서 그 위험을 시장에 적극적으로 알려야 했습니다만, 금융자금이 경색되어 주식시장까지 영향을 받을까봐 입을 다물고 있었을 겁니다. 더구나 대체에너지 관련해서도 2005년도부터 중국 정부와 몰래 접촉해서 상장되지도 않은 희토류 생산 기업들 주식을 매입해 놓고는, 나중에서야 자기가 엄청난 수익을 올렸다고 발표했습니다. 기업의 순수한 가치에 대해 숫자로 판단한다던 그가 중국 정부를 통해 몰래 기업을 섭외하고 투자했다는 건 자신의 가치주투자에 대한 방법론을 완벽하게 무시한 겁니다. 그러니 투기꾼이라고 할 수밖에요.

앞으로 우리는 왜 투자자들이 우리한테 투자를 해야만 하는지를 정확히 말해줘야 합니다."

"그게 늘 막혔어요. 왜 우리한테 투자를 해야 하는가? 이 질문이 제일 어려워요."

"제가 대답해드리죠. 우리는 정부의 그린정책에 맞춰 수소에너지 개발에 집중하고 있는 벤처기업입니다. 특허와 샘플들을 통해 완벽하게 그 근거를 만들 겁니다. 그리고 수소는 이 시대의 핵심 화두인 대체에너지 테마에서 숨겨진 최고의 가치주입니다. 1630년대 네덜란드에서 튤립 투기가 있었고, 1854년엔 영국철도회사의 버블이 있었습니다. 1920년대 미국에선 주식투자에 대한 광풍이 있었고, 1990년대에는 인터넷업체들의 버블이 붕괴되었죠. 이 시기에 많은 사람들이 경제적인 몰락을 겪었지만, 그 사람들보다 조금 앞서 투자를 하고 수익을 챙긴 사람들은 100배 정도 챙기는 것도 흔히 일어나는 그런 시절이었습니다.

저는 지금이 바로 그 시기와 비슷하다고 감히 말씀드립니다. 제게 이 회사를 소개받은 투자자는 인터넷버블 직전에 닷컴업체에 투자해서 100배 수익을 낸 사람이 될 거고, 대공황이 오기 전 주식에 투자해 100배 수익을 낸 사람이 될 것입니다. 앞으로 저를 만나는 사람들은 반드시 그렇게 성공할 수밖에 없는 사람이 될 겁니다. 왜냐하면 우리가 바로 완벽한 에너지테마의 선두에 설 예정이기 때문입니다. 앞으로 모든 신문에서 수소에너지를 다룬다면 반드시 우리를 언급해야 할 거고, 정부의 에너지 세미나에도 우리가 초대될 겁니다. 또한 에너지정책 담당자들이 해외사례를 체험하기 위한 출장에서 외국기업들로부터 우리 회사를 소개받게 될 겁니다. 우리가 그들보다 항상 한 발 앞서 있게 되는 겁니다. 이것이 바로 우리 회사에 투자를 해야만 하는 이유이고, 우리가 성공할 수밖에 없는 이유입니다.

꿈같은 이야기라고 하시겠지만 여러분, 지난주와 이번 주 여러분들의 삶이 어떻게 바뀌고 있습니까? 한 달 뒤는 어떻게 될 것 같습니까? 장담하건대 다음 달에 여러분들은 누군가로부터 회사 투자에 대해 다시 한 번 말해달라는 전화를 받게 될 겁니다. 그리고 그때 여러분들은 이렇게 말하게 될 겁니다. '이젠 내가 관여할 수 없는 문제라 뭐라 말을 못하겠네. 전화번호 알려줄 테니까 약속 잡고 회사로 한 번 와라. 내 소개라고 하면 시간을 좀 당겨서 잡아주긴 할 거야'라고 말입니다. 예전처럼 더 이상 '우리 회사에 투자해볼래? 정말 좋은데' 이런 식으로 구걸하듯 이야기하는 일은 다시 없을 겁니다."

"정말 임 팀장님 말씀처럼 그렇게 되면 소원이 없겠습니다. 그동안 주변 사람들한테 얘기할 때마다 무시당한 거 생각하면 열 받아서."

"어디 말 꺼내기는 쉬웠나요? 사실 뭐 말할 게 있어야 얘기를 꺼내죠."

"그래도 임 팀장 계획 들어보니까 이젠 우리가 제대로 뭔가 이뤄질 것 같습니다. 이번에 고향 가면 사람들한테 기죽지 말고 말 좀 해야겠어요."

"네, 기죽으실 필요 전혀 없습니다. 이제 어디서건 누구한테건 당당하게 말씀하십시오. 내일 새로 만든 명함을 드릴 겁니다. 전문가한테 의뢰해서 거금을 들여 디자인한 거니까 어디 가서든 당당하게 주고 오십시오. 그럼 오늘은 여기서 해산하고 내일 회사에서 뵙겠습니다. 모두 수고하셨습니다."

OFF BOARD MARKET

05

첫 투자

우리의 목표는 회사에서 함께 성공해서 가족들이 행복해지는 것입니다

길었던 워크샵을 마치고 영태는 일부러 박 사장과 박 실장을 함께 차에 태우고 서울로 돌아왔다. 돌아오는 차 안에서 몇 가지 이야기를 나누기 위해서였다.

"임 팀장, 정말 가능할까? 아까 말했던 것 말이야. 정말 그렇게 될 수 있을까?"

"그래. 팀장님 정말 그게 가능해요?"

박 사장과 박 실장이 연달아 물었다.

"하하, 제가 그걸 어찌 알겠습니까? 제가 무슨 신도 아니구요. 하하하."

영태가 넉살 좋게 웃으며 말했다.

"아니, 그럼 뭘 믿고 그렇게 큰소리를 친 거예요?"

"제가 믿는 건 직원들입니다. 그 사람들 눈빛 보셨어요? 제가 그 정도 말을 안 해줬으면 그 사람들 엄청 실망했을 겁니다."

"그래, 그렇긴 해. 사람들이 예전이랑은 다르더라고. 유 실장 표정 봤어요? 무슨 사고라도 칠 것처럼 흥분했더라고."

"대표님, 군대에서 가장 중요한 게 뭔지 아세요?"

"글쎄, 중국은 인해전술로 싸웠고, 이순신 장군은 거북선이 있었고, 독일은 전차군단이 있었지. 역시 무기가 최고 아닐까? 요즘은 정보력? 최첨단기술? 그런 거?"

"아닙니다. 화력 같은 것에 의존한다고 이기진 않습니다. 그랬다면 북한 애들이 탱크 앞세우고 밀고 내려왔을 때 이미 전쟁은 끝났을 겁니다. 군대의 가장 큰 성공요인은 발이 아픈 군인들을 일어서게 하고 고통을 잊고 진군하게 만드는 열정과 정신력입니다. 저는 지쳐 있는 분들에게 일어설 힘을 드리고, 꿈을 드림으로써 고통을 잊게끔 한 것뿐입니다."

"말을 듣고 보니 그렇네. 나도 그때만큼은 그동안 고생한 것 다 잊고 들었으니까. 지금은 마음도 많이 편안해졌고."

"나도 그래요. 오빠, 이래도 임 팀장 월급이 비싼 거예요?"

"그건 뭐, 아직은 모르지. 하하!"

"걱정 마십시오. 며칠 내로 4억 원 정도 자금이 유입될 겁니다. 그걸로 제가 말한 것들 다 현실로 만들 겁니다. 기대하세요."

"어디 은행이라도 털려고 그래요? 팀장님 실력이야 많이 들었지만, 그게 정말 가능해요?"

"기다려 보십시오. 일단 자금 들어오는 대로 대표님 부모님 집부터 구해보죠. 장남이 그 정도는 처리해야죠. 그러고 나서 3억 정도 더 유입될 테니 가족분들 모시고 오시구요. 대표이사님이 안정되게 지내셔야 회사도 잘 돌아갑니다. 박 실장님껜 죄송하지만 제가 생각이 있어서 그런 거니까 박 실장님 쪽 자금은 조금 뒤에 서서히 제가 정리를 해드리겠습니다."

"정말 그래도 될까? 연주야, 내가 그래도 될까?"

"몰라요. 난 이제부터 임 팀장이 하라는 대로 할 거니까, 오빠도 그렇게 해요."

"그럼 오늘은 푹 쉬시고 내일 뵙죠."

그렇게 세 사람도 헤어져 각자 집으로 향했다.

다음 날 오전.

회사에서 식순에 맞춰 '제2의 비전선포식'이 진행되고 있었다.

"어제 제가 드렸던 세 가지 질문 기억하십니까? 다시 한 번 대답해보겠습니다."

영태가 큰 소리로 외쳤다.

"첫째, 여러분이 가장 바라는 건 뭔가요?"

"네! 이 회사에서 함께 성공해서 가족들이 행복해지는 것입니다!"

"둘째, 여러분은 순수한 열정을 가지고 있습니까?"

"네! 있습니다!"

"셋째, 여러분은 스스로를 믿습니까?"

"네! 믿습니다!"

임직원들의 목소리는 하늘에 닿을 듯 크고 힘이 넘쳤다.

"감사합니다. 이제 대표이사님께서 여러분들에게 전달하실 게 있다고 합니다."

영태가 박 사장에게 마이크를 넘겼다.

"여러분, 그동안 참 고생들 많았습니다. 회사가 이제 다시 뭔가 해보려고 하는 때이니만큼, 우리 모두 힘내자는 뜻에서 명절비용을 조금 준비했습니다. 설에 고향 가시는 길에 보탬이 되었으면 합니다. 그리고 이 대리가 홍삼선물세트도 하나씩 준비를 한 모양입니다. 이상한 데서 싸구려 산 거 아니고 유명한 회사제품이니까 안심하고 드셔도 됩니다. 하하! 그리고 길 막히니까 먼저들 내려가세요. 오늘이 금요일이고 설 연휴는 다음 주 수요일부터지만, 특별히 다음 월요일과 화요일 휴가를 드리겠습니다. 내일부터 9일간 명절 휴가를 즐기세요."

예상 못 한 9일이라는 황금연휴에 뜻밖의 선물과 떡값까지 생기니 사람들이 흥분했다. 그동안 없었던 호강이었다.

"사장님께서 좋은 선물을 준비하셨네요. 그럼 저도 한 가지 선물을 드리고 나서 마치도록 하겠습니다. 오늘 아침에 노 이사님께서 이런 말씀을 하시더군요. 직원들이 그동안 고생했는데 뭔가 도움이 될 만한 게 없겠냐구요. 주식으로 말입니다. 그래서 제가 이런 제안을 드리겠습니다. 지금 제가 한 주당 2,500원에 지인과 투자를 논의 중입니다. 초기자금을 위해서 20만 주만 우선 매각을 하려고 합니다. 초기자금을 위한 것이고 제 얼굴 보고 투자하는 것이라 제가 개인적으로 원금보장 확약서까지 작성을 해줄 예정입니다. 그런데 이 주식을 여기 계신 직원분들이 소화할 수 있다면 그렇게 하자고 대표님께 말씀드려서 동의를 얻었습니다. 단, 한 주당 2,500원입니다. 500원씩은 소개해주신 직원분께 인센티브로 드리겠습니다. 그리고 투자자분께는 한 주당 2,500원 원금보장 확약서를 회사에서 드리겠습니다. 전체 5억 원의 자금이 유입된다면, 그 중에서 1억 원은 여러분들께 인센티브로 즉시 현금으로 돌려드릴 겁니다. 단, 1인당 5천만 원까지입니다. 어떠세요? 저도 추석기간에 투자를 마무리 지어야 하는데 제가 정리를 할까요? 아니면 여러분께서 도와주시겠습니까?"

"그거야 당연히 우리가 해봐야죠. 남한테 퍼다 주느니 우리 식구들한테 도움이 되면 더 좋은 거 아닙니까?"

"그렇죠. 우리가 해봅시다."

"옳소!"

다들 1억 원을 인센티브로 준다는 말에 흥분해있는 듯했다.

"약속을 해주셔야만 합니다. 워크샵에서도 보셨듯이 제가 자금을 제때에 지원하지 못하면 유 실장님이나 조덕출 씨가 제 목을 딸지도 모르니까요. 정말 약속하시겠습니까?"

"네! 약속합니다. 까짓것 한 번 해봅시다!"

"그래. 한 집에 천만 원씩만 하라 그러지 뭐. 그 정도면 부담도 안 되니까 해보자구!"

"좋습니다. 그럼 저는 믿고 있겠습니다."

그렇게 비전선포식이 끝났다.

9일간의 황금연휴가 끝나고 3일 뒤, 회사통장엔 정확히 5억 원이 입금되어 있었다. 그리고 다음 날 통장에서 현금 1억 원이 인출되었다. 영태의 입장에서 가장 확실한 투자자는 직원들이었다. 그들은 목말라 있었고, 그들의 자존심은 친인척들과 가족들에 의해 구겨져 있었다. 영태는 그것을 회복시켜준 것이다. 영태가 9일이라는 긴 연휴를 제안한 이유는 바로 이것이었다. 회복된 자신감을 가족과 친척들에게 마음껏 표출하라는 것. 그들이 보여준 자신감에 가족과 친지들은 의아했을 것이고, 갑작스러운 자신감에 자못 당황스럽기까지 했을 것이다. 그리고 그들은 '사촌이 땅을 사면 배가 아프다'는 속담처럼 자신이 뒤쳐질까봐 부담이 크지 않은 선에서 천만 원 정도씩을 투자했을 것이었다.

이렇게 영태가 노린 첫 번째 투자가 정확히 이뤄졌다. 이사를 하고, 인테리어를 바꾸고, 명함을 다시 만들고, 워크샵을 다녀오고 이런 모든 것들은 바로 오늘의 이 투자를 위한 포석이었던 것이다.

OFF BOARD MARKET

06

구색 갖추기

특허신청이 시작되고 벤처기업인증도 진행이 될 것이었다.
연구소와 해외파트너도 섭외를 시작했다.

이제 영태는 본격적으로 경영에 참여해야 했다. 회사가 제대로 운영되어야 주식도 움직일 수 있기 때문이었다. 연구개발에 집중한 벤처기업의 이미지를 갖추려면 특허와 벤처기업인증이 필요했다. 회의실에서 유 실장이 이를 해결하기 위해 컨설턴트들과 함께 영태를 기다리고 있었다.

"안녕하세요? 만나서 반갑습니다. 저는 임영태 팀장이고요, 이 분은 저희 회사 박철민 대표님이십니다."

영태가 박 사장을 소개했다.

"네, 저는 나래특허사무소 이경석 과장입니다. 그리고 이 분은 벤처기업인증을 도와주실 안종혁 사장님이십니다."

서로 인사를 나누고 악수를 한 다음, 영태가 다시 말을 이어나갔다.

"유 실장님 말씀으로는 친형제 같은 분들이라 믿고 얘기해도 된다고 들었습니다. 솔직하게 제가 원하는 부분들을 먼저 말씀드리겠습니다. 일단 특허가 세 개 필요합니다. 저희가 가지고 있는 수소제품들의 도면과 기술설명서는 일주일 안에 드리겠습니다. 출원서와 명세서, 요약서 같은 것들을 유 실장님과 함께 준비해주시면 됩니다."

"도면이나 기술설명서가 그렇게 빨리 되겠습니까? 힘드실 텐데요."

"염려 마세요. 연구소장님이 북경대 박사 출신이십니다. 강단에도 오래 서셨구요. 그분 컴퓨터만 조금 뒤져도 그 정도는 며칠이면 끝납니다. 곧 중국에 들어가시니 금방 보내오실 겁니다."

"이쪽에서 기간을 상당히 짧게 잡고 계시던데, 가능할지 모르겠습니다."

"나래특허에서 얼마 전에 특허심사기획국장으로 은퇴하신 하석근 씨를 영입하신 걸로 알고 있습니다. 그분이라면 가능하지 않겠습니까?"

"어? 어떻게 그걸? 공개하기 부담스러워서 내부에서도 비밀리에 진행 중인데……."

"뭐 그 정도는 알고 지내야 이 일 하지 않겠습니까? 저희 쪽으로 붙여주시죠?"

"음……. 그건 제가 결정하기가 어렵네요."

"그럼 이렇게 하시죠. 저희는 사람만 소개받으면 됩니다. 현직에 있는 국장님과 심사담당관들만 소개해주시면 나머지는 우리가 하겠습니다. 이게 뭐 사기 치자는 것도 아니니까 걱정 마세요. 사례는 충분히 하겠습니다. 시간을 줄여주시는 대가니까요. 저희는 두 달 안에 대충 정리하려고 합니다. 제가 알기로 길면 2년, 빠르면 우선심사로 6개월이 일반적이지만, 국장님 특별지시면 3개월 안에도 가능하니까요. 제가 청장님은 어렵지만 차장님 정도는 손이 닿을 수도 있을 것 같은데, 전화 좀 드리고 하면 어떻게 두 달 안에 되지 않겠습니까? 2~3주 안에 출원서 제출하고 바로 출원번호 받은 다음에 특허등록결정서 받기까지 한 달 정도면 좋겠는데요. 저희 대표님이나 직원들이 고생한 시간이 길어서 제가 좀 빨리 일을 진행하려고 합니다. 해주시겠습니까?"

"그게 그렇게 말로만 되는 게 아니라, 그렇게 되면 이건 몇 백만 원 받고 특허신청서류 작성해주는 거랑은 차원이 좀 달라지는데요……."

"비용문제라면 염려 마시고 확실하게 밀어만 주십시오. 제가 비용은 얼마든지 지원하겠습니다. 일단 오늘 계약하시면 2천만 원 먼저 계약금으로 넣겠습니다."

"좋습니다. 그렇게 하시죠. 어디 한번 해보겠습니다."

나래특허 이 과장이 고개를 끄덕였다.

"다음 안종혁 사장님. 제가 안 사장님은 잘 모르는데, 혹시 어느 쪽으로 라인이 닿으시는지 여쭤봐도 되겠습니까?"

영태가 안 사장을 바라보며 단도직입적으로 물었다.

"하하, 얘기가 상당히 빠르게 진행되네요."

안 사장이 웃었다.

"제가 좀 급합니다. 말씀드렸듯이 여기 직원분들이 그동안 고생이 너무 심했거든요."

"그래요. 봅시다. 벤처인증을 받으려면 벤처기업확인제도에 의해 벤처기업육성에 관한 특별조치법상의 요건을 충족해야만 하는데요, 벤처투자기관으로부터 투자받은 금액이 자본금의 10% 이상 되기엔 아직은 어려울 것 같고, 연구개발기업으로 벤처인증 받으려면 기업부설연구소를 기초연구진흥 및 기술개발지원에 관한 법률에 근거해 설치해서 연간 5천만 원 이상 연구개발비가 발생해야 합니다. 회사를 보니까 이건 가능할 것 같은데, 아마도 아직 초기라 사업성평가가 어떻게 될지는 잘 모르겠네요. 특허도 이제 시작하신다고 하니까요."

"그럼 기보(기술보증기금) 쪽은 어떠세요?"

"저도 지금 그쪽으로 생각하고 있습니다. 거기 실무자들은 몇 명 아는데, 직급은 낮아도 도움이 될 겁니다."

"기술평가보증기업이라는 게 대출만 잘 받으면 되는 건데, 현재 우리 자본금이 20억이니까 자산이 대충 30억이라고 잡으면, 대출을 1억 5천은 받아야 안정권입니다. 그렇죠?"

"네. 잘 아시네요. 그리고 그쪽 애들도 요즘엔 기술평가보다 담보능력이 우선시되는 경향이 있어서, 대표이사님 개인재산만 2억짜리로 하나 만들어 놓으면 큰 부담 없을 겁니다."

"좋습니다. 그 사람들하고 미팅하는 건 제가 직접 하겠습니다. 팀장급으로 한 명 소개해주십시오. 그렇게 치고 들어가서 실무자한테 넘기면 일이 쉬울 테니까요."

"이것도 바로 시작하나요?"

"아닙니다. 일단 출원번호 나오고 시작하시죠. 그런 거라도 있어야 얘기하시기가 편하실 겁니다. 그전에 아는 실무자들 통해서 술자리 한번 갖죠. 팀 회식할 때 우연히 만나는 걸로 하면 좋겠습니다. 마포에 제가 잘 가는 곳이 있으니까 그쪽으로 모시면 티 안 나게 사겠습니다."

"그렇게 하시죠. 일정은 다시 연락해 드리겠습니다."

얘기는 일사천리로 끝났다. 딱 영태의 스타일이었다. 이제 특허신청이 시작되고 벤처기업인증도 진행이 될 것이었다.

다음은 내부적인 자료들을 만들어야 했다. 보기 좋은 떡이 먹기도 좋은 것처럼, 제대로 갖춰진 자료 한 장이 투자자의 마음을 움직이고 잘 만들어진 홈페이지가 사람들에게 신뢰를 주는 법이었다. 영태는 회의실로 김 대리를 불렀다.

"며칠 잘 놀았으니 일 시작해야지?"

"네, 해야지요. 뭐부터 할까요? 홈페이지 만드는 경수 씨는 내일 오전에 회사로 들어올 거고, 맥디자인하는 이 팀장도 내일 오후에 온대요."

"눈치 빠르네. 벌써 다 불렀어?"

"그럼요. 내일 저녁엔 동영상 제작업체 다니는 친구도 만날 건데요?"

김 대리가 손으로 브이자를 그리며 말했다.

"잘하네. 이젠 혼자 해도 되겠다. 홈페이지는 어떻게 만들 거야?"

영태가 물었다.

"일단, 해외업체 샘플디자인 몇 개 준비했어요. 전체적으로 녹색이랑 노란색 같은 게 많이 쓰였더라고요. 자연에 대한 이미지, 아이들 이미지, 제품 이미지가 크게 부각되고 있구요. 그런데 제 생각에 우리는 녹색이랑 노랑을 많이 쓰면 좀 약할 것 같아요. 뭔가 열정적인 게 필요하니까, 밝은 톤으로 파랑이랑 오렌지색을 써볼까 해요. 그리고 메뉴들도 좀 크게 만들고요. 메인에서 다 보이는 식은 답답해서 안 되고 리스트가 아래로 떨어지는 식으로 해보고 싶어요. 또 여기 오실 투자자분들이 아마도 나이들도 좀 있고 그럴 테니까 눈에 잘 보이게 만들려구요. 이미지는 사이트 안쪽으로 넣을게요. 아직 대놓고 보여주기엔 좀 미흡한 것 같은데, 일단 지금은 이 정도예요."

김 대리가 자신의 구상을 찬찬히 설명했다.

"그래. 대체로 좋네. 몇 가지만 추가하자면, 일단 해외 사이트들 보니까 메인에 이산화탄소 발생량이나 유럽 탄소시장에 대한 정보들을 실시간으로 보이도록 한 게 있더라고. 그런 게 아직 국내에는 없으니까 우리가 먼저 넣으면 좀 더 앞서가는 느낌을 줄 것 같아. 그리고 메뉴에 탄소시장과 수소이론에 대한 소개페이지도 잘 보이도록 넣어주고. 사람들이 수소만 알아도 안 되고 그게 왜 돈이 되는지를 이해해야 하니까, 수소자동차나 연료전지, 고순도수소발생기 이런 것들을 잘 소개해주자고. 물론 정보는 꾸미지 말고 정확하게 넣고."

"그럼, 댓글 같은 기능도 설치하나요?"

"아니. 그런 건 모두 빼고 관리자 이메일만 만들어. 그 대신 포털사이트에 카페나 블로그 하나 만들어줘. 거기서 우리 것과 현재 소개되는 것들이랑 비교해서 우리가 더 잘될 수 있다는 식의 말투로 해서 글들을 좀 올렸으면 해. 그것까지 김 대리가 커버할 수 있을까?"

"그건 아직 해본 적이 없는데……."

"그럼 내가 사람 소개해줄 테니까 그쪽에서 좀 배워봐. 내일 일처리 해놓고 이틀 동안 그쪽으로 출근해. 이틀이면 다 배울 수 있을 거야. 일단 그쪽 애들한테 돈 주고 만든 다음, 한 2주 정도 운영하도록 하고 나서 그 다음부터는 김 대리가 직접 해봐. 절대 주식 어쩌고 하는 얘기는 올리면 안 되는 거 알지?"

"네. 근데 동영상은 어쩔까요? 왠지 필요할 것 같아 약속은 잡았는데."

"내일은 밥만 먹어. 비용은 줄 테니까 비싼 걸로. 그리고 2주 뒤에 회사로 한 번 데려와. 내가 직접 만나볼게."

"알겠습니다. 그럼 자료 만드는 건?"

"여기 파워포인트 자료 있으니까 맥 작업하는 이 팀장한테 넘겨주면 알아서 해줄 거야. 거기 체크해 둔 페이지가 있는데 그건 요약서 같은 거니까 들고 다니기 편하게 수첩사이즈로 만들어 달라고 하고. 아 그리고 100% 검은색은 쓰지 말라고 해. 가뜩이나 수소 하면 안 좋은 이미지가 강한데 색까지 칙칙하면 안 돼. 배경은 공기, 바람, 물, 이런 걸 연상해서 만들라고 하구, 파란색 계통으로 톤 잡으라고 해줘. 아무래도 투자 관련된 거니까. 뭐 이 팀장은 대놓고 촌스런 파란색 안 쓰니까 이 정도만 말하면 잘 알 거야."

"네, 알겠습니다. 이제부터 맨날 야근에 밤새겠네요. 언제까지 해야 하나요?"

"아직 샘플이랑 구체적인 기술설명서 같은 게 없으니까, 일단 내가 준 프레젠테이션에 있는 내용들 위주로 만들어야 할 거야. 며칠간 시안들 만들고 틀만 짠 다음에 중국에서 구체적인 설명서 넘어오면 본격적으로 하자고. 그래도 한 달 안엔 다 해야겠지?"

"이 팀장 커피 잔뜩 사다줘야 하겠네요. 경수 씨는 집이 인천이라 기름 값도 좀 더 챙겨줘야 하고. 내 친구는 뭐 자기 실적 올라가니까 좋겠네. 걘 그냥 냅둬요."

이 팀장은 같은 금액으로 하되 대신 회사 옆에 피트니스 연간회원권 끊어줘. 그 친구 운동도 해야 하는데, 만날 때마다 거기 물이 좋다고 난리야. 노총각 장가 좀 보내주자."

"진짜요? 거기 비싸던데. 연예인도 다닌다고 하고……."

"이 팀장은 그만한 밥값 하고도 남는다. 걱정 마. 우리가 얻는 게 더 클 테니까. 자기 친구한테는 자기가 알아서 해. 영수증만 잘 챙겨오고. 알지? 얼마든지 뿌리는 건 좋은데 결과가 안 좋으면 나한테 뒤지게 욕 먹고도 한 번 더 먹는 거."

"네, 알겠습니다. 잘 알아서 할게요."

"그래, 수고해. 나가는 길에 연구소장님하고 조덕출 씨한테 박 고문님 방으로 오라고 해줘. 나도 간다고. 이 대리한테는 그쪽에 내가 가져다 놓은 술 좀 준비해두라고 하고."

이제 마지막 문제는 중국 쪽이었다. 여긴 박 고문이 해결할 예정이었다. 영태와 연구소장, 덕출은 박 고문의 방에 모였다.

"고문님, 중국에 가실 준비는 되셨어요?"

영태가 물었다.

"어. 다했네. 맨날 다니던 길인데 준비랄 게 뭐 있나? 가면 다 있어,

하하."

박 고문이 웃으며 답했다.

"연구소장님, 지내시기 불편하지는 않으셨어요? 다음번에 나오실 땐 제대로 된 집을 마련해 보겠습니다."

"괜찮습니다. 이 정도면 됐습니다."

"그리고 고문님. 대표님하고 이야기해봤는데, 조덕출 씨한테 부장 직함을 줬으면 합니다. 연봉도 직함에 맞게 지급하구요. 아직까지 급여는 한 번도 지급이 안 되었더라구요. 어쨌거나 회사 위해서 큰일 해주셔야 하니 필요할 것 같아요. 어떠세요?"

"그래, 그거 좋네. 조 부장 이제 잘해보자고."

"뭐…… 그렇게 안 해도 되는데……."

조 부장이 멋쩍은 웃음을 보였다.

"그럼 조 부장님, 말씀드린 대로 지금 중국 쪽이 가장 급합니다. 들어가시자마자 샘플작업 해주셔야 합니다. 약속했던 5천만 원 지금 입금했습니다. 제가 약속 지켰으니까 부장님도 약속 지키셔야 합니다."

"알았습니다. 남자가 두말 안 합니다."

"그리고 제가 다른 부탁도 하나 드려야 하는데, 중국에선 부탁하고 그럴 때 좋은 술을 대접한다면서요? 그래서 저도 여기 술 한 병 준비했습니다."

영태가 이 대리에게 챙겨 놓으라고 했던 술을 꺼냈다. '바카디 151'이었다. 알콜도수 약 75도. 세계에서 독하기로는 다섯 번째 안에 드는 술이고, 국내에 수입되는 술 중엔 가장 독했다.

"이거 정말 독한 럼입니다. 저는 집에다 두고 일주일에 한두 번은 한 잔씩 마시고 잡니다. 숨 쉬지 마시고, 입술에도 대지 마시고 그냥 한

번에 목으로 넘기세요. 아주 개운하실 겁니다."

"읍! 켁켁!!"

성미 급한 조 부장이 입술부터 댔다가 얼른 머리를 뒤로 젖혔다.

"거보세요. 조심하시라니까. 이게 휘발성이 강해서 그렇게 마시면 안 돼요. 저도 입술에서 퍼지는 그 순간의 휘발성을 즐긴 게 얼마 안 됩니다. 조심해서 다시 한 번에 넘기세요."

"컥! 컥!"

"우와…… 이런 걸 어찌 마십니까?"

영태가 잠시 동안 눈을 감은 채 술맛을 음미하다가 다시 눈을 떴다.

"제가 부탁하려는 게 이런 겁니다. 좀 어려울 수 있습니다. 시간도 없구요."

"뭔데 그러나? 평소답지 않게. 좀 흥분하는구만."

박 고문이 영태의 진지한 모습에 당황한 듯한 모습을 보였다.

"중국에 가시면 희토류 공장을 하나 잡아오셔야 합니다. 중국이 한때 희토류 생산에 열을 올렸지만 지금은 상당히 어려운 지경이라고 합니다. 정제공장은 뭐, 한마디로 방사능물질로 뒤덮일 정도로 오염이 심각한 데도 많구요. 경영상황도 안 좋습니다. 정부가 강하게 통제하고 있어서 반출도 어려울 수 있습니다. 게다가 중국의 내몽고 쪽으로 들어가셔야 하는데, 걸리는 시간도 시간이지만 척박한 날씨에 먹고 자는 것도 많이 불편하실 겁니다. 그런 상황에서 업체까지 섭외해야 하는 일입니다."

"음, 그래. 그쪽이라면 가본 적이 있는데, 쉽지 않은 곳이야. 많이 개발되긴 했어도 배타성도 강하고."

"거, 너무 걱정 마십시오. 장춘에서 내 이름 대면 어디 가서 맞아죽지는 않습니다. 그쪽에 노는 아이들 서넛 데리고 들어가면 그깟 희토류 공장 하나 못 잡겠습니까?"

조 부장이 자신 있는 목소리로 말했다.

"정말 그럴 수 있겠습니까? 그쪽에 사람들이 좀 있습니까?"

영태가 반색하며 물었다.

"임 팀장님, 돈이 없지 사람이 없겠습니까? 돈만 있으면 중국에선 안 되는 게 없습니다. 염려 마십시오."

"고문님, 들어가시거든 연구소장님은 2~3일이면 서류작업 끝내실 거고, 열흘이면 샘플이 완성된답니다. 그동안 사람들 모아서 내몽고에 다녀오십시오. 제가 필요한 서류는 지자체에서 발급한 희토류 반출 허가서와 희토류 공장과의 업무협약서입니다. 서류 내용은 제가 한글과 중국어로 작성했습니다. 가시면 현지 상황에 따라 적절하게 수정하셔도 됩니다만 제목은 그대로 두십시오. 그리고 조 부장님, 제가 500만 원 중국 돈으로 바꿔뒀습니다. 개인적으로 필요한 곳에 사용하십시오. 그동안 고생하신 것에 비하면 약소합니다. 그리고 이번 일에 필요한 모든 경비는 고문님 통해서 지급해드리겠습니다. 중국에 믿을 만한 동생들 있으면 몇 명 데리고 다니셔도 됩니다. 그분들 수고비도 제가 따로 챙겨드리겠습니다.

이번 일만 잘되면 중국에 사무실 하나 제대로 낼 예정입니다. 고문님을 책임자로 해서 실무는 부장님께서 맡으시고요. 거기서 일할 직원들, 한국말이랑 중국말 다 할 줄 아는 사람으로 두 명 뽑아두십시오. 이건 기우일지 모르겠습니다만……, 연구소장님 옆에 믿을 만한 사람 한 명 붙여서 24시간 같이 있도록 해주십시오. 연구소장님 지내시는 건 조 부장님이 알아서 해주시구요. 그쪽 샘플 제작하는 공장도 부장님이 알아서 손을 써주세요. 중국 공장들 아직도 장난치는 데가 많아서 좀 마음에 걸려가지고요."

영태가 차근차근 당부사항을 말했다.

"그럽시다. 내가 한마디 해두면 죽고 싶지 않아서라도 똑바로 해놓을 겁니다."

조 부장이 자신 있게 말했다.

"고문님만 믿고 기다리겠습니다. 여기에 우리 회사 사활이 걸려있습니다. 현지에서 어려운 거 있으면 바로 연락해 주십시오. 도착하시면 현지 휴대폰 바로 구입한 후 알려주시고요."

"그렇게 하지. 너무 걱정 말게."

"그리고 조 부장님. 제가 선물을 좀 준비했습니다. 요긴하게 쓰일 겁니다. 이거 용산에서 어렵게 구한 겁니다. 삼성 스마트폰 최신기종 다섯 개인데요, 중국에서 개통이 가능하게 되어 있습니다. 하나씩 개별 포장했으니까 선물로 주면 사람들이 좋아할 겁니다. 일하시다 꼭 필요한 사람 만나시거든 선물하십시오."

"이야…… 임 팀장님 생각이 아주 좋구만요. 고문님, 회사가 아주 번창할 것 같습니다. 이런 생각 하는 사람 한국에서 못 봤는데. 고맙습니다. 덕분에 일이 쉽겠습니다."

"그럼 몸 조심히 다녀오십시오. 다녀오시면 제가 달콤한 술로 준비해 두고 있겠습니다."

그렇게 영태는 하나씩 회사 모양을 갖추어가기 시작했다.

OFF BOARD MARKET
07

대표이사 길들이기

이 자리에 호랑이도 있고, 늑대도 있고, 염소도 있습니다.
돈 냄새 맡은 놈들은 그냥은 절대 포기 안 하거든요.
그래서 무리해서라도 씨를 말리는 거예요.

시간은 빠르게 흘러 어느새 열흘이 지나고, 다시 회의실에 전 임직원이 모였다.

"자 그럼, 중간점검 좀 해볼까요? 각자 진행상황 보고해주세요."

영태가 말했다.

"네, 우선 특허 쪽부터 상황을 말씀드리겠습니다. 현재 중국에서 보내주신 도면과 설명서를 토대로 명세서를 비롯한 신청서류들 완성단계에 있습니다. 앞으로 3일 정도면 완성할 수 있을 것이라 생각됩니다. 그러고 나서 곧바로 대표이사님과 특허청 국장님 미팅이 예정되어 있습니다. 나래특허에서 주선해 이뤄진 것으로, 나래특허와 국장님 식사하시는 자리에 자연스럽게 합류하도록 말을 맞췄습니다."

나래특허 이 과장이 답했다.

"진행이 잘 되는 것 같아 보이네요. 서류 접수되고 출원번호 나오면 중도금 정산하겠습니다. 그리고 미팅하실 때 김 대리한테서 회사소개용 브로슈어 받아 가시면 도움이 되실 겁니다. 작은 사이즈로도 만들었으니까 불편하지도 않으실 거구요. 김 대리 어떻게 되어가나요?"

"말씀하신 대로 브로셔는 내일 나올 겁니다. 회사 소개 자료도 지금 막바지 작업 중이구요. 홈페이지는 대표이사님께서 시안 중에 맘에 드시는 거 골라주셔서, 그걸로 메인페이지와 서브페이지 몇 장 우선 작업하고 있습니다. 모레쯤 디자인 프레젠테이션 받고 나서 결정해주시면, 2주 안에 끝낼 수 있습니다. 회사 제품 동영상도 올리려고 하는데 그건 추후 진행하겠습니다. 아직 샘플이 회사에 도착하지 않아서요. 도착하는 대로 관계자 불러서 시연시키고 진행하겠습니다."

김 대리가 똑 부러지게 대답했다.

"오케이. 노 이사님, 재무제표는 다시 만드셨죠?"

"그래요. 회계사무소를 이 대리가 소개한 곳으로 바꿨더니 아주 일사천리로 진행이 되었습니다. 이제 어디 은행에 내놔도 문제될 게 없습니다."

"지금 기보 쪽에 벤처기업인증 받는 문제로 많은 분들이 노력을 해주고 계십니다. 특히나 재무제표들이 문제없이 진행되어야 우리가 벤처기업으로 인증 받을 수 있다는 거, 잘 아실 겁니다. 문제없도록 진행해주십시오."

"중국 쪽은 어떻게 되어가나? 고생들이 심할 텐데."

박 사장이 물었다.

"그렇잖아도 그쪽에 문제가 좀 있다고 합니다. 공안들이 몇 명 따라붙었는데 그건 돈으로 해결을 했습니다. 그런데 중국 정부에서 내년부터 희토류 수출을 줄인다는 정책이 세워지고 있는 모양입니다. 관리들이 만나기를 꺼린다고 하네요. 그래서 광산 규모를 줄여서 소형 업체라도 만나서 해결을 해보라고 했습니다. 조만간 연락이 올 겁니다. 그리고 샘플은 세관 통과에서 절차상 어려울지 모른다고 해서 국제택배로 오늘 먼저 보냈답니다. 세관에 계류되면 시간이 얼마나 걸릴지 모르는 일이라서 그렇게 처리했다고 합니다."

영태가 답했다.

"그렇구만. 다들 고생이 많네. 자, 우리가 조금 더 힘을 냅시다. 또 다른 내용 있습니까?"

박 사장이 물었다.

"네. 한 가지만 더 말씀드리겠습니다. 지금부터 약 2주 뒤에 주주총회와 함께 기업설명회를 개최할 예정입니다. 규모는 회사임직원 10여 명과 투자자 10여 명 그리고 제가 초대할 장외주식딜러들과 개인 투자자 몇 명입니다. 형식은 기업설명회지만 가볍게 막걸리 한 잔 하고 잘 해보자는 단합대회 정도로 할 겁니다. 물론 투자유치도 진행됩니다. 당일 예정 투자유입 금액은 3억 원입니다. 제가 부탁드릴 얘기는 '말실수를 하지 말자'입니다. 이미 워크샵에서 강조했었고, 최근에도 수시로 제가 지적을 하고 강조를 드리고 있습니다. 우리의 미래를 생각해서 그에 걸맞는 품행을 유지해주시는 게 가장 중요합니다. 대학교수가 입에 걸레를 물면 아무도 그를 존경하지 않을 겁니다. 회사도 마찬가지입니다. 꼭 부탁드립니다. 준비는 김 대리와 제가 할 테니까 그날은 잘 차려입고 오셔서 막걸리 시원하게 드시고 가시면 됩니다."

영태가 당부하듯 말했다.

"알겠습니다. 그럼, 다른 사항 없으면 다시 일하러 갑시다. 좀 더 고생해주세요."

박 사장이 말했다.

"사장님 죄송한데, 노 이사님과 유 실장님 그리고 박 실장님은 잠시 남아주시겠습니까? 드릴 말씀이 있어서요. 다른 분들은 모두 나가주시구요."

영태의 요청에 회의실에는 영태와 나머지 네 사람만이 남았다.

"재미있는 얘기 하나 들려드릴까요? 꾀 많은 원숭이라는 이야기입니다.

어느 날 숲속의 왕인 호랑이가 몹시 아프다는 소문이 숲에 퍼졌습니다. 그러자 늘 호랑이의 자리를 노리던 늑대가 이번 기회에 호랑이를 힘으로 제압하기로 마음먹었습니다. 그런데 염소와 원숭이가 이 계획을 알게 됐습니다. 그 중 염소는 이 소식을 알려 호랑이에게 귀여움을 받고 싶었고, 원숭이는 호랑이를 진심으로 걱정해서 순수한 마음으로 위험을 알려주려고 했습니다. 그래서 늑대와 염소 그리고 원숭이 셋이 각각 다른 목적을 가지고 호랑이를 찾아갔습니다.

그렇게 늑대, 염소, 원숭이가 함께 호랑이를 만났습니다. 아파 보이는 호랑이를 본 늑대는 덮칠 타이밍만 보고 있었습니다. 그런데 염소가 먼저 호랑이에게 말을 걸었습니다. 늑대의 계획을 알려주려고 한 거죠. 그런데 말을 하려고 다가가보니 호랑이의 입냄새가 너무 심한 겁니다. 그래서 염소는 자기도 모르게 인상을 쓰고 말았습니다. 그러자 호랑이는 괘씸하다며 염소를 잡아먹어 버렸습니다. 그러고는 다시 늑대에게 자신이 입냄새가 나느냐고 물었습니다. 호랑이의 힘이 아직 건재한 걸 본 늑대는 아무 냄새가 안 난다고 답했습니다. 하지만 호랑이는 어디서 거짓말이냐며 늑대도 잡아먹어 버렸습니다.

그리고도 호랑이는 아직도 배가 고픈지, 원숭이마저 잡아먹으려 했습니다. 그러자 원숭이는 자기 대신 훨씬 더 크고 맛있는 걸 가져다주겠다며 자리를 피했습니다. 그리고 생각했죠. 자신은 호랑이가 진심으로 걱정되어 찾아왔는데, 잡아먹으려 하다니. 너무 억울해서 복수를 하기로 결심한 겁니다.

다음 날, 원숭이는 뜨겁게 달궈진 돌을 나뭇잎에 싸서는 떡을 구워왔다며 호랑이에게 내밉니다. 이 거짓말에 호랑이는 깜빡 속아 돌을 삼키고, 결국 뜨거운 돌에 내장이 모두 타서 죽어버립니다.

재미있죠? 잔머리를 쓰던 늑대와 염소는 호랑이에게 죽고, 자기 힘만 믿던 호랑이는 원숭이의 얕은 수에 죽어버리다니."

영태가 이야기를 마치고 의미심장한 웃음을 지어보였다. 나머지 네 사람은 대체 이게 무슨 이야기인지 모르겠다는 표정이었다. 영태가 한 사람 한 사람 얼굴을 쳐다보다 다시 입을 열었다.

"제가 이 이야기를 왜 하는지 잘 모르시겠나요?"

"임 팀장. 아니 이해할 수 있는 이야기를 해줘야지, 허허."

"지금 이 자리에 호랑이도 있고, 늑대도 있고, 염소도 있습니다. 자기 힘을 믿거나, 자기 잔머리를 믿는 사람들이 있다는 거죠. 그런데 제가 원숭이입니다. 제가 맘만 먹으면 모두 좋은 꼴 볼 수 없다는 걸 말씀드린 겁니다."

영태의 말투가 갑자기 싸늘해졌다. 네 사람이 미처 뭐라고 말하기도 전에 영태는 다시 말을 이어갔다

"박 실장님. 여기로 전화해서 우리 주식 한 주당 1,500원에 5만 주 사겠다고 하세요."

"그게 무슨 말이에요? 얼마 전에 가족들한테도 2,500원에 원금보장 각서 써줬는데. 말도 안 돼요!"

"일단 전화해보시죠. 어떤 일이 생기나. 주식이란 게 아주 더럽거든요. 제가 오늘 아주 작은 부분만 보여드리죠."

영태의 말에 박 실장이 건네받은 번호로 전화를 걸었다.

"안녕하세요? 여기 삼성동 업체인데요, 제 고객님이 넥스트에너지라는 회사 주식을 5만 주 사고 싶어 하시네요. 가격은 주당 1,500원이고요. 네? 된다고요? 아……."

"산다고 하세요. 바로 입금하겠다고."

당황한 박 실장에게 영태가 낮고 단호한 목소리로 말했다.

"살게요. 네, 입금도 할게요. 네네, 알겠습니다."

박 실장이 당황해서 대충 전화를 끊고 할 말을 잃은 채 영태를 바라봤다.

"임 사장, 어떻게 이런 일이 생기지?"

박 실장이 말했다. 영태의 표정이 일그러졌다. 그러자 박 실장이 애써 웃으며 영태의 눈길을 피했다.

"글쎄요. 어디 누가 염소고 누가 호랑이인지 한번 봅시다."

영태가 쓰게 웃으며 말했다.

웅~~~ 웅~~~ 웅~~~

갑자기 휴대폰 진동소리가 들렸다. 영태가 유 실장을 바라봤다.

"유 실장님, 전화 받으시죠."

"아니……. 잘못 온 것 같은데. 안 받아도 돼요."

유 실장이 전화기를 보지도 않고 말했다.

"실장님. 당장 받아서 거래 못 한다고 하세요. 주식 없다고. 아니면 박 사장님이 대신 받으시겠어요?"

영태의 언성이 높아졌다.

"아니 뭐…… 난 모르는 일인데……."

박 사장이 꼬리를 내렸다.

"유 실장님, 전화 받아서 거래 못 한다고 하세요. 지금 당장!"

영태가 소리를 질렀다. 그러자 유 실장이 얼른 전화를 받았다.

"여보세요? 아, 네. 맞아요. 아니 그게……. 미안합니다. 착오가 있었어요. 거래 못 합니다. 네. 아 글쎄 못 한다고요. 미안합니다."

유 실장이 영태의 눈치를 보며 전화를 끊었다.

"하나가 빠졌는데. 늑대는 내가 찾아보죠."

영태가 어디론가 전화를 걸었다.

"오랜만입니다. 임영태입니다. 요즘 어떠세요? 최근에 이사님 직원 중에 넥스트에너지 1만 주 거래하신 분이 있을 거예요. 그거 제가 다시 돌려받았으면 합니다. 매매대금의 두 배를 드릴게요. 그러면 아마 직원분 수고비도 빠질 겁니다. 네네, 그렇죠. 알겠습니다. 조만간에 여의도 들르겠습니다. 좋아하시는 복국이나 한 그릇 하시죠. 네, 들어가십시오. 아…… 참, 매매계약서 팩스로 한 장 보내주시고 원본은 파기해주시길 부탁드립니다. 팩스번호는 서울 2211-33**입니다."

영태가 전화를 끊고 잠시 후 팩스가 들어왔다. 그 안엔 노 이사의 이름이 적혀 있었다.

"당신들 미쳤어?! 지금 누구 죽는 꼴 보려고 이런 짓을 한 거야? 당신들 당장 회사에서 나가!"

박 실장이 흥분해 소리쳤다. 그런 박 실장을 보고 영태가 쓴 웃음을 지었다.

"실장님, 진정하세요. 거 뭐 모르는 얘기도 아닐 텐데, 제 앞이라고 그렇게 연기하실 필요 없습니다. 최근에 이상한 애들 둘이 들락거리는 거 다 봤습니다."

영태의 말에 박 실장의 얼굴이 붉어졌다.

"자…… 박 사장님. 해명하시죠, 지금 이 상황."

영태가 박 사장에게 날카로운 눈빛을 날리며 말했다. 결국 박 사장이 입을 열었다.

"임 팀장, 미안해요. 내가 사채 쓴 게 조금 있는데 이자에 이자가 붙어서……. 원금 2천만 원이 지금 8천만 원으로 불었어. 그 사람들 어떻게 알았는지 요즘은 주식 달라고 난리고……. 그래서 급한 불은 꺼야 했기에……. 정말 미안합니다."

"그러셨군요. 그렇게 말씀하시면 제가 그냥 넘어갈 줄 아시나 보네요? 전혀 사태 파악을 못하고들 계시네……. 아마도 미래를 위해 자기 라인을 만들어보고 싶은 욕심이 있었나보죠? 이번에 거래해보니까 할 만한 것 같기도 하고. 그런데 이걸 아셔야 합니다. 지금 사장님 뱃속으로 뜨거운 돌을 넣으셨다는 걸요. 겨우 1,000원대 가격으로 시장에 내보내면 지금 투자해 놓은 가족들 주식은 다 어떻게 될 것 같습니까? 그 가족들 버리고 살 수 있겠습니까? 그리고 채권단들. 그쪽도 대부분 가족이나 친구들인데 이런 사실 알려지면 살아남을 수 있겠어요? 장외주식이란 게 소문 금방 납니다. 비밀이 없어요. 초반에 철저하게 통제 못 하면 작업이고 나발이고 다 좋나는 거예요."

"나도 그런 생각은 했는데, 그 자식들이 회사까지 와서는 협박을 하니까 어쩔 수 없어서……."

"그 사람들 명함 있죠? 주세요. 아무래도 제가 이 바닥이 어떤 곳인지 보여드려야 여러분들이 정신을 차릴 것 같네요."

영태의 말에 박 사장이 명함을 건넸다.

"명성파트너라, 을지로네요. 차라리 다른 지역이었으면 이 사람들 밥줄은 남았을 텐데. 여러분들 덕분에 이 사람들만 안타깝게 됐네요."

영태가 그 자리에서 전화를 걸었다.

"명성파트너죠? 사장님 좀 부탁드립니다. 저는 임영태라고 합니다. 혹시 넥스트에너지 박 사장님 채권서류 가지고 계신지요? 네네, 알겠습니다. 그러면 그거 들고 정확히 한 시간 뒤에 명동 한미파트너스 사무실로 오세요. 제가 모두 계산해 드리겠습니다. 한미파트너스가 어딘지는 알고 계시죠? 식구들 모두 데리고 오십시오. 거기 가시면 김 회장님께서 식구들 식사도 직접 챙겨드릴 겁니다. 한 명도 빠지지 말고 정확히 한 시간 뒤에 사무실 앞에 계셔야 할 겁니다. 우리 형님이 누구 기다리는 거 제일 싫어하시거든요. 네, 그럼 잠시 후에 뵙겠습니다."

영태가 전화를 끊더니 곧바로 다시 다른 곳에 전화를 걸었다.

"회장님, 임 팀장입니다. 건강하시죠? 요즘 인사도 못 드리고 죄송합니다. 아, 네. 저야 뭐 업체 하나 살려보려고 발버둥치고 있습니다. 하하, 뭘요. 그나저나 죄송한데요, 한 시간 뒤에 명성파트너라는 데서 서류 한 장 들고 찾아갈 겁니다. 그 인간들 잘 좀 타일러주십시오. 아니요. 어디 못쓰게 만드실 것까지는 없고요, 그냥 다시는 서울 바닥에서 그 인간들 안 봤으면 좋겠습니다. 그럼요, 그럼요. 네네, 알아듣게만 살살 건드려주세요. 네. 그리고 제가 지금 퀵으로 주식증서 한 장 보내드리겠습니다. 서너 달 뒤에 큰 걸로 다섯 장 정도는 될 겁니다. 형님 생신이 그즈음이니까 선물 미리 한다고 생각해주십시오. 네, 감사합니다. 부탁드리겠습니다."

영태가 전화를 끊고 주위를 둘러봤다. 사람들은 지금 상황을 아직 이해할 수가 없었다. 주식이 매매된 사실을 영태가 어떻게 알았는지, 그리고 사채업자를 어떻게 처리한 것인지도 감을 잡을 수 없었다. 기다리다 박 실장이 먼저 말을 꺼냈다.

"그런데 임 팀장님. 그럼 어떻게……. 8천만 원을 어디서 구하지? 사채업자들이면 막무가내로 해보자고 덤빌 텐데."

"그렇게 모르는 척 안 하셔도 됩니다. 제 성격 아실 테니 그만두세요. 그건 지금 처리 끝났습니다. 서울 바닥에서 다시는 그 사람들 볼 일 없을 겁니다. 명성파트너라는 이름 자체가 소멸될 거니까요. 그 대신에 5만 주짜리 주식증서 금고에서 한 장 꺼내겠습니다."

"5만 주나! 그건 어쩌려고?"

박 사장이 5만 주라는 소리에 놀라며 물었다.

"그건 사채업자들 처리한 대가로 줘야죠. 말 그대로 나중에 최소한

5억은 되겠지만, 지금은 그냥 드릴 겁니다. 훗날 다시 한 번 이런 일이 생기면 좀 더 심각한 대가를 치르셔야 할 겁니다."

영태가 싸늘한 목소리로 말했다.

"아니, 그래도 임 팀장. 8천이면 되는데, 그 주식을 다 준다고? 그건 너무하지 않나?"

유 실장이 나섰다. 영태의 표정이 다시 더 차가워졌다.

"유 실장님은 아직도 상황 파악이 잘 안 되나 봐요? 지금 여러분들이 저질러둔 거지같은 짓거리들 때문에, 이렇게 막대한 대가를 치르고 있는 겁니다. 몰래 빼돌린 주식도 다시 두 배 주고 사들이고, 우리 주식에 껄떡대는 사채업자들 몰살시키느라 5만 주 날리고. 너무하지 않느냐고요? 이렇게 안 하면 주식시장에 우리 회사 주식이 싸구려란 소문이 돌아 앞으로 가격 책정이 불가능해지기 때문입니다. 그러면 우리 작업 전체가 무너지는 거예요. 사채업자들은 적당히 무마시키면 또 엉겨 붙어요. 돈 냄새 맡은 놈들은 그냥은 절대 포기 안 하거든요. 그래서 무리해서라도 씨를 말리는 거예요. 일판을 그르치지 않기 위해서."

"그래도, 대충 무마하면 될 텐데……."

박 사장이 못내 아쉬운 소리를 했다. 하지만 영태가 박 사장을 쏘아보자 금방 시선을 떨궜다.

"이건 제가 여러분들께 드리는 마지막 경고입니다. 이후에 또 다시 이런 일이 발생한다면, 제가 더는 좋게 안 넘어갑니다. 알아서 처신들 똑바로 하세요."

영태는 말을 마치고 자리에서 일어나 방을 나갔다. 세 사람은 영태가 나가는 것만 보고 있다가 비로소 입을 열었다.

"오빠, 내가 처음에 말했지? 임 팀장 함부로 보면 안 된다고."

박 실장이 박 사장을 째려보며 말했다.

"아니, 대체 어떻게 알아낸 거야? 야, 유 실장! 노 이사! 대체 일처리를 어떻게 하고 다니길래?"

"죄송합니다. 분명 믿을 만한 사람들이었는데……."

박 사장의 추궁에 유 실장과 노 이사가 고개를 숙였다.

"아무래도 다음엔 더 조심해야겠다. 주식 5만 주 아까워서 어쩌냐?"

박 사장이 고개를 절레절레 저으며 말했다.

넷은 한참 동안이나 자리를 떠나지 않고 앞으로 어떻게 할지 이야기를 나눴다. 그러다 갑자기 무슨 생각이 떠올랐는지 박 사장이 유 실장을 쳐다봤다.

"아 그래, 유 실장. 사채업자들한테 전화 넣어봐. 어떻게 됐는지."

그러자 유 실장이 전화를 걸었다. 하지만 신호만 갈 뿐 받지 않았다.

"연락이 전혀 안 되는데요? 그 사람들이 우리 주식 몰래 팔아주기로 했는데, 정말 아까 임 팀장 말대로 다 당해버린 거 아닐까요?"

"이런 제길. 그러면 설마 임 팀장이 그것까지 미리 알고서 아예 싹 정리해버린 건가? 저거 아주 무서운 인간이네."

박 사장이 오싹함을 느끼며 말했다.

"오빠, 저 사람 뒤에 뭐가 있을지 아무도 몰라. 맘만 먹으면 무슨 짓이든 한다더니 정말인가봐."

박 실장도 불안한 목소리로 말했다. 그때 잠시 통화하러 나갔던 노 이사가 문을 열고 상기된 얼굴로 들어왔다.

"사장님, 지금 친구한테 물어봤더니 한미파트너스 여기 아주 무시무시한 곳이랍니다. 대기업들 뒤처리만 전문으로 하는 곳인데, 잘못 기웃거렸다간 목숨줄이 붙어 있지도 못할 거라고 얼씬도 말라는데요? 거기 김 회장이라는 사람이 아주 유명한 조폭이랍니다."

한동안 그들은 말을 잇지 못했다.

"연주야, 대체 저 인간 뭐냐? 우리가 누구를 상대로 무슨 짓을 한 거야? 다시는 하지 말자."

"그래요, 오빠. 당분간은 그냥 아무것도 하지 말아요."

그들은 겁에 질린 채 목소리를 죽여 대화를 이어갔다. 하지만 그 작은 목소리조차 모두 다음 날 영태에게 보고되었다. 사무실에서 늘 한쪽 귀에 이어폰을 끼고 노래를 듣는 이 대리의 주요 업무 중 하나가 바로 이들에 대한 감시였던 것이다. 누가 사무실에 들르는지 어떤 이야기가 오고가는지 등등 이 대리는 사무실 곳곳에 설치된 초소형 녹음기를 통해 이들의 모든 걸 영태에게 보고하고 있었다.

OFF BOARD MARKET

08

채권단 정리

재무제표상에서 여러분들의 존재를 지워내야만 합니다

다른 사람들이 주식으로 재미를 볼 것 같으니까 이제 와서 배가 아픈 것이다.

또 다시 며칠이 지나고, 중국에 갔던 박 고문이 조 부장, 연구소장과 함께 출근했다.

"고문님, 연락 주셨으면 공항으로 마중이라도 갔을 텐데요. 고생 많이 하셨습니다."

"아니야. 어찌 될지 몰라서 배로 들어왔어. 들려줄 얘기가 있으니 일단 박 사장하고 다 같이 모이라고 해."

박 고문이 영태에게 샘플을 넘기고 자기 방으로 향했다.

잠시 후 회의실에 사람들이 모여들었다.

"저기 보니 우리가 먼저 보낸 샘플들은 받았구만. 버너도 있고, 보일러랑 저장합금도. 여기 몇 개 더 가지고 왔네. 저장합금을 다양한 사이즈로 만들어본 거야. 그리고 수소발생기도 순도를 높여봤고. 연구소장이 고생을 많이 했어. 그리고 중요한 건."

박 고문이 잠시 말을 끊었다. 다들 박 고문의 다음 말이 뭐가 될지 궁금해했다.

"우리가 중국의 대련공업이란 곳과 희토류 공동생산에 대한 협약서를 체결했다는 거야."

박 고문의 말에 영태의 얼굴이 밝아졌다.

"대련공업은 규모가 크진 않은 곳인데, 그래도 자기들 광산이 있더라구. 하지만 지금은 자금난이 좀 심해져서 채굴이 거의 중단된 상태야. 거기 사장이 여자인데 다행히 내몽고 자치구 고위급 간부의 여동생이더라고. 그래서 양이 생각만큼 많지는 않지만 일단 자치구에서 반출 허가서도 받아왔네. 앞으로 수입물량에 따라서 점차 확대하겠다는 내용이 있으니까 괜찮을 거야."

박 고문이 이야기를 마치고 웃으며 영태를 쳐다봤다.

"정말 고생하셨습니다. 우리가 필요했던 게 이제 절반은 채워졌습니다. 정말 고생하셨습니다."

영태가 거듭 밝은 표정으로 박 고문을 치하했다.

"유 실장님, 특허 쪽은 어떻게 되어가는 중인가요?"

영태가 기획실장에게 질문을 던졌다.

"신청은 완료했고 출원번호도 곧 나올 겁니다. 그쪽 국장님이 친히 지휘해서 빠르게 진행시키겠다고 약속했으니까 잘될 겁니다."

유 실장은 지난번의 일로 약간 떨떠름하게 눈을 맞추며 대답했다.

"그래요. 수시로 다니십시오. 밥도 사고 술도 사고, 무조건 시간 당기시구요. 제가 국세청 위쪽 라인으로 다시 연결해서 국장님께 전화 들어가게 힘을 실어주겠습니다. 그리고, 김 대리 준비하던 건 어떻게 됐어?"

"홈페이지 거의 완성 단계입니다. 내일쯤 다 같이 모여서 작업된 거 살펴보셔도 될 것 같습니다. 연구소장님께서 자료 보내주신 것들 다 올렸구요, 오늘 가져온 샘플들도 이미지 올리겠습니다. 회사 소개 자료는 오늘 디자인 완성될 거구요, 그쪽에서 100부만 우선 서비스로 보내준다고 하네요."

"오케이, 수고했어. 노 이사님, 우리도 앞으로 인쇄할 게 많으니까 컬러프린터 좀 좋은 걸로 사고 무한리필잉크도 구입해주세요. 종이도 그냥 A4 용지 말고 고급지로 구입하시고, 제본기랑 파쇄기도 당장 사야 합니다. 돈 몇 만 원 아껴서 될 일 아니란 거 아시죠? 종이나 바인더 같은 것들은 최고로 구입해주세요."

영태가 노 이사를 쳐다보며 빠르게 말했다.

"임 팀장, 그런데 말이야. 중국 쪽에 우리가 1억 정도 투자를 하기로 약속했는데 가능할까? 거기 사장님이 연구소장과 안면이 있어서 그런 얘기가 나왔어. 그래서 일단 우리가 구두약속은 하고 돌아왔는데."

박 고문이 영태에게 물었다.

"아, 그러셨군요. 알겠습니다. 제가 2주 안에 마련해서 보내겠습니다. 걱정 마십시오. 그리고 조 부장님, 중국에 사람들 심어 두셨죠?"

"임 팀장이 얘기한 대로 두 사람 뽑아서 한 명은 사무실에서 샘플 제작한 공장 관리하도록 했고, 또 한 명은 대련공업에 드나들면서 상황 보고하라고 했습니다."

조 부장이 시원시원한 목소리로 답했다.

"잘하셨습니다. 1단계 작업을 끝낼 시기가 온 것 같습니다. 미리 고지했듯이 앞으로 일주일 뒤에 주주총회 및 기업설명회 열겠습니다. 노 이사님은 초대할 사람들 리스트 뽑아주시구요, 김 대리는 장외업자들 초대할 사람 다섯 명만 챙겨줘요. 초기투자니까 누굴 불러야 하는지 알지? 주주총회 끝나면 밥 먹고 나서 기업설명회 할 겁니다. 오는 사람들 시간 얽히지 않도록 각별히 신경 쓰시구요. 이번에 우리가 해야 할 일은 그간 우리 주변 분들께 주식으로 잘못 심어진 이미지를 탈피하는 겁니다. 어떤 분들은 여러분이 주식으로 장사하는 줄 알죠? 그 이미지에서 벗어나는 겁니다. 그리고 아마도 10만 주를 내보내고 자금을 유입시킬 겁니다. 박 실장님은 그 다음 날로 채권단 회의 소집해주세요. 그 문제도 이제 마무리 지을 때가 됐습니다."

영태가 거침없는 목소리로 말했다.

이틀 뒤, 특허출원번호가 나왔다. 출원증은 액자에 넣어져 회의실 벽에 걸렸다. 영태는 곧바로 박 사장과 함께 기술신보를 찾아가 대출 상담을 했고, 미리 짜인 각본대로 실무자들은 굉장히 우호적인 입장에서 서류들을 직접 준비해줬다. 그렇게 준비된 자료 덕분에 주주총회 겸 기업설명회도 무사히 끝났다. 모든 것이 영태의 계획대로였다.

주주총회를 마치고 박 사장은 영태와 함께 사무실에 마주앉았다.

"임 팀장, 내가 정말 놀랐어. 지난번에 기보에 갔을 때도 말이야, 그 인간들 예전엔 코빼기도 안 보여주더니 지금은 자기들이 우리 서류 작성을 다 해주다시피 하고 있잖아? 특허 같은 건 못 넣을 거라고 난리치더니만 벌써 출원번호 나왔고 특허증도 한 달이면 손에 들어올 테고 말야."

박 사장이 영태에게 말했다.

"제가 그렇게 하겠다고 말씀드렸잖습니까? 하면 됩니다."

영태가 별것 아니라는 듯이 답했다.

"그리고 오늘 주총 하는데, 난 눈물이 다 나더라. 내가 사업 시작한 후로 그렇게 인정받아보긴 처음이었어. 나 사장 할 맛 나더라니까. 게다가 기업설명회 하면서 시연회 끝나니까 사람들이 나한테 투자하겠다고 난리인데, 임 팀장 말대로 10만 주만 내보내니까 얼마나 아쉽던지. 좀 전에 3억 입금됐다. 이게 꿈이냐? 생시냐?"

박 사장이 입맛을 다셨다.

"이제 시작입니다. 일단 회사 운영자금은 남아 있으니까, 그 중에 2억 원은 내일 채권단에 넘겨서 마무리 지을 겁니다. 그리고 1억 원은 중국에 보내고요. 내일 박 실장님이 소집한 채권단 회의 잘 마치고, 조 부장님 중국으로 보내서 대련공업 지분 20% 취득하는 문제도 매듭짓게 하죠."

영태가 차분하고 담담한 목소리로 말했다. 그런 영태를 보니 박 사장의 마음이 더욱 든든했다.

다음 날 채권단 회의.

"지금까지 보셨듯이 회사는 비약적으로 도약하고 있는 중입니다. 이러한 상황에서 앞으로 우리가 기술신보 통해서 벤처기업 인증도 받고 여기저기 투자자들한테 회사를 보여야 하는데, 그러려면 재무제표상에서 여러분들의 존재를 지워내야만 합니다. 여러분이 가지고 계신 채권 6억 원을 정리해야 하는 상황인 겁니다. 제가 제안을 드리겠습니다. 지금까지 이자는 잘 받으셨을 텐데요, 오늘 2억 원 현금으로 원금 갚겠습니다. 그러면 4억 원 남죠? 이것도 1개월 뒤에 모두 갚겠습니다.

어떻습니까?"

영태가 채권단을 둘러보며 물었다.

"얼마 전에 주식이 3,000원에 매각되었다고 하더군요. 임 팀장님이 작업해서 앞으로도 더 올라갈 거라고들 하고요."

채권단 중 한 명이 말했다.

"작업이라는 말씀은 좀 그러네요. 회사가 그만큼 가치 있는 걸로 평가를 받는 거죠. 제가 임의로 무작정 판 주식은 단 한 주도 없습니다."

"우린 다들 주식 1,000원에도 사고 그랬는데, 그거 가지고 있었으면 더 이익이 많았을 걸 박 실장이 억지로 채권으로 해서 이자 받으라고 부추기는 바람에 별로 재미도 못 봤어요."

"좀 억지를 부리시네요. 제가 협박한 것도 아니고, 이자 왕창 드린다니까 다들 좋아서 그렇게 하신 거잖아요."

박 실장이 자기 얘기가 나오자 발끈해 나섰다.

"그땐 회사가 이렇게 잘될지 누가 알았나?"

"그동안 회사 잘될 거라고 그렇게 말을 했는데 안 믿더니 이제 와서 무슨 소리 하시는 거예요?"

"그래도 우린 좀 억울한데, 적어도 세 배는 남길 수 있었는데 이자나 받고 있으니……."

박 실장과 채권단이 아웅다웅하자 다시 영태가 나섰다.

"그럼 제가 다시 제안을 드리죠. 어쨌거나 이 자리에서 결론을 내야 하니까요. 일단 첫 번째 안은 아까 말씀드린 대로 오늘 2억 갚고, 한 달 후에 나머지 4억 갚아드리는 거고요. 또 다른 안은 오늘 2억 현금 받으시고 남은 4억은 주식으로 받아 가시는 겁니다. 단 한 주당 5,000원으로 해서요. 어떻습니까? 이 정도면 수개월 내에 적어도 두 배는 남기실 수 있을 겁니다."

"아니! 임 팀장님. 5,000원이라니? 너무 세잖아요?"

채권단이 항의했다.

"그래서 제가 원금 4억 원 한 달 내에 현금으로 갚는다고 하지 않았습니까? 저하고 박 실장님은 잠시 나가 있을 테니 결론 나거든 부르십시오."

말을 마치고 영태는 박 실장과 함께 방을 나왔다.

그리 오랜 시간이 걸리진 않았다. 밖에서 차 한 잔 마시면서 좀 앉아 있었더니, 그새 다시 채권단이 영태와 박 실장을 부른 것이었다.

"임 팀장님, 우리끼리 이야기를 해봤는데, 주식으로 받는 것도 좋은 방법인 것 같아요. 그런데 5,000원은 좀 너무해요. 지금 시가도 3,000원이라면서요?"

채권단이 말했다.

"좋습니다. 그럼 4,000원에 하죠. 더 이상 딜은 없습니다. 하시거나 마시거나, 선택하십시오. 어쨌거나 여러분들은 원금을 모두 받으실 거고 약속드린 이자도 충분히 받으실 겁니다."

"알았어요. 주식으로 줘요. 주당 4,000원. 젊은 사람이 되게 빡빡하네."

"좋습니다. 그럼 여기 채권 전액에 대한 상환완료 확인서에 기명날인하시고 인감도장 찍어주십시오. 그리고 여기 주식매매계약서에도 기명날인하시구요. 주권은 제가 맞춰서 준비를 했고, 나눠드리는 봉투에 다 들어 있습니다. 저희가 아직 통일규격유가증권으로 만들지 못해서 인쇄된 주권을 가지고 있습니다. 이것도 서너 달 뒤에 온라인 이체가 가능하도록 만들어둘 테니까 그때 회사로 보내주시면 각자 증권통장에 착오 없이 들어가게 하겠습니다."

결국 이렇게 채권단도 정리가 됐다.

사람의 욕심은 끝이 없다. 채권단은 모두 임직원들의 친구이거나 가족들이었다. 그런데 다른 사람들이 주식으로 재미를 볼 것 같으니까 이제 와서 배가 아픈 것이다. 자기들은 더 싼 가격에 주식을 샀었는데 이젠 이자만 받으려니 속이 쓰리다는 것. 영태는 그 질투심을 이용해 채권문제를 마무리 지었다.

그렇게 박 실장과 약속했던 한 달이라는 시간이 지나갔다. 회사는 완벽하게 자리를 잡았고, 회의실에는 특허출원증과 샘플들이 잘 정돈되어 있었으며, 홈페이지도 전문적인 내용들로 깔끔하게 채워졌고 누가 봐도 손색없는 디자인으로 탈바꿈했다. 1단계 계약이 완료된 시점이었다.

"이 대리. 사장님하고 고문님, 박 실장님한테 연락해서 지금 바로 회의 소집하지. 김 대리하고 두 사람은 짐 정리해서 준비하고 있고. 뭐 가져갈 것도 없겠지만."

영태가 이 대리에게 말했다.

잠시 후, 사장실로 박 고문과 박 실장이 들어왔다.

"자, 이제 약속했던 한 달이 지났습니다. 보시는 대로 회사는 대충 자리 잡았고, 특허도 좀 있으면 나올 거고, 벤처인증도 특허 나오자마자 바로 될 겁니다. 주식으로 7억 원 유입되고 30만 주가 나갔고요. 그리고 채권정리하는 데 10만 주가 추가로 나갔습니다. 중국에 직원 두 명으로 유지되는 지사도 설립했고, 대련공업과 합작으로 희토류 채

굴권도 따냈습니다. 뭐 이 정도면 한 달 동안 꽤 많은 일을 한 것 같네요."

영태가 그간의 일을 정리했다.

"그래요. 임 팀장이 고생했어요. 그런데 무슨 일로 우릴 불렀나?"

박 고문이 물었다.

"큰 오빠, 사실은 우리가 우선 한 달만 계약을 맺었고, 그 기간이 끝나면 다시 계약을 연장할지 안 할지 정하기로 약속했거든요. 임 팀장이 하는 일이 부족하다 싶으면 계약을 안 해도 된다는 옵션이었어요. 만약 재계약을 하게 되면 급여는 2천만 원으로 하고 주식 10만 주 바로 지급하기로 했구요."

박 실장이 대신 답했다.

"맞습니다. 그래서 이제 여러분께서 지금 이 자리에서 결정을 하셔야 할 것 같습니다. 계약이 만료된 것으로 한다면 지금 바로 회사를 떠나겠습니다. 이 대리와 김 대리도 밖에서 기다리는 중입니다."

영태가 말했다.

"그런데 임 팀장. 주식이 10만 주면, 시가로도 3억 원인데……."

박 사장이 역시나 주식 문제를 꺼냈다. 이제 와서 다시 욕심이 생기는 모양이었다.

"박 사장, 그거 주식 말이야. 임 팀장 아니었음 모두 쓰레기였어. 그리고 그 많은 주식을 박 사장 이름으로 해준 것도 임 팀장이고, 지금 그런 소리 할 때가 아닌 것 같은데!"

박 고문이 박 사장을 못마땅하게 쳐다보며 말했다.

"맞아요. 오빠가 아직도 정신을 못 차리나 봐요."

박 실장도 옆에서 거들었다.

"어떡하시겠습니까? 급여는 선불이고 주식도 지금 바로 주시면 계약이 연장되는 걸로 알겠습니다. 결정하시죠."

영태가 다시 물었다.

"생각하고 말 것도 없네. 박 사장 지금 금고 열어라. 주식 10만 주 임 팀장한테 주고, 노 이사 불러서 급여도 얼른 지급하라고 해."

"네, 형님. 그렇게 하지요."

박 고문의 단호한 말투에 박 사장은 그대로 따를 수밖에 없었다. 그렇게 영태의 계약은 연장되었다.

"다시 파트너로 받아주셔서 감사합니다. 자 그럼, 이제 전반전 마무리 작업을 해야겠죠?"

영태가 웃으며 입을 열었다. 다들 영태를 쳐다봤다.

"내일 하루 동안 김 대리가 대표님에게 비즈니스 매너 교육을 할 겁니다. 보니까 대표님 습관이 안 좋은 것들이 좀 있더군요. 식사 자리에서 신발을 벗고 다리를 꼰다든가, 말할 때 불안한 제스처를 취한다든가 하는 것들 말입니다. 그런 거 모두 고쳐야 합니다. 옷 입는 것과 머리스타일도 바꿀 거고요. 김 대리가 좀 깐깐하니까 잘 따르셔야 할 겁니다. 어쩌면 속옷까지도 바꿀지 모르니까 각오하시구요."

"뭐 그렇게까지? 난 이대로도 편한데……."

"남들이 보기엔 안 그렇습니다. 다음 주 초에 월간머니에서 기자가 와서 벤처기업 인물탐방 코너 인터뷰를 할 거라서 얼른 준비해야 합니다. 인터뷰 대본은 제가 작성해 드릴테니 걱정 마십시오. 그대로만 말씀하시고 다른 얘긴 농담도 하지 마시구요. 애드립 같은 거 절대 하지 마시라는 뜻입니다."

"그런 것도 하는구만. 박 사장 좋겠네."

박 고문이 웃으며 말했다.

"형님, 농담 마십시오. 저는 인터뷰 같은 건 한 번도 해본 적이 없는데."

"걱정 마시고 김 대리한테 잘 배우시면 됩니다. 그리고 다음 주에 제가 장외시장 딜러들 몇 명 초대해서 제품시연회도 하고 저녁도 먹을 예정입니다. 박 실장님은 노 이사님하고 최초에 투자했던 20만 주를 주주들한테 연락해서 절반씩 받아오십시오. 10만 주 먼저 내보낼 거고요, 그걸로 그분들 투자원금 확보해드릴 겁니다."

"그래요. 그럼 주식이 한 주당 4,000원에 나간다는 건데, 다음 주에 가능할까요?"

"그럼요. 아무것도 없이 여기까지 오지 않았습니까? 안 될 건 없습니다."

영태가 자신감 있는 목소리로 말했다.

일주일 뒤 회사 근처 일식집. 영태가 5명의 장외딜러들과 함께 술잔을 기울이고 있었다. 오늘 낮에 있었던 제품시연회를 무사히 마치고 식사를 위해 자리를 옮긴 참이었다.

"임 사장. 이 회사, 제법 괜찮던데?"

"그러니까요. 역시 임 사장님이에요. 처음엔 수소라고 해서 뭐가 뭔지 감이 잘 안 왔는데, 아까 보니까 이해가 가더라고요. 그러니까 그게 보기엔 일반 가스렌지랑 비슷해도 여러모로 좋다 이거죠? 느낌에 가격 좀 가겠다 싶던데."

장외딜러들이 웃으며 영태에게 말했다.

"멀리까지 와주셔서 감사합니다. 열심히 뛰어다녀서 특허랑 벤처인증 같은 거 마무리하고 있습니다. 말씀하신 대로 이제 가격이 제대로 나오게 만들어야죠."

영태가 고마워하며 답했다.

"응. 될 것 같아. 느낌이 좋아. 다른 딜러들 말고 우리 먼저 불러줘서 고마워. 다들 전혀 모르는 눈치더라고."

"요즘 주식시장이 안 좋아서 고생들 하실 텐데, 이게 형님들께 도움이 되면 좋겠습니다."

"그래, 얼마에 줄 건데?"

딜러들이 눈빛을 반짝였다.

"한 주당 2,500원에 드리겠습니다. 물량 부담되니까 우선 10만 주를 2만 주씩 나눠서 드릴게요. 그걸 시장에서 무조건 4,000원에 팔아주세요. 절대 깎지도 마시고 올려 받지도 마시고 딱 4,000원에요. 차액 1,500원은 형님들이 가지시면 됩니다. 한 분당 3천 정도씩 남을 테니 그 정도면 섭섭지 않으시겠죠?"

"우리가 다 먹어도 되나? 임 사장 수고비는 챙겨줘야지."

"괜찮습니다. 그러실 필요 없어요. 대신 계약서는 반드시 제게 보내주세요. 입금확인서랑 같이요. 그리고 그러실 일이야 없겠지만…… 혹시라도 금액 어기시면, 제 성격 아시죠? 저 개꼬장 부려서 사업 접으시게 만들지도 모릅니다. 하하, 뭐 그럴 일은 없을 테니 걱정은 안 합니다."

영태가 잠깐 목소리를 깔며 말했다.

"우리가 자네랑 일 한두 번 같이 하나? 그런 건 걱정 말라고."

딜러들이 말했다.

"네. 아무튼 일단 2만 주씩 드릴 테니, 5천만 원씩 먼저 입금해주세요."

"오케이. 다음번엔 물량 좀 더 달라고. 기껏 모였는데 한 사람당 1억도 안 되니 좀 시시하잖아."

"네. 나중에 얼마든지 더 드릴 테니 돈만 많이 준비해주세요."

그렇게 순식간에 주식 10만 주가 시장에 풀렸다. 그리고 그 자금은 곧장 주주들 통장으로 분배되었다. 이제 첫 번째 투자자들의 원금은 채웠으니 그들로부터 어떠한 부담도 가질 필요가 없게 된 것이다.

OFF BOARD MARKET

09

삼성동 아줌마들 공략

•

우리가 나서지 않아도 입소문이 나는 거.
그래서 사람들이 우리에 대해 궁금해하게 만드는 거죠.
말하는 자는 씨를 뿌리고, 침묵하는 자는 거두어들인다.

"무슨 일로 보자고 했어요?"

박 실장이 영태의 호출을 받고 사무실로 들어오며 물었다.

"다른 게 아니고요, 그동안 주식을 조금 움직였는데, 생각해보니까 박 실장님만 아직 손에 쥔 게 없더라고요. 그래서 그걸 좀 의논하려고 합니다."

영태가 답했다.

"그거야 뭐, 내가 할 말이 있나……. 그냥 회사 잘되면 나도 잘되려니 생각했지 뭐."

박 실장이 작은 목소리로 말했다.

"제 얘기 잘 듣고 이번에 원금이라도 우선 챙기세요."

영태가 가볍게 웃으며 말했다.

"뭔데 그래요?"

박 실장이 눈을 반짝이며 다가와 앉았다. 뭔가 좋은 건수가 있다는 걸 직감적으로 느꼈기 때문이었다.

"제가 조만간 20억 원 정도를 끌어올 겁니다. 지금처럼 조금씩 유입되어봐야 현상유지밖에 안 되겠어서요. 우리 계획을 제대로 진행하려면 더 큰 자금이 필요하겠더라고요."

"그런데 임 사장, 그 계획이란 게 뭐예요? 아직 그걸 모르는데……."

"지금은 모르셔도 되는데……. 그냥 단기적인 것만 말씀드릴까요? 수일 내로 특허와 벤처인증이 마무리되고 나면, 주권을 통일규격유가증권으로 교체할 겁니다. 그래야 사람들이 거래하기가 수월해지고 신뢰성도 올라가니까요. 그 다음은 인터넷을 통한 홍보를 시작할 겁니다. '코리아스탁.COM'이라는 사이트 아시죠? 국내 최대 장외주식 매매사이트인 이 곳에서 일단 홍보를 시작하고 회사 페이지도 만들 겁니다. 매매는 아직 오픈 안 하고요. 그리고 연구소장님이 지금 준비 중이신데 추가로 특허 세 개 정도 더 요청할 겁니다. 그 다음 지자체 단체장 섭외해서 에너지 시범주택 사업을 시작할 생각입니다."

"그게 단기적인 계획이에요? 임 사장, 정말 일처리 빠르네. 그것만 되면 주식가격이 또 올라가겠어요……!"

박 실장의 입이 쩍 벌어졌다.

"그래서 지금 실장님께 말씀드리는 겁니다. 회사에서는 한동안 주식 일체 안 움직일 거거든요. 그러니 실장님 주식 중에서 10만 주만 딜러들한테 주세요. 3,500원에 주시되 매매가격은 5,000원에 맞추라고 해주세요. 그리고 꼭 명심하셔야 하는 게 있는데, 매매계약서 원본 꼭 제게 주셔야 하고요 혹시라도 가격이 틀리면 제가 사고주식으로 처리해서 거래 취소시킬 겁니다. 어떠세요? 하시겠어요? 아마 노 실장님한테 제가 돕고 있다고 흘리면 얼른 달려드실 겁니다. 그동안 박 실장님 고생하는 거 옆에서 쭉 보셨을 텐데, 갑자기 주식가격이 이렇게 뛰고 저까지 합류했다고 하면 노 실장님 성격에 당장 주식 달라고 난리치실 거거든요. 어떠세요?"

영태가 차분한 목소리로 물었다.

"잠깐만요. 노 실장한테 전화 좀 해보고요."

박 실장이 휴대폰을 꺼냈다.

"은영아, 언니야. 응. 그래. 그냥 그렇게 지낸다. 다른 게 아니고, 내가 오빠네 회사 주식 가지고 고생했던거 알지? 그거 네가 좀 가져갈래? 아…… 안 돼? 너도 어려운가 보구나. 알았어. 난 그냥 임 사장이 자기가 하는 일이니까 네가 도와줄 거라고 해서 연락한 건데. 알겠어. 그래, 그래, 너도 힘들겠구나. 응. 그래. 내일 밥이나 먹자."

박 실장이 전화를 끊었다. 곧바로 영태의 휴대폰이 울렸다. 영태가 박 실장을 쳐다보며 씩 웃었다.

"네, 노 실장님. 어쩐 일이세요? 네? 아, 박 실장님 주식이요? 맞아요. 작업 시작했어요. 실장님도 좀 도와주세요. 이번엔 저도 주식으로 보수를 받기로 해서, 잘돼야 하거든요. 그럼요, 그럼요. 당연하죠. 네, 고맙습니다."

전화를 끊기가 무섭게 다시 박 실장의 휴대폰이 울렸다.

"어, 은영아. 왜? 그래? 고맙다 야. 알았어. 아! 근데 조건이 있어. 주당 3,500원에 줄 건데, 반드시 5,000원에 팔아야 한대. 아니 임 사장이 무조건 그렇게 해야 한다고, 안 그러면 몽땅 다 엎어버린대. 뭔가 생각이 있나보지. 어떡할래? 그래? 알았어. 고마워. 오케이. 내일 오후에 봐."

박 실장이 전화를 끊었다. 영태가 그것 보라는 표정으로 고개를 까닥거렸다.

"일이 한 방에 풀리네요. 임 사장 정말 대단해요. 깐깐한 은영이가 임 사장이 작업한다는 말에 바로 달려드네요. 근데 괜찮겠죠? 문제 생기면 곤란한데."

"걱정 마세요. 별 문제 없을 거예요."

"그런데 왜 노 실장이에요? 다른 사람도 많은데. 노 실장이 사람은 좋아도 입이 가벼워서……."

"바로 그것 때문입니다. 이제 노 실장님이 사방에 우리 얘길 하고 다니지 않겠어요? 제가 노리는 게 바로 그겁니다. 우리가 나서지 않아도 입소문이 나는 거. 그래서 사람들이 우리에 대해 궁금해하게 만드는 거죠. 그래도 우리는 절대 아무 말도 안 할 거니까, 사람들의 궁금증은 점점 더 커질 거고. 그러다가 제가 준비한 뉴스들을 하나씩 빵빵 터트리면, 그때부터는 못 견디고 여기저기서 달려드는 거죠. 그렇게 해서 자연스럽게 가격을 올려가려고 해요. 사겠다는 사람은 많은데 우리가 물량을 안 풀 테니 자연히 가격이 올라갈 수밖에요. 이런 말이 있습니다. '말하는 자는 씨를 뿌리고, 침묵하는 자는 거두어들인다.' 이제 저들이 말하면서 씨를 뿌리는 동안 우린 침묵하고 있다가 잘 익은 열매만 따면 되는 겁니다."

"대단해요, 임 사장."

"아마 내일 노 실장님은 혼자 안 오시고 딜러들 몇 명 달고 오실 가능성이 커요. 지금은 혼자서 감당하려고 안 할 테니까요. 그러면 공평하게 나눠주세요. 우리에겐 딜러가 많을수록 좋습니다."

영태가 말했다.

"네, 그럴게요. 내일 돈 받으면 한턱 크게 살게요. 나도 이제 한숨 돌리게 생겼네. 이제 다리 펴고 자게 생겼어요."

박 실장이 개운한 표정으로 말했다.

"저한테 쏘지 마시구요. 천만 원만 따로 빼서 주세요. 제가 이 대리랑 김 대리 너무 부려먹어서 그 친구들 위로금 좀 줘야 하거든요. 그리고 회사 직원들 회식도 한 번 하구요. 보셔서 아시겠지만 제 월급 중 절반은 나중에 일 잘못되면 물어줘야 하니까 저축하고, 저녁마다 사람들 만나느라 한 달 카드값만 수백만 원이 나오는 통에 형편이 넉넉하질 못합니다."

"그러게요. 첨엔 무슨 월급을 2천만 원이나 달라고 하나 했는데, 옆에서 보니까 경비 빼고 나면 그냥 월급쟁이 수준이더라고요. 그런데 법인카드는 왜 안 써요? 밖에서는 일체 안 쓰던데?"

"사람 일이란 걸 누가 압니까? 행여나 우리 잘되는 거 배아프다고 누가 세무서에라도 찌르면, 그래서 감사라도 받으면 다 걸립니다. 법인카드 사용 내역으로 행적을 모두 추적당하거든요. 일이 안 되려면 이런 걸로 횡령이니 뭐니 꼬투리 잡는 사람들도 있구요."

영태는 문득 과거의 사건이 떠올라 씁쓸한 미소를 지었다. 그런 영태의 생각을 아는지 모르는지 박 실장은 신나서 계속 말을 이어갔다.

"그렇구나. 알겠어요. 임 사장 말대로 내일 천만 원 현금으로 보낼게요. 그리고 2천만 원도 따로 챙겨드릴 테니 앞으로도 나 좀 잘 봐줘요. 이 바닥에서 15% 수수료가 기본 매너인데 반밖에 못 줘서 미안해."

"아닙니다. 안 주셔도 되는데. 고맙습니다. 그럼 마다하지 않겠습니다. 들어가세요."

다음 날, 영태의 예상대로 노 실장은 다른 딜러 세 명과 함께 박 실장을 찾아왔다. 박 실장은 영태가 시킨 대로 주식을 넘겨줬고, 노 실장과 딜러들은 다시 그 주식을 다른 고객들에게 주당 5,000원에 팔았다.

이 소문은 순식간에 퍼져나갔다. 아직 이름도 알려지지 않은 업체의 주식이 주당 5,000원에 장외시장에서 매매되는 건 쉬운 일이 아니었고, 딜러들에게 한 주당 그렇게 많은 수당을 지급하는 것 역시 이례적이었기 때문이다. 동시에 영태의 작업 소문이 퍼져나가면서, 여러 딜러들이 영태의 행적을 알아보기 시작했다. 입질이 시작된 것이었다. 넥스트에너지 본사로도 수없이 문의전화가 걸려왔다. 하지만 이 전화들은 모두 이 대리와 김 대리에 의해 제지당했다. 그들이 하는 말은 한결같았다.

"주식 담당하시는 분이 출장 중이셔서요. 저희는 아직 주식을 매각할 계획이 없는 걸로 알고 있습니다. 회사 경영에 관한 건 수시로 홈페이지를 통해 공개될 거고요, 연락처 남겨주시면 나중에 다시 연락드리겠습니다."

시장이 술렁이기 시작했다. 제대로 된 기업 정보도 없었기에 그들 중 몇몇은 회사로 직접 방문하기까지 했지만 영태를 만날 수는 없었다. 심지어 대표이사조차 묵묵부답으로 일관했으니, 장외시장 딜러들의 답답함은 더욱 증폭되고 있었다.

OFF BOARD MARKET

10

대표이사 스펙 세탁

기업가치를 평가할 때 아주 중요하지만 숫자로 표현할 수 없는 요인이 있다.
바로 대표이사다.

기업가치를 평가할 때 아주 중요하지만 숫자로 표현할 수 없는 요인이 있다. 바로 대표이사다. 이 항목은 일부 은행권 기업심사팀의 심사 평가서에서 약 30%를 차지할 정도로 비중이 높다. 그래서 영태로서는 이 부분에 대한 포장이 필수적이었다.

영태는 우선 재무담당이사(CFO)를 영입하기로 했다. 가장 중요한 것은 스펙이었다. 서울대 화학과 혹은 전자과 정도를 나와줘야 했고, 해외 MBA 학위도 필요했다. 그런 스펙으로 인터넷업체를 통해 몇 곳에 공고를 올렸더니, 생각보다 많은 사람들이 이력서를 보내왔다. 회사 규모가 작다고 말했음에도 스무 명 가까운 지원자들이 몰린 것이다.

그 중에서 연봉 7천만 원 이상은 무조건 뺐다. 연봉이 높을수록 기대치가 높아지고 당연히 실망도 빨리 하게 되므로, 지금 상황에선 가장 배제해야 할 사람들이었기 때문이다. 다음으로 나이가 많은 사람은 지웠다. 나이가 많으면 자연히 생각이 고지식해질 수밖에 없는데, 지금 이곳엔 열린 사고방식을 가진 사람, 솔직히 말해서 정말 힘들 땐 사기라도 칠 수 있는 사람이 필요했다. 마지막으로 지방 출신도 제외했다. 대부분의 지방 출신들은 똑똑하고 자립심이 강한데, 영태에겐 유약한 심성의 사람이 필요했다. 지금 뽑고 있는 CFO는 얼굴마담이었기 때문이다.

그렇게 영태는 지원자들을 고르고 골라 그 중 한 명을 뽑았다.

김우석. 43세. 서울대 화학과 출신이고 미국 텍사스주립대학에서 MBA를 마친 사람이었다. 대기업에서 잘나가는 회사원이었지만 과장까지 달고 나서 파벌싸움에서 밀렸다고 했다. 독립해서 회사도 차려봤지만 2008년 미국이 무너지면서 환율 때문에 망하고, 최근엔 별다른 직장 없이 전전긍긍하며 선후배들 회사에서 궂은일을 하며 지내고 있었다. 영태는 그에게 직함에 맞도록 국산 3000cc급 중형차를 업무용으로 렌트해주고 법인카드도 지급했다. 모처럼 받아보는 대접이었던지 그는 회사의 모든 일에 상당히 적극적으로 달려들었다.

CFO 김 이사를 영입한 후 영태가 가장 먼저 한 일은 대표이사 박 사장을 서울대학교 산업정책대학원 CEO특별연수 과정에 입학시키는 것이었다. 한 학기 동안 진행되는 단기 코스로 기업 CEO들을 위한 특강 같은 것이었는데, 서울대라는 이름값 때문에 박 사장의 학력이나 배경으로는 원래 입학하기 어려운 과정이었다. 하지만 김 이사를 통해 대학원에 기부도 하고 교수를 만나 추천서를 받아서 입학을 가능하게 만들었다. 추천서에는 국내 대체에너지 산업을 이끌고 갈 벤처기업가라는 거창한 표현들이 담겨 있었다. 영태는 박 사장이 이곳을 다니는 동안 과제물들이나 미리 봐둬야 할 보고서들을 CFO가 미리미리 챙겨서 백업할 수 있게 당부했다. 낙하산으로 들어간 박 사장이 실력에서 밀리는 모습을 보이면 무시나 당하고 시간만 죽일 게 뻔했기 때문이다.

그러는 동안 박 사장은 그곳 동기생들과 3박 4일 일정의 산업시찰을 다녀왔다. 운이 맞았는지 마침 테마가 신사업이어서 주로 대체에너지 산업의 현장을 돌았는데, 현장에서 발휘된 박 사장의 방대한 지식과 언변은 사람들의 시선을 한몸에 받기에 충분했다.

그리고 며칠 뒤 늦은 저녁.

박 사장은 영태가 미리 짜준 각본대로 동기생 몇 명을 회사로 초대했다. 굉장히 중요한 시점이었다. 회사 주식은 완전히 거래를 중단시킨 상황이었고, 딜러들은 영태의 움직임만 주시하고 있었다. 장외시장의 매매호가는 이미 6,000원을 넘나들고 있었지만 영태의 통제 덕분에 거래는 전혀 발생하지 않았다. 영태는 딜러들이 모르는 거래를 통해 가격을 더 끌어올리고자 했고, 이걸 박 실장을 통해 자연스럽게 소문을 낼 계획이었다. 그렇게 되면 딜러들의 궁금증은 시간이 갈수록 더 커져갈 수밖에 없는 상황이었다. 박 사장의 동기들을 초대한 이유는 이것이었다. 그들과의 거래를 성사시켜야 이 계획이 안정적으로 출발할 수 있기 때문이었다.

사람들이 들어서고, 영태의 프레젠테이션과 박 사장의 제품 시연이 이어졌다. 박 사장의 동기들이 술을 좀 마신 상태여서 그리 길지 않은 시간 동안 핵심적인 부분만 집중적으로 설명했다. 다 듣고 나서 동기 중 한 명이 입을 열었다.

"박 사장님, 제가 서울대 화학과 출신입니다. 배운 지 오래 되긴 했어도 수소가 에너지 효율이 많이 떨어져서 현실성이 없다는 건 기억하고 있어요. 어때요? 이렇게 해서 진짜 효율이 나올 수 있나요? 그게 안 받쳐주면 제품을 만들어 팔 수가 없잖아요."

심각한 질문이었지만 이미 예상된 질문이기도 했다. 그리고 박 사장은 영태가 교육시킨 자료를 이미 완벽하게 외우고 있었다.

"그 질문 많이 받습니다. 하지만 말이죠. 이렇게 생각해보셔야만 합니다. 지구상에 가장 많은 에너지원이 뭡니까? 물입니다. 그런데 물을 직접 사용해서 자동차를 움직이고 불을 피울 수 있나요? 없잖아요. 다들 앞으로 화석연료 얼마 못 쓸 거라고 예상하는데, 그 시기가 다가오면 과연 어떻게 해야 합니까? 그때도 효율 따져서 아무것도 안 하고 있을 건가요?

지금 여러분들 한 달에 관리비 얼마 내십니까? 한 20만 원 내나요? 그런데 만약 도시가스가 사라져버리면 그 가격은 금방 올라갈 겁니다. 생각해보세요. 기름값이 1리터에 2,000원이나 할 줄 누가 알았겠습니까? 옛날 같으면 상상할 수 없는 엄청난 가격인데, 그게 또 계속 잘 팔리지 않습니까? 대체에너지들의 가격과 효율도 기술개발과 자원개발이 이어지면 점점 좋아질 겁니다. 그렇기 때문에 지금은 효율보다 기술개발에 더 비중을 두고, 이 분야에서의 주도권을 잃지 않아야 하는 겁니다."

"음…… 듣고 보니 일리가 있네요. 기름 없으면 연료전지 설치하고 수소 생산해야죠. 걸어 다닐 수는 없으니까."

상대가 고개를 끄덕거렸다. 다행이었다. 자신감을 얻은 박 사장이 영태가 당부했던 또 다른 이야기를 꺼냈다.

"그런데 사장님, 서울대 화학과 출신이셨어요? 저희 회사에도 한 분 계신데……. 혹시 김우석 씨 아시나요?"

"어? 네. 제 바로 윗기수 선배님이신데 어떻게 아세요? 저도 한동안 소식 못 들었는데."

"지금 저희 회사 CFO로 와 계십니다. 아직 회사에 계실 거예요. 오시라고 할까요?"

"선배님 뵐 수 있으면 저야 좋죠. 어디 계시나요? 아, 김 선배가 여기 계셨구나. 선배님 계신 곳이라면 앞으로 대박 낼 게 확실한데."

"알겠습니다. 이야기 마치고 조금 이따가 합석하도록 하죠."

박 사장이 대답하며 영태를 바라봤다. 영태 역시 박 사장에게 흐뭇한 미소를 지어 보였다.

"자, 그건 그렇고, 오늘 여기 온 김에 우리도 주식을 조금 샀으면 하는데 말입니다. 많이는 아니고, 한 사람당 한 만 주 정도만 어떻게 안 될까요? 내가 알아보니까 시중엔 주식이 전혀 안 돈다던데, 가격은 벌써 6,000원 7,000원 한다면서요?"

다른 동기가 말을 꺼냈다. 그들 역시 박 사장의 초대를 받고 이미 주식에 대한 조사를 어느 정도 끝낸 상태였다.

"그건 여기 임 팀장이 알아서 하고 있습니다. 난 주식을 잘 몰라서……. 이 친구가 증권사 출신으로 주식바닥에선 제법 유명하다고 합니다."

"하긴 박 사장님이 주식을 잘 알았으면 벌써 우리한테 사라고 했겠지. 이렇게 잘나가는데 말이에요. 하하!"

사람들이 말하며 영태를 쳐다봤다. 웃고 있었지만 먹이를 찾는 눈빛이었다.

"사장님, 그러면, 몇 분 안 되시기도 하고 사장님과 절친한 분들이신 것 같으니 말씀하신 대로 만 주씩만 양도해드리면 어떨까요? 그런데 가격을 낮춰서 드리면 좋은데, 지금은 5,500원 정도밖에는 못 맞춰드릴 것 같습니다. 많이 못 챙겨드려서 죄송합니다."

영태가 정중하면서도 여유 있는 태도로 말했다.

"임 팀장, 그래도 되겠어? 미국 애들하고 일하려면 지분이 많이 확보되어 있어야 한다면서?"

박 사장이 영태가 시켰던 멘트를 내뱉었다.

"미국으로도 나가나요?"

그 말을 놓치지 않고 사람들이 물었다.

"아니요. 아직은 말할 단계가 아닙니다. 잊어주세요. 나중에 확실해지면 다시 말씀드리죠."

사람들이 웅성웅성거리기 시작했다. 영태는 자연스럽게 괜한 말을 했다는 표정을 지으면서 다시 박 사장에게 말했다.

"사장님, 뭐 이 정도는 괜찮습니다. 소문만 안 나도록 부탁드리겠습니다. 주식 안 판다고 했는데 이렇게 매매된 걸 딜러들이 알면 저 배신자로 찍혀서 얼굴 들고 다니기 어렵습니다."

"그럴까, 그럼? 나야 뭐 임 팀장이 하자는 대로 하는 거지. 알았어. 자자, 한 사람당 만 주씩만 팔 테니까, 생각 있는 분은 말씀하세요."

덕분에 또 계획대로 물량이 풀렸다. 영태의 철저한 준비와 빈틈없는 작전이 빛을 발한 것이다. 이 거래로 인해 가격은 또 올랐고, 소문은 박 실장과 노 실장을 거쳐 시장으로 퍼져나갔다.

주식의 가격은 정보 전달에 의해 형성된다. 그런데 사람들은 저마다 믿고 신뢰하는 정보의 전달 경로가 다르다. 특별히 참고하는 자신만의 주 정보 루트가 있는 것이다. 하지만 그 방어막은 융단폭격에 의해 쉽게 깨진다. 지금 영태는 다양한 루트로 넥스트에너지에 대한 정보를 흘리고 있었다. 그렇게 여기저기에서 계속 새로 업데이트되는 정보가 들어오면 누구라도 관심을 가지게 된다. 게다가 파헤쳐 봐도 뭔지 알 수 없는 신비감이 있다면 그 순간부터 그 사람의 뇌는 마취제를 맞은 듯 순식간에 굳어져버리고 만다. 뭔가 있을 것 같다는 호기심과 돈이 될 것 같다는 욕심, 그리고 잘못하면 이 기회를 놓칠 수도 있다는 두려움이 합쳐지면서 이성이 흐려지는 것이다. 그래서 영태는 지속적으로 시장에 넥스트에너지에 대한 호기심과 신비감을 불어넣고 있었다.

또한 주식시장에는 소문이 다단계처럼 뻥튀기되는 현상이 있었다. 예를 들어 넥스트에너지에 대해 관심을 가지게 된 고객 한 명이 매수문의를 하면, 딜러는 주문을 올리고 주식을 찾기 위해 여기저기 전화를 한다. 그러면 다른 딜러가 또 다른 사이트에 매수주문을 올리고, 그게 또 다른 사이트로 퍼져가고, 다시 역으로 최초의 사이트에 올라오기도 한다. 결국 한 번의 주문이 순식간에 10개~20개로 불어나게 되는 것이다. 영태는 이러한 과정을 극대화시키기 위해 주식을 완벽히 통제하고 있었다.

작업 덕분에 어느새 넥스트에너지에 관한 소문은 서울을 벗어나 대전을 거쳐 울산과 창원에까지 이르고 있었다. 대전은 중앙정부의 지방이전으로 인해 연구원이나 교수와 같은 고학력 전문가들이 많아 투자자들이 꽤 활동하고 있고, 울산과 창원은 공장근로자들의 소득이 높아서 매년 명절 때면 여행사들이 몰려들어 해외여행상품을 집중적으로 판매하는 곳이었다. 이런 곳에서 활동 중인 딜러들로부터도 문의가 오기 시작했다는 것은, 장외시장에 넥스트에너지를 오픈할 시기가 무르익었다는 신호였다.

OFF BOARD MARKET

11

지자체 공략

중앙당을 쥐고 있는 대통령의 핵심사업에 크게 기여하는 길이라고 부추기세요.
공무원들은 실적 내는 일이라면 물불 안 가리고 덤빕니다.
더구나 중앙정부에서 추진하는 일이라면 더 난리죠

늦은 밤, 이 대리와 김 대리가 영태와 함께 회의실에서 마주했다.

"김 대리, 그동안 노느라 심심했지? 이제 일 좀 할까?"

"하나도 안 심심한데요."

"에이 왜 그래? 일 안 줘서 삐졌구나. 하하!"

"삐지기는 누가요."

김 대리가 입을 삐죽거렸다. 영태가 잠시 웃은 후 빠르게 말을 이었다.

"장외주식 매매되는 인터넷 업체 알고 있지? 다른 데는 하지 말고 가장 큰 업체인 '코리아스탁. COM'에만 연락해서 매매는 아직 열지 말고 회사정보만 오픈해줘. 게시판 열어 놓되 외부인은 글 못 올리게 하고. 회사에서만 회사정보 알리는 용도로 쓰는 거니까. 그리고 거기 메인에 작게 광고 하나 띄워보자. 한 달에 500만 원 정도면 우리가 해달라는 대로 해줄 거야. 혹시 더 비싸게 부르면 나중에 2천만 원짜리 팝업광고도 띄울 계획이라고 하면서 잘 합의해."

"알겠어요."

김 대리가 영태의 지시를 받아 적었다.

"그리고 우리 벤처기업 인증 받은 거랑 특허 딴 건 공식적인 서류들이니까 그쪽에 맞춰서 회사 소개 자료 만들어줘. 연구소장이 중국 쪽이라 주식시장에선 오해 생길 수 있으니까 그 부분은 오픈하지 말고. 나머진 알아서 해도 돼. 아! 그리고 제품 시연했던 동영상 최소용량으로 올리고 우리 홈페이지로 연동시켜. 그쪽에서 하지 말라고 할 수도 있는데 한 달만 한시적으로 해보자고 얘기해.

그리고 뉴스 탑에다 6개월 장기계약해서 언론사 노출시키는 거 해봤으면 하는데, 그거 예산이랑 계획도 좀 짜주겠어? 잡지 인터뷰도 필요해. 박 사장 인터뷰를 몇 번 더 내보내야 할 것 같거든. 그리고 좀 괜찮은 언론으로 수소에너지 기획시리즈 기사 나갈 수 있게 기자 한 명 섭외해달라고 해. 기자 섭외가 어려우면 홍보전문 작가도 괜찮아. 작가비 한 200만 원 정도면 다섯 편 시리즈로 구성해서 보도자료 보내줄 수 있으니까."

"팀장님, 그거 지금 제가 다 하라는 거예요?"

김 대리가 영태를 황당하게 쳐다보며 말했다.

"어. 그럼 내가 하리? 다 해. 괜찮아. 김 대리는 할 수 있어. 이번 주에 다 끝내서 보고해줘. 그리고 아직도 더 남았어. 잘 듣고, 메모 잘해."

"네, 그럽지요! 뚱땡이 팀장님."

"응, 잘 들으세요. 못난이 김 대리."

셋은 크게 웃음을 터트렸다.

"아, 그리고 이 대리. 그쪽은 별일 없어?"

영태가 물었다.

"박 이사님이 요즘 밖에서 전화를 좀 자주 하시더라고요."

이 대리가 답했다.

"그래? 그럼 어디다 전화하는 건지 알아봐. 전화기 놓고 왔다고 잠깐 빌려달라고 한 다음 살짝 확인하거나 하면 되지 않겠어?"

"크크. 그렇지 않아도 이미 알아봤어요. 박 이사님 아주 엉뚱한 짓을 꾸미고 계시더라고요."

"뭔데?"

영태가 관심을 보이며 물었다.

"그 번호로 전화했더니 어떤 남자가 나왔는데, 글쎄 받자마자 하는 소리가 다음 주에 주식 5,000원에 살 사람이 있을 것 같으니까 준비하고 있으라고 하더라고요. 그래서 얼른 끊어버렸죠."

"그랬구만. 좀 불안하더니만 돌아가면서 헛짓거리들 하고 앉아 있네……."

"박 이사님한테는 박 사장님이 약속만 하고 아직 주권도 안 줬는데, 그렇게 매매를 해도 되나요?"

"아마 업자가 서류로 작성하면 된다고 알려줬을 거야. 박 이사한테 주권미지급확인서가 있으니까 그걸로 매매를 하겠지. 얘기 좀 해봐야겠구만. 내일 아침에 일찍 식사하자고 연락해줘. 박 고문님하고 박 사장님도 같이. 1층에 뚝배기집 있지? 거기로 오라고 해줘."

"네, 그럴게요."

"그래. 고생했어. 야식이라도 먹을까?"

영태가 김 대리와 이 대리에게 웃어 보이며 말했다.

"건대 앞 조개구이 어때요? 내가 살게요. 얼마 전에 보너스 받은 것도 있으니까."

"그럼 조개구이 받고 2차로 팥빙수 내가 쏜다. 사장님은 따라만 오세요."

"그럴까? 근데 내가 줄 게 있는데."

"뭔데요?"

영태가 그들에게 봉투를 하나씩 건넸다.

"뭐예요? 보너스는 이미 받았는데……?"

"이건 다른 거야. 이 건물 3층에 마사지샵 있잖아? 거기 갔다가 전신케어 패키지 두 장 끊었어. 거기 잘하더라구."

"팀장님, 우리도 안 가는데 그런 데를 다녀요? 늙었네."

"거기 사장님이 하도 돈이 많다고 여기 관리인이 말해서 그냥 가봤어. 그런데 정말 그런 것 같더라고. 강남에 샵이 또 있는데 거긴 번잡해서 딸한테 맡기고 여기서 지낸대. 아마 조만간 주식 사러 올 거야. 우리 회사가 변해가는 모습을 자주 지켜봤나봐. 놀라워하더라고. 그게 나 때문인 것 같다고…… 하하. 사람을 참 잘 보시던데."

"에고, 아줌마 한 명 또 걸렸네요. 그래도 사장님이 그렇게 들어오는 사람들 손해 보게는 안 하니까 다행이지. 예전에 회사 지하에 있던 골프연습장에서 골프 가르쳐주던 여자애 있잖아요? 삼성동에서 꽤 잘살던 애. 스물댓 살밖에 안 먹었었는데, 놀기 지루하다고 거기서 알바로 골프 가르치던 애가 자기 이모한테서 3억 받아와서는 거의 세 배 남겼지 아마……."

"그 얘긴 됐고, 조개구이나 먹으러 가자."

"어…… 근데 봉투 속에 뭐가 또 있는데요?"

김 대리의 목소리가 애교로 넘쳤다.

"우와…… 1,000만 원! 영태 오빠! 이게 뭐예요?"

"아, 그건 그냥 넣어둔 거야. 박 실장이 수수료라고 주길래. 그냥 자기들 쓰라고."

"이야, 영태 오빠 짱! 오늘 밤 샌다! 우리가 쏠 테니까 오빠는 쫓아만 오셩. 이 대리 가자!"

"네, 갑니다. 오빠 얼른 쫓아오셔용."

"니네 그런 목소리 내지 마라. 징그럽다, 하하."

세 사람은 늦은 밤 건대 앞으로 향했다.

다음 날 아침 이른 시간. 식당으로 박 사장 3형제가 모여들었다. 영태는 가장 늦게 도착했다.

"죄송합니다. 제가 생각할 게 있어서 좀 늦었습니다. 아직도 어떻게 이 일을 정리해야 할지 몰라서요."

영태가 심각한 목소리로 말했다.

"뭔데 그러나? 무슨 일이라도 생긴 거야?"

박 고문이 근심스러운 표정으로 영태를 보았다.

"혹시 8인의 배신자라는 이야기 아세요?"

"그게 뭐야? 무슨 황야의 무법자 그런 거야? 거창한데……."

"컴퓨터가 0과 1의 신호로 구성된다는 건 아시죠? 그게 트랜지스터라는 것 때문에 그렇게 되는 건데요, 이 트랜지스터를 만든 사람이 벨 연구소의 윌리엄 쇼클리라는 양반입니다. 당연히 노벨상을 받았죠. 그만큼 위대한 발명이었으니까요. 그런데 이 사람이 노벨상도 받고 하니까 회사의 처우에 불만을 갖고는 결국 자기가 회사를 차려버렸어요. 자신이 생긴 거죠.

그런데 사업이란 게 말처럼 쉽게 됩니까? 안 그렇잖아요. 그러니까 이 사람이 맨날 직원들한테 화를 낸 거예요. 나는 노벨상을 받은 위대한 과학자인데 너네가 무능해서 사업이 이 모양이라고 한 거죠. 그래서 그 밑에 있던 직원 여덟 명이 한꺼번에 사표를 쓰고는 나가서 창업을 했어요. 윌리엄 쇼클리는 이들을 8인의 배신자라고 이름 붙여서 대차게 욕하고 다녔죠. 하도 욕을 해서 이들이 좀 유명해졌습니다."

"크크. 그 양반, 어지간히 억울했나 보구만."

"네. 그랬겠죠. 그런데 이 8인의 배신자들이 잘 되었으면 다행인데, 이들도 투자해준 회사가 낙하산으로 자기네 인사들을 자리에 앉히니까 다들 뿔뿔이 흩어져 버렸어요. 그 와중에 마지막까지 자리를 지키던 로버트 노이스라는 사람도 결국 사표를 내고 나왔는데요, 이 사람이 고든 무어라는 사람한테 찾아가서 회사를 만들자고 제안을 했어요. 그렇게 해서 만들어진 회사가 바로 인텔(intel)입니다. 다 아시죠? 그 유명한 CPU 회사. 그렇게 인텔이 트랜지스터를 대량생산하면서 대용량 저장이 가능한 메모리를 개발했고요, 그때부터 미국 실리콘밸리의 역사가 시작되었다고 할 수 있죠."

영태가 이야기를 마치고 박 고문과 박 사장 박 이사를 차례로 둘러봤다.

"임 팀장, 재미있긴 한데, 아침부터 왜 배신자 얘기를 꺼내는 거지? 또 무슨 일이 생겼나? 박 사장, 혹시 또 지난번처럼 무슨 일 꾸민 거야?"

박 고문이 말했다.

"형님, 무슨 말씀을 그렇게 섭섭하게 하세요. 지금 회사가 얼마나 잘나가는데 제가 그런 짓을 또 하겠습니까? 절대 아닙니다. 야! 박 이사, 너 뭔가 아는 거 있어?"

박 사장이 박 이사를 쳐다봤다.

"참나, 내가 뭘? 그런 거 없어……!"

박 이사도 손사래를 쳤다. 그러자 영태의 눈빛이 싸늘해졌다.

"박 이사님, 정말 없으세요? 제가 형님들 앞이라 많이 고민하고 있습니다."

"없다니까!!"

"박 이사님!"

물러서지 않는 영태의 말에 박 고문과 박 사장의 눈빛이 박 이사에게로 쏟아졌다. 박 이사는 박 고문의 날카로운 눈빛을 보더니 자신도 모르게 움찔거렸다.

"아니! 그……. 솔직히 나도 먹고 살아야지! 회사에 넣은 돈이 얼만데! 월급으론 애들 학원비 대기도 힘들다고."

"이런 미친 새끼가!"

퍽!

갑자기 박 고문이 벌떡 일어나 박 이사의 가슴팍을 걷어찼다. 박 이사는 순식간에 비명을 지르며 식당 바닥에 나뒹굴었다. 가게 안의 시선이 일시에 한곳으로 쏠렸다. 모두들 놀라 말을 잇지 못하는데, 박 고문이 쓰러진 박 이사에게 다가가 다시 발길질을 시작했다. 영태가 얼른 달려가 박 고문을 뒤에서 끌어안고 말렸다.

"고문님! 진정하세요! 이럴 거면 제가 여기에 세 분 모시지도 않았어요!"

박 사장도 겁먹은 박 이사에게 다가가 부축해 일으켰다.

"일단 앉으세요. 차분히 말로 하시죠."

영태의 말에 박 고문이 다시 자리에 앉았다.

"알았네. 너 이 새끼! 오늘 임 팀장 덕에 산 거야."

"……"

박 이사도 눈치를 보며 다시 자리에 앉았다.

"그래, 대체 무슨 일이야?"

박 고문이 씩씩거리며 영태에게 물었다.

"그 일은 그냥 제가 알아서 정리하겠습니다. 지금은 그 일보다 더 중요한 게 있어서요. 박 이사님, 지금 힘드신 부분들은 제가 조만간에 정리해드릴 테니 앞으론 저와 상의 없이 다른 일은 벌이지 말아주십시오."

"알았어……"

박 이사가 힘없이 고개를 끄덕였다.

"고문님, 사장님. 두 분도 오늘 이 일은 이 자리에서 덮고 다시 박 이사님께 캐묻거나 화내지 말아주십시오. 부탁드립니다."

"좋아. 임 팀장이 그러자면 그렇게 하지. 그런데 그러면 우리 셋을 부른 이유가 뭐야? 이거 말고 다른 게 또 있는 거야?"

"일단 식사부터 하시면서 차분히 얘기하시죠. 아줌마 여기 국밥 좀 얼른 주세요."

때마침 식사가 나오면서 분위기가 조금씩 진정됐다.

"사실은 아주 중요한 일이 있습니다."

적당히 먹었을 때쯤, 다시 영태가 말을 꺼냈다.

"세 분 고향이 문천시죠? 제가 조사한 바로는 박 이사님 거기서 고등학교 다니시고 전교회장도 하셨다면서요?"

"그래요. 맞아요."

박 이사가 힘없이 대답했다.

"지금 거기 시장이 함동수라는 사람인데, 동창 맞으시죠? 문천고 25기."

"아 그놈? 맞아. 그놈 학교 다닐 때는 비리비리했는데 지금은 아주 잘나가."

"그리고 거기 지역구 국회의원 이강호라는 사람도 문천고 26기던데요, 혹시 아시나요?"

"걔는 원래 내 밑에서 따까리 하던 애야. 그러다가 그놈 아버지가 고속도로 뚫리면서 벼락부자가 되어가지고, 학교 졸업한 뒤에 그 돈으로 양아치들 데리고 술집 하면서 주먹 쓰는 애들을 모았나 보더라고. 동네가 좁으니까 여기저기 돈 뿌리면서 낮에는 자선사업도 하고 아주 그럴 듯하게 사업가로 지내다가 밤에는 건달들 데리고 술집 하고. 그러던 게 줄을 잘 섰는지 어느 날 지역구 청년위원이 되더니, 쭉쭉 치고 올라가서는 국회의원까지 된 거야. 웃기는 거지. 지난번에 선거하는데 보니까 아주 돈으로 지랄을 하더라고. 어쨌든 간에 국회의원 됐으니 이젠 누구도 함부로 말을 못하는 거물이 되어버렸지."

박 이사가 허탈하게 웃으며 말했다.

"혹시 지금도 연락이 되십니까?"

영태가 물었다.

"몇 년 전까진 가끔 고향 가서 소주 한 잔 하고 그랬는데, 지금은 내가 이 꼴이라. 다음 주가 학교설립 50주년 총동문회이긴 한데, 가봐야 내 꼴만 우습고. 그래도 한때는 내가 거기 꽉 잡고 있었는데 이 꼴로 가면 창피하잖아?"

박 이사가 인상을 구기며 말했다.

"흠……. 고문님, 향우회 아직도 다니시죠? 서울지역 회장님도 하셨던데."

영태가 박 고문에게 물었다.

"그럼. 우리들이야 이젠 노인네들이라, 고향 노인들도 돕고 그러면서 지내는 거지. 때마다 고향 가서 잔치도 하고 이웃돕기도 하고. 고향엔 자주 들르고 있어."

"박 사장님은 어떠세요? 고향에 아직 뭐가 남아 있으세요?"

"글쎄, 난 별로……. 보자……, 친구 녀석이 거기 농협지점장으로 있고, 동창 몇 놈은 시청에 있고. 전에 잠깐 만나던 여자가 시의원이긴 한데, 뭐 그 정도가 다야. 별 게 없어."

"좋습니다. 지금부터 제가 하는 얘기 잘 들으시고 그대로 해주십시오."

영태가 고개를 끄덕이더니 눈빛을 반짝이며 입을 열었다.

"우선 박 사장님, 박 이사님에게 업무용 차량 한 대 지원해 주십시오. 눈에 띄지 않지만 강해보이는 걸로요. 국산차는 안 되고 볼보 정도로 해주세요. 이왕이면 SUV 차량이 좋겠네요. 그리고 박 고문님, 아드님이 지금 제대하고 집에 있죠? 해병특수수색대 나왔다고 알고 있는데요, 아까운 인재 놀리지 마시고 박 이사한테 붙여주십시오. 알바비는 충분히 지급하겠습니다. 수행비서로 해주시고, 공식직함은 영업부 대리입니다. 지금 당장 회사로 출근시켜 주세요. 박 이사님은 조카 데리고 다니시면 됩니다."

"그거야 어렵지 않은데 뭘 하려는 거야?"

박 고문이 물었다.

"문천시에다 수소에너지 시범화 주택을 한 채 지을 겁니다. 그런데 이게 단순한 일이 아니라서 이런 저런 문제들이 많습니다. 특히 관공서에서 허가 받기가 무척 어렵습니다. 잘못되면 위험시설이나 혐오시설로 오해받아서 허가가 안 떨어질 수도 있고, 시민들이 반발을 할 수도 있고요. 그래서 전방위적으로 문천시 깊숙이 침투를 해주셔야 합니다."

영태가 답했다.

"임 팀장, 그런데 나한테 차량에 비서까지 붙여주는 이유가 뭐야? 뭘 하라는 거야?"

박 이사가 물었다.

"이사님은 지금부터 문천시 이강호 의원과 함동수 시장을 섭외해주세요. 다른 거 필요 없습니다. 일단 내려가서 친구들 좀 만나세요. 웬 일이냐고 하면 사업부지 보러 다니는 길에 들렀다 하시고 친구들부터 만나세요. 옛날에 같이 놀던 친구들 모아서 술도 마시시구요. 제일 좋은 데로 가세요. 이왕이면 이강호 의원 술집으로 가는 게 좋습니다. 가셔서는 술값 아끼지 마세요. 회사카드는 접대비 한도 문제가 있으니까 제 아메리칸익스프레스 골드카드를 드리겠습니다. 그리고 따로 현금도 5만 원권으로 넉넉히 준비해 드리겠습니다. 술 마시다 보면 친구분들이 알아서 입소문 내줄 겁니다."

"술 마시고 노는 거야 일도 아닌데, 그렇게 해서 뭐하려는 건데?"

"그렇게 하시다 보면 당연히 이강호 의원 귀에 들어가지 않겠습니까? 제가 알아보니까 이강호 의원이 깡패 출신이라 중앙당에서 매번 무시당하고 있습니다. 자리에 끼워주질 않는 거죠. 이렇다 할 실적도 없구요. 이때 이사님이 이강호 의원에게 다가가 문천시에다 수소에너지 시범화 단지를 조성하자고 부추기면 덥석 물 겁니다. 중앙당을 쥐고 있는 대통령의 핵심사업에 크게 기여하는 길이라고 부추기세요. 친구분들 여전히 문천시내에서 장사도 하시고 여기저기 이권에 개입되어 있을 테니까, 단지 조성되면 한 자리씩 빼준다고 미끼도 던지시구요. 그러다 보면 자연스레 함 시장도 자리를 같이 하게 될 겁니다."

"그래? 함 시장도?"

"함 시장 요즘 시 운영에 어려움이 많습니다. 적자가 전년도보다 더 심해질 거라고 하더군요. 시범화 단지 조성해서 관광사업으로 돈 벌라고 하면 좋아할 거예요. 더구나 이렇게 중앙정부의 그린정책에 맞춰 실적을 내면 시장에서 물러나더라도 중앙으로 갈 수도 있구요. 이 의원하고 엮어서 서로 밀고 당겨주면 누이 좋고 매부 좋은 격이라고 말하세요. 그렇게 자주 자리 만들어주면 될 것 같아요. 공무원들은 실적 내는 일이라면 물불 안 가리고 덤빕니다. 더구나 중앙정부에서 추진하는 일이라면 더 난리죠."

"내 아들놈이 할 일은 뭔가?"

박 고문이 물었다.

"아드님은 그 지역 해병전우회를 접촉하라고 하시면 됩니다. 박 사장님, 조카분 통해서 해병전우회에 SUV 차량 한 대 지원해주세요. 앞으로 우리가 지역설명회나 공청회 아니면 시민들 행사 지원할 때마다 해병전우회에서 모든 질서유지를 맡아달라고 하려고요. 행사비에서 일부 떼어주면 서로 나설 겁니다. 그러면 그분들이 자연히 그 지역에서 우리의 홍보대사가 되어주는 거죠."

"아…… 이제야 이해가 가는구만. 난 가서 적당히 분위기만 잡아주고 자기들이 날뛰도록 만들면 된다 이거지? 그런 거야 내가 전문이지."

박 이사가 씩 웃으며 말했다.

"그리고 박 사장님, 죄송하지만 그 여자분 한 번 다시 만나서 작업 좀 해주십시오. 뭐 불륜을 하라는 건 아니고, 그냥 우군으로만 만들어 주시라는 겁니다. 예전에 좋은 감정을 가졌었으면 아마 지금도 괜찮을 수 있는데, 어떠세요? 그때 혹시 안 좋게 헤어지셨나요?"

영태가 물었다.

"남녀가 헤어지는 거야 뭐 좋고 나쁜 게 있나? 인연이 아니어서 그런 거지. 아무튼 서로 원수질 사이는 아니고, 다시 만나서 좀 도와달라 하면 해줄 만하긴 할 거야. 알겠어. 한 번 연락해보지."

박 사장이 답했다.

"알겠습니다. 앞으로 공청회도 하고 시의회 허가도 받아야 하는데 그 여자분을 완벽하게 우리 편으로 만들어둬야 무사히 통과할 수 있을 것 같습니다. 잘 챙겨주시고요. 아! 그리고 시청에 있는 친구분들도 서울로 모셔서 술 한 잔 하세요. 회사도 잠깐 들르시구요. 그중에 농협지점장님은 각별히 챙기셔야 합니다. 우리가 미국 쪽에서 자금이 크게 들어오는데 주거래은행을 그쪽으로 옮길까 싶다고 말씀하세요. 우리 주식 거래되는 것도 모두 농협으로 계좌 열겠다고 하시고요. 그러면 바로 포섭될 겁니다."

"농협지점장은 왜? 그 사람이 그렇게 중요한가?"

"그럼요. 그 지역에 대규모 축사들이 많은데 다들 농협자금을 끌어다가 쓰고 있습니다. 그래서 농협장 말이라면 곧 법이에요. 우리 시설은 반드시 대규모 축사를 끼고 있어야만 모양새가 더 좋은데, 대규모 축사하는 사람들 고집이 여간 센 게 아니거든요. 게다가 옆에 무슨 시설이라도 들어온다고 하면 전염병 염려해서 칼 들고 설쳐요. 결사반대. 그때 그걸 해결할 사람은 결국 농협지점장밖에 없습니다. 그래서 그분을 반드시 우리 편으로 끌어들이셔야 합니다."

박 사장이 이제서야 이해가 간다는 듯이 고개를 끄덕거렸다.

"그럼 난 뭘 하지?"

옆에서 듣고 있던 박 고문이 영태에게 물었다.

"고문님이 사실 제일 중요합니다. 지역 여론을 만들어주셔야 하거든요. 그리고 나중엔 여기저기서 탄원서까지 올리도록 만들어주셔야 하고요. 노인분들 잔치라든지 아무튼 우리가 들어갈 지역 주민들 잔치는 가리지 말고 아낌없이 지원해주세요. 그리고 지역 주민들이 우리한테 아주 우호적이 되도록 만드셔야 합니다. 노인분들이 나서서 잘 살아보자고 하면 지방에선 젊은이들이 큰소리 못 냅니다. 그리고 우리나라 정서상 공무원들도 어르신들 목소리 무시할 수 없구요. 공무원들 입장에선 지역주민들 성화에 떠밀려서 하듯이 사업을 추진해야 자기들 책임이 아니라는 변명거리가 생기니까 부담 없고 좋아요. 공무원들이 혹시라도 책임소재 때문에 미루고 지연시키다 보면 한도 끝도 없거든요. 그렇게 시간 끌리면 우리는 망하는 겁니다. 그걸 절대 막아야 합니다.

제가 미리 봐둔 지역이 있습니다. 한우 500마리에 돼지 1,000마리 정도 키우는 대규모 축사가 있는 곳인데요, 냄새가 나니까 그 주변엔 아무런 시설이 없더라고요. 그래서 부지는 아주 싸게 매입할 수 있을 것 같습니다. 그렇게 부지 확보하고, 앞으로 2주 뒤에 이 의원하고 공식미팅 하고 그때 업무협약식도 같이 해버릴 계획입니다. 3주 뒤엔 함 시장하고 공식미팅 하구요. 그리고 한 달 뒤엔 착공 들어가고, 다시 한 달 뒤엔 주택에 전기가 들어와야 합니다. 이렇게 총 기간으로 두 달 잡고 있습니다. 여기까지만 해두면 나머지는 문천시에서 알아서 사업계획 세우고 단지조성할 겁니다. 우린 거기에다 저장합금이나 수소 발생기 같은 제품들 지원하고 관리하겠다는 협약서만 작성하면 되는 거죠."

영태가 빠른 목소리로 설명했다.

"이야…… 번갯불에 콩 구워먹는 식이구만."

박 사장이 감탄하듯 말했다.

"네, 시간이 없어서 서둘러야 합니다. 이렇게 일 진행하면서 지역 언론사들을 부를 계획입니다."

"지역 언론? 이왕이면 중앙일간지들을 불러야 더 효과가 크지 않나?"

"아닙니다. 요즘 전국에 이런 시설들이 얼마나 많이 들어선지 아세요? 지자체에서 중앙에 잘 보이려고 전시행정하느라 주민들 원성만 높아졌다고 언론에서 난리도 아닙니다. 우린 그들과 다르게 가야 합니다. 지역에서 주민들이 필요해서 진행하는 거고, 주민들과 지자체가 함께 하는 사업이라는 컨셉으로요. 그렇게 지역 언론에서 먼저 지역민들과 함께 하는 사업으로 기사를 내다 보면 자연스레 중앙일간지들이 접촉을 해올 겁니다. 그리고 이 의원이나 함 시장이 자기들 생색내려고 알아서 기자들 부를 텐데 우리까지 나서서 홍보에 열을 올리는 듯한 모습을 보일 필요는 전혀 없습니다. 저쪽에서 기자들 부른다고 하면 우린 말리는 제스처만 하십시오. 그렇게 겉으로 말려도 결국은 신문사뿐만 아니라 아마 방송사까지 오게 될 겁니다."

"그럽시다. 무슨 말인지 대충 짐작이 가네. 우린 판만 깔면 되는 거네."

박 고문과 박 사장 그리고 박 이사가 만족스러운 표정을 지었다.

"그쪽에서 협약서 만들어지기 시작하면 강남에 우리 회사 주식을 7,000원에 조금 풀 겁니다. 그리고 순식간에 8,000원으로 뛸 거구요. 그다음 제가 미국이랑 유럽 한 바퀴 돌고 오겠습니다. 유럽은 기획실장하고 연구소장 데리고 갈 거구요. 미국은 혼자 다녀올 겁니다. 갔다 오면 바로 회사로 30억 정도 자금이 들어오게 하겠습니다. 신주인수권으로 세 군데만 참여하는 형태로 진행하고요. 그 돈으로 지금 진행되는 모든 비용들 충당하고 앞으로 진행할 사업들 비용도 충당하도록 하겠습니다."

"좋아, 좋아. 지금 말한 그대로만 되면 정말 좋겠네!"

박 고문이 말했다.

"그러게요. 듣고 보니 힘이 납니다. 박 이사 너도 그렇지?"

박 사장이 박 이사를 쳐다보며 말했다.

"네. 면목이 없습니다. 임 팀장이 이렇게 큰 계획을 세워두고 있는데 제가 욕심으로 그르칠 뻔했다니……. 형님들, 용서해주십시오. 임 팀장, 미안하네."

박 이사가 눈물을 글썽이며 말했다.

"별말씀을요."

영태가 말했다.

"그래, 한 번 실수할 수도 있지. 이제 다 같이 힘을 합쳐서 잘해보자고!"

박 사장이 박 이사의 어깨를 두드리며 말했다.

"고맙습니다, 형님. 앞으로 더 잘하겠습니다."

박 이사가 더 많은 눈물을 흘렸다. 하지만 영태의 눈에는 박 이사의 눈물이 순수해 보이지 않았다. 그동안의 경험을 토대로 쌓인 동물적 감각이 박 이사의 눈물이 악어의 눈물임을 말해주고 있었다.

'이번 건이 마무리되면 박 이사부터 내보내야겠군.'

영태는 몰래 속으로 다짐했다.

그렇게 시범화 주택 사업은 진행이 되었고, 3형제는 아주 빠르게 고향으로 침투해갔다. 계획한 대로 지역에선 시범화 단지에 대한 여론이 일어났고 시청에선 공청회가 열렸다. 이 자리엔 이 의원도 참석해 대대적인 홍보활동을 펼쳤다. 시내 곳곳엔 넥스트에너지를 환영한다는 지역 단체들의 플래카드가 걸렸고, 주택부지 근처와 터미널 등 주요건물들엔 시범화 사업에 대한 홍보용 자료들이 뿌려졌다. 심지어 함 시장은 시청홍보과에 수소에너지 홍보에 대한 전단 제작을 지시했고, 이 의원은 중앙의 국회의원들 몇몇을 초대해 주택부지를 둘러보게 하기까지 했다. 그리고 이 소문은 지역언론을 벗어나 자연스럽게 중앙의 언론사들에까지 퍼져갔다.

당연히 회사로 문의전화가 걸려왔고 인터뷰 요청도 이어졌지만, 김 대리가 이 모든 것들을 거절했다. 김 대리는 사전에 영태에게 지시받은 대로 한결같이 '사업이 완료된 후에 공식적인 보도자료를 보내겠다'는 대답으로 일관했다. 기사를 쓰기에 안달이 난 건 언론들이었고, 영태는 그들의 궁금증이 최고조에 달하기만을 기다렸다.

OFF BOARD MARKET

12

제도권 공략

증권사 지점에서까지 장외주식이 거론된다면 주식매매 붐을 일으킬 수 있다.
저런 인간들은 사기를 치면서도 제도권의 보호를 받는다.

"김 대리, 나 좀 보자."

어느 날 아침 영태는 김 대리를 호출했다. 회의실에서 김 대리와 영태가 마주 앉았다.

"코리아스탁닷컴엔 회사 정보들 다 올렸지? 지금 바로 홈페이지에 문천시 시범사업에 관한 그동안의 자료들 싹 올려. 그리고 코리아닷컴에 연락해서 메인화면에 나가는 우리 회사 광고이미지에 문천시에서 찍은 협약 사진들 같이 올리라고 해. 특히 이 의원이 사업 설명하던 동영상을 홈페이지에 제일 잘 보이게 올려놔. 국회의원이 나섰다는 걸 보여줘야 해.

우리 주식 통일규격유가증권으로 전환하는 작업도 당장 시작해. 은행에 전화해 뒀으니까 이 자료 가지고 가면 바로 진행해줄 거야. 정관, 이사회의사록, 법인등기부등본, 법인인감증명서, 주주명부 같은 서류들 다 들어있어. 주주들 증권통장도 넣어뒀고. 사고 주식 없으니까 증권예탁원에서 바로 처리될 거야. 은행 김 차장이랑 저녁 같이 하면서 우리 것 좀 최우선으로 처리해달라고 해줘. 내가 부탁한 거라고 얘기하면 알아들을 거야. 그리고 이 봉투는 늦었지만 그 친구 아들놈 학교 입학 선물이라고 전해줘."

"알겠어요. 김 차장님은 어떤 스타일을 좋아하시려나?"

"끼 부리지 말고 전문성 있게 보여. 그 친구 까탈스럽거든. 그리고 한정식 좋아한다. 지난번에 내가 데려갔던 한정식집 알지? 마포에 있는 곳. 거기 예약해줄게. 간장게장은 꽃게 말고 영덕대게로 시켜주고, 해삼내장소스 들어간 사시미 샐러드하고 언양불고기 많이 시켜줘. 술은 안 좋아하니까 복분자 한 병이면 충분할 거야. 그 자식이 금감원에서 사고 치고 밀려나긴 했지만 장인이 거기 은행장이야. 금감원쪽에도 여전히 줄이 많이 닿아 있고. 그래서 앞으로도 우리가 많이 부려먹어야 하는 놈이니까 이 기회에 확실하게 잡아둬. 다 해서 한 달 안에 마쳐달라고 해."

"네. 알겠어요."

김 대리가 자신 있게 답했다.

김 대리를 내보낸 후, 영태는 자리에 앉아 다시 고민에 빠졌다.

'이제는 제도권을 끌어들여야 하는 시기다……. 어디서부터 시작할까?'

잠시 고민하던 영태가 이윽고 뭔가 결심한 듯 전화기를 들었다.

"안 이사님, 잘 지내세요? 오랜만에 한 번 인사드리러 갈까 하는데 오늘 오후에 시간 어떠세요? 4시요? 알겠습니다. 그럼 장 끝나고 천천히 마감하고 계세요. 4시까지 사무실로 가겠습니다."

전화를 끊고 영태는 회사 소개 자료들을 한 세트 정리해서 가방에 넣었다.

그날 오후, 영태는 강남역 사거리에 있는 대한증권사 지점을 찾았다. 안정미 이사는 이 바닥에서 제법 유명한 사람이었다. 말단 여직원에서 시작해 투자상담사를 거쳐 지금은 계약직으로 근무 중인데 증권사 본사에서 이사직함을 줬다. 그만큼 고객자금 유치 능력이 뛰어났던 것이다. 솔직하고 직설적인 특유의 입담도 있었지만 한 번 파고들면 끝장을 보는 성격 때문에, 제법 많은 강남의 큰손들이 그녀에게 자금을 맡기고 있었다. 이 사람을 움직일 수 있다면 그 소문의 파장은 상당히 커질 것이었다.

"임 사장, 어서 와요. 오랜만이네."

안 이사가 영태를 반갑게 맞으며 말했다.

"그러게요. 뵌 지 1년 넘은 것 같은데, 더 젊어지셨네요."

영태도 웃으며 말했다.

"이야…… 임 사장 오랜만에 보니까 넉살이 더 좋아졌네? 요즘 잘 지내나봐?"

"뭐 평소랑 똑같죠."

"소식은 들었어. 요즘 조그만 거 하나 작업 중이라며?"

"하하, 아시네요. 그렇잖아도 그것 때문에 왔습니다. 딱 10만 주만 잡아주세요."

안 이사는 별 관심 없다는 듯 가벼운 목소리로 말했지만 눈빛이 빛

나고 있었다. 그 눈빛을 놓치지 않은 영태는 바로 본론으로 들어갔다. 하긴 수많은 장외시장 딜러들이 안 이사에게 줄을 대려고 달려들기 때문에, 영태의 소문을 듣지 않을 수 없었을 터였다.

"딜러들 애 좀 그만 먹이고 그쪽으로 풀지 그래? 소문으로 보면 10만 주 정도야 순식간에 소화될 텐데."

"제가 아직 갈 길이 좀 남아서요."

"그래? 자료 가져왔어?"

"여기 있습니다."

영태는 안 이사에게 준비한 자료를 건넸다. 안 이사는 한동안 영태의 자료를 살펴보더니 인터넷으로 이것저것 검색을 마치고 어디론가 전화도 했다. 그렇게 30여 분이 흐르고 안 이사가 다시 입을 열었다.

"임 사장은 실력이 더 좋아졌네? 꽤 괜찮아. 흠 잡을 게 없어."

"뭘요. 다들 하는 걸요."

영태가 대답하며 안 이사를 살폈다. 이 다음 말이 중요했기 때문이었다.

"그런데 말이야. 수소라는 게 솔직히 하도 사기가 많아서 겁나네."

예상대로 안 이사가 한 발 빼는 듯한 액션을 취했다. 하지만 심드렁한 표정과는 달리 여전히 안 이사의 눈빛에 강렬한 호기심이 비쳤다.

"하하, 이사님도 겁나는 게 있으세요?"

영태가 용기를 내 조금 더 강하게 질렀다.

"당연히 겁내야지……. 괜히 검증 안 된 거에 욕심내다가 콩밥 먹고 있는 사람들 많잖아? 난 그러기 싫다구. 뭐 임 사장이 그런 거 들고 오진 않았겠지만……."

안 이사가 여전히 무심한 말투로 말했지만 끝에 조금의 여지를 주고 있었다. 어서 설명해보라는 뜻이었다.

"물론이죠. 제가 확실한 거 아니면 이사님께 찾아왔겠어요? 이거는 완전 달라요. 실체도 확실하고 차별점도 있습니다. 저희는 완구류와 연구제품 쪽으로 특화해서 길게 갈 겁니다. 해외랑 연계해서 마케팅도 안정화시킬 거구요."

"그래? 뭐 임 사장이 하면 잘하겠지. 그런데 돈은 좀 되겠어? 원하는 가격이 얼만데? 3,000원? 4,000원?"

안 이사가 웃으면서 슬쩍 가격을 떠봤다. 보통 이렇게 첫 가격을 제시하면 그 가격대 위주로 협상이 이루어지게 마련이어서, 선수들은 늘 첫 제안을 공격적으로 자신에게 유리하게 던지곤 했다. 하지만 말려들 영태가 아니었다.

"이사님. 그럴 거면 제가 1년 만에 여기 왔겠습니까? 7,000원에 10만 주, 두 달만 잡아주세요. 수익률은 최소 50% 보장하고요, 잡아주시는 수수료도 총액의 20% 드리겠습니다."

"이야…… 조건 좋네? 그 정도면 이 바닥에 나서는 사람 천지일 텐데, 왜 나야?"

안 이사가 웃으며 말했다. 하지만 여전히 눈빛은 날카로웠다.

"아무리 찾아봐도 이사님만큼 믿을 만한 분이 계셔야 말이죠."

영태가 넉살 좋게 넘겼다.

"그런 말도 안 되는 소리 말고……. 다른 게 있을 것 같은데? 나한테만 살짝 말해봐. 비밀 지킬게. 뭐야?"

"에이, 왜 그러세요? 때 되면 차차 아시게 될 테니 일단은 부탁 좀 드릴게요. 내일 신문에 저희 회사가 대문짝만하게 나올 테니까 그거나 재미로 봐주세요."

능구렁이 같은 안 이사한테 정보를 흘렸다간 무슨 짓을 할지 몰랐다. 아마도 주주들 연락처를 어떻게든 알아내서 주식을 빼낸 후 장외에서 영태보다 먼저 치고 나갈 수도 있을 것이었다. 영태로선 절대 그런 상황이 되어서는 안됐다. 영태의 계획이 성공하려면 안 이사는 보장해준 수익률과 약속한 수수료로 만족하고 있어야만 했다. 사실 10만 주를 잡아주는 대가로 수수료만 1억 4천만 원을 주는 것이니 안 이사로서도 마다할 이유는 없었다.

"그거면 되는 거야? 다른 조건은 없어?"

"역시 이사님 눈치는 알아줘야 해요. 사실은 부탁이 하나 더 있습니다. 제가 가격은 충분히 올려 드릴테니까, 지금 잡아주시는 10만 주는 증권사 지점들 통해서 5천 주씩 잘라 매각해 주셨으면 해요. 투자상담사들 움직여서요."

"그거야 어려운 건 아닌데, 꼭 그렇게 해야 해? 귀찮잖아."

"아닙니다. 꼭 부탁드려요. 제게 아주 큰 도움이 됩니다."

증권사 지점에서까지 장외주식이 거론된다면 주식매매 붐을 일으키는 데 아주 큰 도움이 될 것이었다. 영태가 원하는 건 바로 그것이었다. 그래서 굳이 안 이사를 찾아온 것이었다. 이 계획이 통해서 주식 가격만 올라준다면 영태 입장에선 손해 볼 게 없는 장사였다.

"알았어. 10만 주 잡을 테니 여기 이 계좌로 넣어줘."

안 이사가 책상 위 메모지를 건넸다. 따로 메모한 것도 아니고 원래 준비되어 있는 걸 주는 걸로 봐서, 이미 준비를 하고 있었던 모양이었다. 역시 안 이사는 때론 화난 곰 같기도 하고 또 때로는 영악한 여우 같기도 한 무서운 사람이었다.

"임 사장하고 만나면 말이 길어지지 않아서 좋아. 항상 깔끔하단 말야.”

안 이사가 서류를 책상 옆으로 밀어 넣으며 말했다.

“저도 그래서 이사님 뵙는 게 좋습니다.”

영태도 가방을 챙기며 답했다.

“내일 거래 마치고 딜러들한테도 소문 조금만 내줄게. 그게 좋겠지?”

“그렇게 해주시면 더 고맙죠.”

“언제 술 한 잔 해. 내가 살게.”

“하하! 이사님이랑 술 마시고 젊은 피 빨리면 어쩌라구요? 아직 안 됩니다. 제가 마흔 넘으면 한 잔하시죠? 하하.”

“엉덩짝 쓸 만한 놈들은 꼭 이렇게 뺀다니까. 그렇게 아끼다 거기에서 녹물 나온다.”

“자꾸 그러시다간 성추행으로 고소당하세요.”

“하하하, 임 사장 여전히 한마디도 안 지네. 얼른 가봐요. 은행 문 닫기 전에 당장 7억 보내줄 멍청이가 누가 있나 찾아보게.”

“네, 잘 부탁드립니다. 갑니다.”

영태가 증권사를 빠져나와 강남역 교차로에 섰다. 어지러웠다. 저런 인간들 만나는 게 가장 역겨웠다. 겉으론 가면을 쓰고 제도권에 있다고 으스대는 인간들. 그러면서 뒤로는 온갖 구정물 튀는 짓들은 다 하는 쓰레기들. 저런 인간들은 사기를 치면서도 제도권의 보호를 받는다. 속이 뒤틀린다. 저런 류의 인간들은 만나지 않는 게 상책이었다. 하지만 저런 사람들이 움직이면 돈이 더 따라붙으니 자본주의에서 돈이란 참 더러운 것이었다.

다음 날 오전 9시. 7억 원이 회사 통장으로 입금되고 곧장 10만 주가 빠져나갔다. 그리고 다시 한 시간 뒤부터 회사 전화가 연거푸 울려댔다. 장외시장 딜러들이 또 주식이 움직였단 말에 문의를 해오기 시작한 것이었다. 소리 소문 없이 거래가격이 7,000원대로 올랐으니 그들은 미칠 지경이었다.

문천시에서는 예정대로 착공식이 거창하게 진행되었고, 언론에서는 이 의원과 함 시장의 행적 소개와 함께 넥스트에너지에 대한 기사들이 연거푸 쏟아졌다.

OFF BOARD MARKET

13

외국발 재료 확보

정부 산업시찰단보다 한발 앞서 해외기업들과 파트너십을 맺었다.
그들은 자신들이 한참 뒤쳐져 있음을 부처별 장관과 그 윗선에 보고 해야만 한다.
이제 우리가 '갑'이 될 차례다.

"김 대리, 사장님실로 들어와."

바쁘게 사무실로 들어서며 영태가 말했다.

"네."

김 대리가 노트와 볼펜을 챙기며 일어섰다.

"이 대리는 기획실장님하고 연구소장님 비행기표랑 여권 다시 확인해드리고, 여행용 책자 같은 것도 꼼꼼히 챙겨드려. 회사 소개 자료도 넉넉히 챙기고."

영태가 이 대리를 쳐다보며 말했다.

"이미 준비해뒀어요."

이 대리가 씩 웃으며 답했다.

"미팅할 회사가 열 곳이나 되니까 지도랑 주소, 연락처 같은 것도 잘 챙겨드려. 그리고 코트라 김 과장한테 연락해서 일정 다시 확인해.

우리 공항으로 픽업 나오는 것도 잊지 말라고 하고. 잘못하면 이 양반들 국제미아 된다."

"네, 그것도 다시 확인할게요. 그런데 김 과장님 지금 잘 시간일 것 같은데요."

"깨워. 남의 돈 벌기가 쉬운 줄 아나? 정신 차리고 잘 챙겨달라고 해."

영태는 말을 마친 후 김 대리와 함께 사장실로 향했다.

사장실로 들어가 박 사장에게 인사를 건넨 영태는 김 대리와 함께 자리에 앉으면서 바로 이야기를 시작했다.

"사장님, 지난번에 말씀드린 대로 연구소장님하고 기획실장님 모시고 10일 정도 유럽에 다녀오려고 합니다. 대체에너지 대표기업들 방문해서 미팅하고 회사도 소개하고 오려고요. 대외적으로는 선진국 기업을 견학하고 기술을 배우는 컨셉이지만, 목표는 따로 있습니다. 다음달에 농림부와 지경부의 대체에너지 사업단 실무자들이 똑같은 현장을 방문한다는 정보를 입수했거든요. 그래서 우리가 먼저 가서 현지에 인상을 심어놓고, 농림부 지경부 방문 때 자연스럽게 우리 이야기가 나오게 하려는 겁니다. 아마 담당자들은 좀 혼날 수도 있을 겁니다. 이미 배워간 한국기업이 있다는데 뭐하러 돈 들여서 유럽까지 날아오게 하느냐, 당장 그 회사가 어디인지 알아봐라, 뭐 이런 식으로요."

"그래. 조심해서 다녀와요. 그런데 임 팀장은 바로 안 들어오고 미국으로 간다고?"

"네. 맨하탄에 5일 정도 있을 겁니다. 그쪽에서 사업제휴와 투자 관련해서 처리할 일이 있습니다."

"뭔지 알려주고 가면 좋을 텐데."

"죄송합니다. 저도 지금은 어떤 상황이 벌어질지 몰라서 뭐라 단정 지을 수 없습니다. 아무 성과도 없이 돌아올 수도 있구요."

"임 팀장 없는 동안 업무는 어떻게 하나? 할 게 많지 않나?"

"업무 연락은 모두 여기 김 대리 통해서 하시면 됩니다. 김 대리가 24시간 대기 상태로 지낼 거거든요. 회사 옆에 오피스텔 단기임대했으니까 제 연락 받으면 즉시 회사로 와서 일을 처리할 겁니다."

영태가 김 대리를 쳐다봤다. 김 대리가 알았다는 듯 고개를 끄덕였다. 영태가 다시 말을 이었다.

"그리고 제가 없는 동안 주식 10만 주가 다시 나갈 겁니다. 이건 박 이사님 주식입니다. 주당 8,000원에 매각될 건데, 그 중에서 한 주당 5,000원씩 5억 원은 현금으로 박 이사님한테 주십시오. 그리고 여기 각서에 도장 받으시구요. 유사업종 취업금지와 회사에 대한 일체의 언급을 하지 않는다는 각서입니다. 법적책임도 작성되어 있습니다. 이번에 고생하셨으니까 좋게 얘기해서 내보내십시오. 더 같이 가시면 프로젝트 전체가 위험해질 것 같습니다."

"결국 그렇게 해야 되겠지?"

박 사장이 영태를 쳐다봤다.

"어쩔 수 없는 일입니다."

영태가 고개를 끄덕이며 말했다.

"알았어. 내보낼게. 그런데 박 이사가 빠지면 문천시 쪽 이 의원이나 함 시장은 어떡하지?"

"그건 사장님이 직접 컨트롤하셔야 할 것 같습니다. 자리 먼저 한 번 만드시죠."

"그렇구만. 알겠네. 한 가지 궁금한 게 있는데, 주식 10만 주 말이야. 어떻게 8,000원에 거래한다는 거야?"

"그건 지금부터 잘 설명드릴 테니까 김 대리 통해서 처리하시면 됩니다. 죄송하지만 이번엔 사장님께서 박 실장님을 좀 움직이셔야겠습니다. 물론 박 실장님이 모르도록 해야 합니다."

"그러지. 말해보게."

박 사장이 눈빛을 반짝이며 영태의 말을 기다렸다.

"지금 현재 장외시장에서는 우리 주식을 살 수가 없습니다. 제가 완전히 통제하고 있기 때문이죠. 그런데 주식가격은 자꾸 올라가고 있습니다. 어디선가 주식이 매매되고 있다는 거죠. 그래서 딜러들이 궁금해하는 겁니다. 회사로 오는 수많은 문의전화를 보면 알 수 있죠. 제가 해온 모든 노력은 이런 상황을 만들기 위해서였습니다. 우리 주식이 관심의 대상이 되고 귀한 대접을 받게 하는 것. 일종의 희소성의 원칙과 비슷합니다."

"다이아몬드처럼 귀하게 만들어서 가격을 올린다 뭐 그런 건가?"

"네. 그런데 일반적으로 희소성의 원칙이라고 하면, 인간의 욕망은 무한한 데 비해서 이 욕망을 충족시킬 수 있는 재화는 유한해서 항상 부족한 상태에 있다는 뜻으로 자원의 한정된 상태를 말합니다만, 제 경우엔 다른 방향에서 해석해서 주식시장에 적용시킵니다. 김 대리도 앞으로 도움이 될 테니까 잘 들어둬요."

"네."

"고대 철학자 아리스토텔레스는 경제란 궁극적으로 개인과 사회의 존속을 위한 제도화의 문제이기 때문에, 삶에 대한 올바른 이해와 제대로 된 경제제도가 작동된다면 자원의 부족으로 고생하지는 않을 것이라고 말했습니다. 즉 자원의 희소성 문제는 경제의 본질적인 주제가 아니라는 것입니다. 그에게 경제란 필요를 재편하고 욕망을 관리하는 시스템이었습니다. 그런데 시장경제는 욕망을 관리하기는커녕 거꾸로 욕망을 확대해서 재생산합니다. 욕망은 더 큰 욕망을 낳고, 결국 인간의 삶이란 욕망을 채우는 과정으로 규정되죠. 그래서 요즘 사람들은 돈을 수단이 아니라 목적으로 생각하고, 다른 집과 비교해서 더 많은 돈을 버는 것이 행복으로 가는 길이라고 믿고 살고 있습니다. 그래서 욕망은 곧 소비의 경제학이고, 사람들은 소비를 통해 남보다 더 큰 집, 더 좋은 차, 더 멋진 인생을 살고자 합니다. 그런데 인간에겐 욕심이란 게 있습니다. 이건 성공했을 때도 강하게 나타나지만 실패했을 때 특히 심각하게 나타납니다. 바로 기회비용 때문입니다. 내가 어떤 선택을 했는데 다른 것이 더 큰 돈이 되었을 때 사람이 느끼는 기회비용은 극대화가 됩니다. 지금까지 제가 장외주식시장에 주식을 내놓지 않은 게 바로 이런 이유입니다. 지난 몇 개월간 우리 주식을 뻔히 보면서도 다른 곳에 투자를 해야만 했던 사람들에게 우리 회사 주식에 대한 기회비용은 지금 매매될 8,000원을 기준으로 보면 어마어마합니다. 약 250%의 수익 기회를 놓친 셈이거든요."

"그렇죠. 처음 가격에 샀으면 지금 세 배는 남았으니까. 다들 안달이 나있겠죠."

김 대리가 거들었다.

"그리고 희소성의 원칙으로 인해 몇 가지 경제적 문제가 발생합니다. 무엇을 얼마나 생산할 것인가? 어떻게 생산할 것인가? 누구에게 분배할 것인가? 이것은 결국 어떻게 해야 최소의 비용으로 최대의 만족을 달성할 것인가 하는 문제로 귀결되죠. 저는 이걸 주식시장에 적용했습니다. 주식을 몇 주나 시장에 유통시키고, 어떻게 정보를 생산하며, 누구를 통해서 매매할 것인가? 이제 우리는 딜러들에게 조금씩 달콤한 돈 맛을 보여줘야 합니다."

"무슨 경제학 강의 같구만? 아무튼 알았고, 그런데 박 실장은 왜?"

"박 실장님 불러서 이렇게 말씀해주세요. 지금 자금이 좀 필요한데 회사에 임 팀장이 모르는 돈이 없다구요. 그러니 임 팀장 없을 때 비자금도 좀 마련해두고 박 이사도 내보내야 한다고 말하세요. 예전에 한 번 해봤으니까 다시 한 번 10만 주만 해보자구요. 박 실장님 요즘 큰아들 유학 보내는 문제로 머리가 많이 복잡할 거라, 그걸 이용하시면 바로 넘어올 거예요."

"그래도 될까?"

"네. 대신 10만 주를 소문 안 나도록 3,000주씩 잘라서 매매하라고 하세요. 안 그러면 절대 안 하겠다고. 가격은 무조건 8,000원이고요. 그리고 또 한 가지, 지방에서 거래해서 제가 모르게 하자고 하십시오. 특히 대전, 창원, 울산, 세 곳이 가장 중요합니다. 그럼 약 30명 이상의 사람들이 새로운 주주로 들어오고 전국적인 딜러들 유통망이 생기게 될 겁니다. 그들은 다시 우리 회사 소문에 서로 주식을 잡으려고 난리를 칠 거고요. 그때 제가 출장에서 돌아와 좋은 소식으로 상승 중인 주가에 기름을 붓겠습니다. 아주 불바다가 되도록, 사람들이 우리 주식을 찾도록 흥분시킬 거예요. 이게 제 계획입니다."

"알겠네. 잘 모르겠지만 시키는 대로 하지. 김 대리 잘 알고 있죠?"

"네, 사장님. 팀장님한테 계약서 같은 서류들도 받았고, 이미 교육도 다 받았습니다."

"좋습니다. 두 분 믿고 저는 출장 다녀오겠습니다."

그렇게 영태는 연구소장과 기획실장을 데리고 유럽 출장길에 올랐다. 원래 이런 일을 개인이나 기업이 하려면 많은 시간과 노력이 필요했지만, 벤처기업 인증을 받은 후라 훨씬 수월했다. 코트라(대한무역투자진흥공사, Korea Trade-Investment Promotion Agency)의 지원 하에 정부의 해외시장개척과 해외홍보 지원사업에 대한 다양한 정보들을 얻을 수 있었던 것이다. 영태는 코트라의 독일 베를린 지사를 통해 대상기업들의 리스트를 입수했고, 국내 코트라 지원팀에서 정부 시찰단의 방문예상 기업도 대략적으로 입수했다. 그리고 그 중에서 가장 중요한 몇 기업에 이번 방문일정의 대부분을 할애했다.

그렇게 열흘 동안 유럽에서의 일정을 마치고 연구소장과 기획실장은 귀국했고, 영태는 따로 미국 맨하탄으로 다시 이동해 닷새를 더 보낸 후 들어왔다.

그날 저녁 넥스트에너지의 전체 임직원은 회의실에 모였다.

"모두들 염려해주신 덕분에 무사히 다녀왔습니다. 이제부턴 시간이 없으니까 중요한 것만 말씀드리겠습니다."

영태는 인사말과 동시에 본론으로 들어갔다. 다른 사람들도 이제 이런 영태의 스타일에 익숙해서인지 그 흔한 인사치레 같은 것 없이 바로 회의모드로 돌입했다.

"제가 없는 동안 우리 회사 주식가격이 장외시장에서 8,000원을 찍었다고 들었습니다. 모두가 여러분들의 도움이 있었기에 가능했던 일입니다. 하지만 주식가격은 이제부터 시작입니다. 앞으로 여러분들이 상상 못할 가격으로 만들어갈 계획입니다."

"그런데 너무 오른 거 아닌가요? 좀 걱정되는데."

노 이사가 진심으로 걱정스러운 표정으로 말했다.

"걱정되시는 게 당연합니다. 그런데 그 걱정이 커지는 만큼 장외주식시장에서 우리 주식에 대한 두려움도 더욱 강해질 겁니다. 우리의 걱정은 경험하지 못한 상황에서 오는 두려움이고, 장외시장에서의 두려움은 자신들이 우리 주식을 사지 못해 수익을 내지 못할 것이라는 소외감에서 오는 두려움입니다. 저는 두 가지 두려움을 극대화시킬 겁니다. 여러분들께서는 지금처럼 그냥 본인 업무에만 집중해주시면 됩니다. 누군가 주식에 대한 달콤한 제안을 해오더라도 절대로 넘어가지 마시기 바랍니다. 지금 한 자리가 비어있는 것이 보일 겁니다. 유혹에 넘어가는 순간, 아무것도 가지지 못한 채 지금 떠나간 누군가처럼 될 수 있습니다. 빈자리가 자신의 자리가 될 수 있다는 겁니다. 지금까지 돌아가는 상황들을 직접 경험하셨으니까 제가 하는 말이 과장이 아니란 것 잘 아실 겁니다."

영태의 말에 모든 임직원들이 긴장한 듯 침을 삼켰다. 영태는 자신의 말이 먹혀들었다는 것을 확신하고 다시 말을 이어갔다.

"주식에 대해 두 가지 더 말씀드리겠습니다. 우선 조만간 투자유치가 있을 겁니다. 회사로 약 30억 원 정도가 유입됩니다. 자세한 얘기는 이 자리에서 하지 않겠습니다. 그 사실만 알고들 계십시오."

"임 팀장. 여지껏처럼 그 얘기도 우리끼리 알고 있으면 되는 거지?"

"이번엔 상관없습니다. 아무한테나 말씀하셔도 됩니다. 괜찮습니다. 더 많은 사람이 알도록 많이 선전해 주십시오. 이번 투자유치를 위해 장외주식 시장의 온라인 포털업체인 코리아스탁닷컴에 우리 주식의 매매를 오픈할 겁니다. 하지만 아직 실제로 거래되는 주식이 없으니까 호가주문들만 가득할 겁니다. 이 부분에 대해선 절대 언급하시면 안 됩니다. 그 사이트엔 아무도 접속하지 마십시오. 이미 회사 컴퓨터들 로그분석을 의뢰해 두었습니다. 매일매일 회사 컴퓨터에서 접속하는 사이트들이 제게 보고될 거고요, 만약 그 사이트에 접속한 기록이 나오면 그 컴퓨터의 주인은 자리를 빼셔야 할 겁니다. 이 시간 이후 절대 장외시장에 개입하는 분이 없도록 당부 드리겠습니다. 이제부터 인위적인 시장개입은 없어야 합니다."

영태가 낮고 힘 있는 목소리로 말했다.

"유럽 쪽에선 뭐 건진 게 좀 있나요? 연구소장은 바로 중국으로 들어갔고, 기획실장은 다시 특허 준비한다고 특허사무실로 출근 중이라 아무 말도 못 들었는데……."

"네. 제가 두 분께 아무 말도 하지 마시라고 부탁을 드렸습니다. 특허도 다시 몇 개 더 출원될 예정이고, 그에 따라 중국에서 관련 서류들하고 샘플들이 제작될 겁니다. 희토류도 1톤 정도 수입해서 연구소 같은 곳에 판매할 겁니다. 박 이사님을 대신해서 재무이사님께서 그 부분을 책임져주시면 좋겠습니다."

"그러지요. 아는 곳이 있으니까 타진해보죠. 가격은 어떻게 하나요?"

"가격은 그들이 구매한 가격에서 30% 할인해주세요. 판매했다는 결과가 중요하지 수익은 아직 중요하지 않거든요. 그리고 다니시면서 수소발생기 같은 것들도 선주문을 받아오시면 좋겠습니다. 역시 가격은 중요하지 않습니다."

"그렇게 하죠. 아마 몇 대 정도는 당장 계약이 가능할 겁니다."

재무이사가 답했다.

"그럼 유럽출장 보고 드리겠습니다. 바이오매스 발전시설 제작/설치 기업인 에코바이오(ECO-BIO)와 이산화탄소감축량 매매사업을 하는 씨오투트레이딩과 업무협약에 관한 협약서를 작성하는 데 성공했습니다. 우리가 지은 수소에너지 시범주택에 관심을 보였고, 예정했던 일정보다 하루씩 더 머물며 그들 회사의 깊숙한 곳까지 모두 보고 왔습니다. 게다가 그들이 직접 인솔하며 자신들의 사업현장까지 보여주었습니다. 예상했던 것보다 상당히 큰 사업들이었고, 충분히 수익을 올릴 수 있는 효율적인 사업이었습니다. 수소 가스로 모델하우스를 짓고 관광자원으로 개발한 퓨처하이드(FUTURE-HYD)에서는 우리의 수소 가스 제품들을 보내줄 것을 요청받았습니다. 기술교류 형태로 작성된 공문을 받아왔습니다. 자신들이 직접 테스트를 해보고 현지 모델하우스에 설치하겠다는 계획이었습니다. 그렇게만 된다면 기술협력사로 공식 서류를 받을 수 있을 겁니다. 김 대리는 이 서류들 액자에 잘 끼워서 사장님실 입구에 잘 걸도록 하세요. 머지않아 그 서류들 보고 기절할 사람들이 회사로 올 겁니다. 그때 우리 회사 주식가격이 최고점을 찍을 겁니다."

"알겠습니다. 제일 잘 보이는 곳에 걸겠습니다."

"임 팀장, 고생이 많았겠어요. 우리 다 같이 박수 한 번 칩시다. 아주 엄청난 일들이 벌어질 것 같네요!"

박 사장의 말에 다들 소리 지르며 박수를 쳤다. 특허를 받는 것도 신기했던 그들이었는데, 벤처인증을 받고, 주식가격이 뛰고, 이젠 외국 최고의 기업들에게서 협약서를 받은 데다가 해외에서 투자까지 유치해온다는 꿈같은 일들이 연이어 펼쳐졌기 때문이었다.

"감사합니다. 이제 시작입니다. 앞으로도 다 같이 힘을 합쳐서 꼭 끝까지 우리 목표를 완수하면 좋겠습니다."

영태가 웃음으로 답했다.

OFF BOARD MARKET

14

시장 공략

아는 사람이 보면 별 것 아니지만, 모르는 사람이 보면 대단해 보인다.
투자유치와 해외자금 유입은 순식간에 입소문을 타고 시장에 뿌려졌다
유통이 막히면 주가는 멈춘다.

다음 날 아침.

영태는 샌드위치와 커피를 두 손 가득 들고 박 실장의 사무실로 들어섰다. 지난밤 회의를 끝내고 영태는 박 사장에게 아침 일찍 박 실장과 셋이 만나자고 얘기해뒀던 참이다. 이미 박 사장은 도착해 있었다.

"제가 꼴찌군요. 좋은 아침입니다."

"어서 와요. 어젯밤에 갑자기 연락을 받았는데 성과가 대단하다면서요?"

박 실장이 웃으며 영태를 맞았다.

"보여지는 건 그렇지만, 아직까지는 그리 대단한 건 아닙니다. 사실은 어젯밤에 못다 한 얘기들을 해드리려고 두 분을 모셨습니다."

영태가 가져온 샌드위치와 커피를 꺼내며 말했다.

"그래요?"

박 사장이 궁금한 표정을 지었다.

"어제 말씀드린 업무협약서라는 게 사실은 별 것 아닙니다. 제가 유럽 기업들에게 최대한 불쌍하게 보이면서 도와달라 사정해서 한 장 받아온 건데, 법적 책임이나 제한 같은 게 전혀 없는 그냥 종이쪼가리일 뿐입니다. 잘 아는 사람이 보면 아무것도 아니라면서 그냥 넘길 것들이죠."

영태가 담담한 목소리로 말했다.

"그래? 난 업무협약서라고 해서 대단한 걸로 생각했는데."

박 사장이 실망한 표정으로 물었다.

"그게 중요한 겁니다. 아는 사람이 보면 별 것 아니지만, 모르는 사람이 보면 대단해 보인다는 게 포인트죠. 장외시장에서도 업무협약서를 받았네 어쩌네 하는 이야기가 돌면 훨씬 더 관심을 가질 겁니다. 대부분은 우리가 유명한 회사들과 뭔가 대단한 것을 진행하는 걸로 생각할 테니까요. 그러니 사장님과 실장님은 이 사실을 정확히 아시고, 다른 곳에 가셔서도 딱 이 정도 선에서만 얘기하셔야 합니다. 구체적으로 들어가면 우리 밑천이 드러나니까, 그냥 사실만 말하고 나머지는 사람들이 각자 알아서 상상하도록 하셔야 해요. 상상은 우리가 시킨 게 아니니까요."

영태가 박 사장과 박 실장의 얼굴을 번갈아 쳐다보며 말했다.

"그래요. 우리가 그 정도라고 흘리는 정도만 하죠. 그런데 해외자금 들어온다면서요?"

박 실장이 물었다.

"네. 뉴욕에서 자금이 들어올 겁니다."

영태가 답했다.

"대단해요. 그쪽에도 줄이 닿아요? 얼마나 들어오나요?"

"별거 아닙니다. 한인타운에 가면 대출 브로커들 엄청 많습니다. 기업들 기본 대출자금인 100만 불, 우리 돈으로 11억 원쯤 됩니다. 이것저것 떼면 10억 원 정도죠. 실제로는 뉴저지에 있는 한국인 대출업체 자금인데, 뉴저지보단 뉴욕 맨하탄이 듣기 좋으니까 그 사람들도 사무실만 덩그러니 맨하탄에 하나 만들어두고 계약서 주소만 맨하탄으로 합니다. 여기서 조건을 잘 들으셔야 합니다. 싫으시면 지금 바로 거부하셔야만 하고요. 그 조건 때문에 두 분만 따로 보자고 한 겁니다."

"뭔데 그래요?"

"들어오는 자금이 정확하게 말하면 신주인수권부사채[1] 조건입니다. 신주인수권부사채라는 건 말 그대로 대출금이긴 한데 돈 빌려준 사람이 만기가 되어서 주식가격이 더 좋다고 생각하면 주식으로 전환해서 가져가는 형태입니다. 기간은 1년이고 그동안 우린 7%의 이자를 지급해야 합니다. 1년 뒤엔 한 주당 5,000원에 주식을 가져갈 거고요. 22만 주 정도의 주식이 신규로 발행되어야 하니까 지분율은 5%. 이 업무는 재무이사인 김우석 이사한테 모두 맡기려고 합니다."

"5% 지분이야 상관없는데, 한 주당 5,000원이면 너무 낮지 않나요? 우리 주식이 지금 8,000원인데."

"그들이 바보가 아닙니다. 그들도 한국직원들 시켜서 충분히 조사했고, 아직 장외시장에 매매가 없음을 알고 있습니다. 5,000원이면 충분히 많이 받은 겁니다. 이만큼 해놓고도 장외시장 오픈해서 무너지는

1) **신주인수권부사채**(BW/bond with warrant)
사채권자에게 일정 기간이 경과한 후 일정 가격으로 발행회사의 일정 수의 신주를 인수할 수 있는 신주인수권이 부여된 채권

기업들 수도 없이 많으니까요. 기간도 1년이나 약속을 했구요. 사장님 어떠세요? 괜찮으시겠어요?"

"나야 뭐, 그럼 이 자금이 들어오면 우리한테 어떤 일들이 벌어지는 건지 얘기 좀 해봐요."

"일단 장외 온라인 시장을 오픈할 겁니다. 언론을 통해 대대적인 기업홍보에 들어갈 예정입니다. 유상증자에 대한 홍보는 코리아스탁닷컴 메인에 띄울 거고, 뉴스탑과 계약해서 인터넷에 하루에 세 번씩 우리 회사 관련기사가 나가게 할 겁니다. 물론 수소에너지에 대한 특별시리즈도 내보낼 겁니다. 그리고 KCN방송사에 연간기업홍보서비스 신청할 겁니다. 케이블업체이긴 하지만 경제전문 방송이 많아서 주식하는 사람들이 자주 보고 있습니다. 그곳에서 우리 시범주택과 회사에서의 사장님 인터뷰들을 진행시킬 겁니다. 홍보에 들어갈 예산은 모두 1억 원입니다. 코리아스탁 쪽에 2천, 뉴스탑에 2천, KCN에 4천 들어갑니다. 나머지 2천은 바이럴마케팅 전문업체에 단기간 계약으로 지급할 겁니다. 수소나 에너지 관련된 모든 카페와 블로그들에 우리 이야기가 등장할 겁니다. 모든 기사에 엄청난 댓글들이 달릴 거고요. 방송 인터뷰 나가는 동안 화면 하단 띠광고에도 엄청난 댓글들이 쏟아질 겁니다. 이런 식으로 24시간 멈추지 않고 한 달간 지속할 예정입니다."

"그런 게 가능한 거예요? 옷 파는 사이트에서 댓글 자기들이 달면 불법이라고 하던데."

"우리야 뭐 광고회사에 의뢰한 것뿐입니다. 나머진 자기들이 알아서 하는 거죠. 우린 실행 보고를 2주 뒤에 받을 거고 자중하라는 요청을 하겠지만, 저들은 자기들 실적 올려서 다른 광고 따내려고 멈추지 않을 겁니다. 한 달 뒤 우린 무리한 홍보를 이유로 계약을 멈추면 되는 거고요."

"그래서 그 뒤엔 어떻게 될 것 같아요?"

"실장님 아직도 감이 안 오시나 보네요."

"사실 이 정도까진 나도 경험을 못해봐서, 사람들이 장외시장에서 다단계 형태로 우기면서 노인네들 등쳐가며 주식가격 무작정 올리는 거야 봤지만, 회사가 이렇게 갖춰져 가면서 가격도 올라가는 건 처음 보거든. 사실 대기업들 주식도 아니고, 조그만 벤처기업 주식을 이 정도 가격에 매매하면서 맘 편안하게 가격 얘기하긴 이 바닥 생활 십수 년 만에 처음인 것 같아요."

"그럴지도 모르겠네요. 일단 주식거래 오픈하면 엄청나게 빠르게 주식들이 돌 겁니다. 처음엔 초기 투자자들이 수익 실현하려고 주식을 내놓을 텐데, 안 내놓는 사람들 있으면 전화 걸어서 내놓으라고 하셔야 합니다. 그렇게 한 바퀴 돌려서 우린 중간에서 소개한 책임에서 완전히 벗어나야 합니다. 그리고 나면 그동안 우리 주식 사려고 봐왔던 사람들이 우리한테 해외자금 들어오는 거나 해외업체들과 협약서 맺은 것들을 보고 바로 매입하려고 몰려들 겁니다. 이럴 때 주식이 원활하게 유통되어야 하는데, 초기투자자들이나 주식을 잡은 사람들이 물량을 안 풀 가능성이 있습니다. 이 때 유통이 막히면 주가가 멈추니까, 우린 딱 20만 주만 조금씩 자주 자주 풀 생각입니다. 가격은 10,000원입니다. 그렇게 해서 해외자금 들어오고 증자가 완료되면 자연스레 호가는 12,000원까지 오를 거고 실거래가도 11,000원까지는 오를 겁니다. 이게 제 계획입니다."

"이야…… 그게 가능하단 말이지? 그렇게만 된다면 나야 뭐든 못하겠어? 임 팀장 알아서 하시게. 난 구경만 하겠네."

"하하, 사장님 구경만 하시면 안 되고요, 형식적으로 미국애들하고 계약서 작성해주셔야 합니다. 그리고 제가 오늘 저축은행하고 약속 잡아놨습니다. 거기 부행장님하고 예전에 일을 해봤던 적이 있는데 우리 쪽에 자금을 넣어주실 것 같습니다. 이쪽은 전환사채로 단기설정해서 들어올 겁니다. 그 대신 이자는 지급하지 않구요, 가격은 6,000원 정도면 만족할 겁니다. 그리고 나머지 10억 원은 박 실장님이 해결해주세요. 오랜만에 시장에 나가셔서 사무실 운영하는 회장님들한테 큰소리 한번 쳐주시고, 그분들 자금 조금씩 모아서 10억만 땡겨 주세요. 한 주당 7,000원. 가능하시겠어요?"

"그거라면 오전 중에도 가능해요. 그동안 나한테 얼마나 전화가 많이 왔는데. 1억씩만 보내라고 하면 순식간에 들어올 거야."

"그럼 오전 중에 끝내시고 그 사람들 중에 배경이 좋은 사람으로 대표자 선임해서 형식적으로는 한 사람이 들어오는 걸로 보이도록 해주세요."

"그럴게요. 아들이 창투사 운영하는데 명예회장님으로 있는 양 회장님 하면 되겠다."

"저축은행은 며칠 뒤로 약속 미루겠습니다. 이쪽에서 20억 잡아놓고 얘기해야겠어요. 언론 쪽에서 우리 얘기를 볼 수 있도록 며칠 시간을 주죠. 그러면 자기들이 먼저 연락을 해올 겁니다. 그쪽도 악성채권들 때문에 지금 골머리 앓고 있는데 돈 된다고 판단되면 무작정 달려들 겁니다. 저축은행 쪽엔 가격을 8,000원으로 올려서 줘야겠어요. 저축은행 인간들 대부업체나 다름없어서 잘못 걸려들면 아주 지랄을 하거든요. 아예 첨부터 같이 코를 꿰어가지고 나중에 딴말 못하도록 길을 들여야 해요."

"그래요. 아무튼 임 팀장만 믿어요. 임 팀장이 시키는 대로 할 테니까 잘 부탁해요."

"염려 마십시오."

영태가 자신 있는 표정으로 고개를 끄덕였다.

3일 후 오전, 넥스트에너지 본사.

"김 대리, 미국에서 온 계약서 번역했지? 사장님 보여드려. 오늘 사장님 도장 찍어서 계약서 보내야 하니까 해외택배업체 부르고, 해외자금 받아서 증자하려면 이 회계사 불러서 자세한 내용을 설명 들어야 해. 잘못해서 법에 걸리면 나중에 문제가 커지니까. 그 친구 수수료도 줘야 하니까 돈 챙겨놓고, 계약서처럼 나눠서 주지 말고 그냥 미리 한 방에 다 줘버려. 회계사들 옛날 같지 않아서 먹고 살기 힘들어."

"네, 연락할게요."

"이 대리, 노 이사님하고 방송이랑 인터넷 모니터링 잘하고 있지? 홍보하는 거 세심하게 체크해. 쓸데없는 말들 올라오면 바로바로 삭제 요청하고, 근거 자료들 팩스로 보내면 바로 삭제해줄 거야. 가격이 많이 올라가서 장외업체놈들 중에 일부러 낮춰서 잡으려고 악성루머 퍼뜨리는 놈들이 있어. 잘 지켜보고 심하다 싶으면 장 변호사님한테 바로 고소장 접수하라고 부탁해줘. 아마 바로 꽁무니 뺄 거야. 그러면 고소장은 바로 취소하라고 해. 길게 가봐야 우리도 좋을 거 없으니까. 특히 매매호가 낮추는 인간들은 장 변호사님한테 직접 연락해서 바로 처리해달라고 부탁드려. 장 변호사님 한동안 다른 업무 안 보시고 우리 일만 해주실 거라서 24시간 대기 중이야."

"네. 안 그래도 그런 놈 있어서 아침에 대판 싸웠어요."

"자기가 고생하지 말고 장 변호사한테 넘겨."

영태가 김 대리와 이 대리에게 업무지시를 마친 후 바쁘게 기획실장실로 향했다.

"실장님, 특허 출원은 잘 되고 있나요?"

영태가 물었다.

"연구소장님이 일찍 도면이랑 명세서를 주신 덕분에 오늘 서류 넣어요. 곧 출원번호 나올 겁니다. 지난번에 도와주신 분들이 우리 회사 잘 나간다고 기분 좋아서 이번에는 먼저 나서주시네요."

기획실장이 답했다.

"잘됐네요. 그 사람들도 자기가 밀어준 기업이 잘되면 자기 능력으로 그렇게 된 것 같을 테니까 좋겠죠. 실적은 어디서나 중요하니까요. 그분들 이번엔 아무것도 드리지 마시고 식사 대접만 잘 해드리세요. 조만간 자리 잡으면 제대로 대접해 드린다고 하시구요. 일단 주식만 2,000주씩 차명으로 용돈 삼아 드리면 좋겠습니다. 주식으로 코를 꿰면 나중에 딴소리 못할 겁니다."

"그러지요. 나는 특허청 가야 해서 이제 일어나봐야 하는데."

"네. 저도 이제 노 이사님 뵈러 가려던 참이었습니다."

영태가 기획실장과 함께 방을 나선 후 노 이사에게로 향했다.

"이사님, 고문님 모시고 오늘 시범주택에 좀 다녀와 주세요. 출장뷔페 데리고 가서 동네분들 식사 대접 좀 해주시고, 저녁엔 시청분들도 챙겨주세요. 연구소장님도 함께 모시고 가서 어디 작동 안 되는 게 있는지 살펴주시구요."

"그래. 오늘 제대로 한 잔 하겠네. 이거 출장인지 휴가인지 모르겠어. 어쨌든 기분 좋구만, 하하."

"저 그리고 고문님께 저축은행 쪽도 잘 챙겨달라고 말씀 전해주시겠어요?"

"아, 그건 이미 만나러 가셨어. 아까 잠깐 들르셔서 저축은행 애들 만나러 간다고 하셨었거든. 아침 댓바람부터 전화질이라 귀찮아 죽겠다면서 웃으시던데?"

"그랬군요. 좋습니다. 그럼 잘 다녀오십시오."

영태는 회사 곳곳을 누비며 업무지시를 했다. 다들 영태의 주문대로 움직여주고 있었다.

투자유치와 해외자금 유입은 순식간에 입소문을 타고 시장에 뿌려졌다. 하루 중 넥스트에너지에 대한 매매호가는 매수와 매도를 합하여 오백여 개에 이르렀다. 딜러들은 이제 얼마를 남기느냐가 문제가 아니었다. 넥스트에너지 주식을 자신의 고객에게 가져다주지 못하면, 애써 잡아둔 자신의 고객이 다른 딜러에게 넘어갈 판이었다.

외국인 자본 유입은 영향력이 컸다. 장내시장에서도 외국인 따라잡기라는 투자지침서까지 나오면서 외국인들의 매매동향 연구가 활발하던 시기가 있었다. 그리고 여전히 그 방법은 언론에 자주 등장하고 있었다. 그렇게 외국자금의 유입은 국내시장에 상당한 영향력을 미치고 투자의 귀중한 잣대로 활용된다. 이런 분위기에 벤처기업이 100만 불을 유치했으니 장외시장의 투자자들은 흥분하지 않을 수 없었다.

"팀장님, 아침에 호가 보셨어요? 진짜로 가격이 이렇게 움직이네요? 매수호가 12,000원에 막 주문이 올라오고 있어요. 어제 저녁에 계약서 사인한 거 홈페이지에 올렸더니 바로 시장에서 반응을 하는데요?"

"이 대리도 모니터하니까 알겠지만, 한국투자자들 외국인이 좋다면 무작정 쫓아가는 성향이 있어. 그리고 가격이란 건 대중이 원하는 방향으로 움직이는 거야. 지금 모두가 가격이 상승하길 바라거든. 그 알맹이는 이제 안중에도 없어. 대중들이 미치기 시작하면 그냥 흐르는 방향으로 가는 거야. 마치 브레이크가 고장 난 것 같지 않아?"

"네, 정말 대단해요. 모니터링 하려면 이젠 매매주문 올라온 것만 최대개수로 설정해서 몇 페이지를 넘겨야 해요. 눈이 다 아플 지경이라니까요. 게다가 우리 회사 게시판이 지금 코리아스탁닷컴 전체에서 3위까지 올라간 거 아세요? 하루에 글 올라오는 게 백 개도 넘어요. 조회수도 게시물당 평균 500번이 넘구요. 댓글 달리는 거까지 하면, 솔직히 하루 동안 절반도 모니터링을 못 해요."

"그래. 그럴 거야. 이제 모니터링 그만 해도 돼. 이제부턴 아무것도 하지 말고 내버려둬."

"그래도 괜찮아요?"

"이제 뭘 어쩌겠어? 우리 손을 떠난 거야."

영태가 씩 웃으며 말했다.

얼마 후 기다리던 30억 원이 회사로 들어왔다. 이번 투자유치로 1년 후에 미국에 22만 주, 저축은행에 12만 5천 주를 줘야 했다. 그리고 지금 박 실장 쪽으로 14만 3천 주를 줘야 했는데, 당장의 지분손실은 3.6% 정도여서 별 무리는 없었다.

청평 쪽에 봐뒀던 공장을 매입하는 데 3억 원을 들이면서 기획실장은 기업부설연구소 신청서류를 접수했다. 벤처기업이라 두 명의 연구 인력을 갖춰야 했기에 국내대학 석사 이상의 학력을 가진 수소연구소 출신 연구원 두 명을 스카웃해서 공장으로 출근시켰다. 그들은 2억 원의 예산으로 연구장비를 사들이고 연구소장과 함께 샘플을 만들고 연구를 시작했다. 특별한 연구성과 없이 고만고만한 연구들을 국내 모든 기관에서 하고 있었기에 특별한 무언가를 기대하긴 힘들었지만, 기업부설연구소의 존재는 회사가 기술력을 갖춘 벤처기업이라는 외적인 요건을 갖추고 바르게 경영되는 데 큰 역할을 할 것이었다. 이곳에서 영태가 계획한 완구용 키트 제품들이 만들어지고, 앞으로 진행될 프로젝트들의 연구도 이어질 예정이었다.

그리고 5억 원을 들여 주식시장에 풀린 주식을 거둬들였다. 경영권 안정화를 위해 회사의 주식 보유분을 다시 확충하려는 형식적인 의도도 있었지만 실질적인 이유는 따로 있었다. 자금이 들어오자 영태는 즉시 모든 홍보활동을 중단시켰다. 과유불급이라고 했다. 이제부턴 다시 잠수를 타야 했다. 이젠 주식시장이 알아서 움직일 테니까. 말 그대로 보이지 않는 손에 의해 시장이 알아서 돌아갈 시기가 된 것이었다.

나머지 자금은 자본금을 보전한 후 회사에 유보시켜 회사 운영에 안정감을 더하기로 했다. 영태는 이 모든 일들을 처리한 후 한숨 돌릴 틈도 없이 다시 다음 단계로 넘어갔다.

OFF BOARD MARKET

15

사업 vs 사기

이제 실제로 판매 할 제품이 있어야 했다.
당장 프로젝트 자금 150억원을 조달해야만 한다.

이제 영태는 경영을 정상화시켜야만 했다. 가시적인 효과를 위해 특허도 만들고 샘플도 만들었고, 희토류도 들여와 팔았고 시범주택도 만들었다. 하지만 이제 실제로 판매할 제품이 있어야만 했다. 그렇지 않다면 이 기업은 사상누각과도 같았다. 독일 기업들의 힘을 빌어 바이오매스를 이용한 발전시설을 세우기 위해 프로젝트팀을 가동시켰지만, 이산화탄소배출권을 국내에서 인증 받을 수 있을지 의문이었기에 자칫 잘못하면 전기를 판매한 수익으로 시설 운영을 충당하기에도 급급한 상황이 될 수 있었다. 그마저 시간당 2메가와트급으로 계획을 세우는 바람에 150억 원에 달하는 투자자금을 유치하는 일이 급했다. 지자체는 적자재정에 허덕였고, 정부에서는 아직까지 나서려는 곳이 없었다.

하지만 이 프로젝트만 완성된다면 넥스트에너지는 당장 수백억 원의 매출을 일으키는 사업체로 변신할 수 있었다. 하루 8시간 가동하면 기계효율을 따져도 1년 365일 중에 220일 정도를 가동시킬 수 있으니, 정부의 전력보조금을 빼고도 1년에 전력생산으로 약 5억 원의 전기판매 매출을 낼 수 있었다. 여기에 정부로부터 축산물폐기지원금을 받고, 축산업체로부터 약간의 처리비용을 받는다면 매출은 백억 원대로 뛰게 될 것이었다. 물론 순이익률도 30% 이상을 기록할 수 있었다. 거기다 독일 업체들의 힘을 빌어 이산화탄소배출권만 인증 받을 수 있다면, 향후 10년간 비용 없이 연간 수억 원의 수익이 회사로 유입될 것이었다.

하지만 이 모든 것은 자금이 조달된 후의 얘기였다. 국내에선 생소한 분야인 데다가 이만한 규모의 프로젝트가 없었던 관계로 자금 유치는 불가능하게만 보였다.

"팀장님. 전화가 왔는데 받아보실래요?"

고민에 쌓인 영태를 이 대리가 급히 불렀다.

"어딘데?"

"농림부라고 하는데요. 사장님 좀 바꿔달라는데 이거 어떡해야 해요?"

'걸렸다!!'

영태가 속으로 외쳤다.

"나한테 돌려."

"알겠어요."

따르릉! 영태의 전화기가 울렸다.

"네. 넥스트에너지 임영태 팀장입니다."

“저는 농림부 기후변화대응과 박한별 주임입니다. 박철민 사장님과 통화를 했으면 하는데요.”

“죄송합니다. 사장님은 지금 외부업무 중이시라서, 제게 말씀해주시면 조치하겠습니다.”

“다름이 아니라 이번에 저희가 세미나를 하는데 혹시 30분 정도 발표를 해주실 수 있으신가 해서요.”

“그렇군요. 좀 어려울 것 같긴 한데……. 일단 공문으로 구체적인 내용을 보내주시겠어요? 보고 드린 후 오늘 중에 답변 드리겠습니다.”

영태는 일부러 시큰둥한 목소리로 말했다.

“그래요? 사장님이 많이 바쁘신가요?”

상대가 불안한 목소리로 말했다.

“네. 저희가 요즘 좀 일정이 많아서요. 공문 보내주시기 어려우세요?”

“아니요. 그런 건 아닌데, 보통 다른 업체들은 공문 달라는 말씀은 안 하시거든요. 바로 참여하겠다고들 하시는데.”

“아, 네. 죄송합니다. 저희가 시간 내기가 빠듯해서 그렇습니다.”

“잠시만요. 저희 과장님께서 통화를 좀 하시자고 하시네요. 돌려드리겠습니다.”

“네. 그러시죠.”

“안녕하십니까? 기후변화대응과의 윤복태 과장입니다. 혹시 임영태 팀장님 되십니까?”

“네. 그렇습니다만, 저를 알고 계신가요?”

“얼마 전에 독일에 다녀가시지 않으셨어요?”

“네. 맞습니다. 회사에서 연구소장님과 기획실장님 모시고 다녀왔습니다."

"저희도 시찰단이 갔었는데 그곳에서 팀장님 명함을 받았습니다. 한국 돌아가서 그쪽에 문의해서 사업하면 좋을 거라고 독일 사람들이 그러더군요."

"아……, 이제 알겠네요. 저희가 진행하는 사업들이 있어서 도움을 받으려고 코트라 지원받아서 다녀왔습니다. 그분들이 저희 사업을 지원하겠다고 했었는데요."

"저희 쪽에서 알아봤더니 문천시에 시범주택이 있더군요. 직접 가봤는데 작긴 하지만 제법 잘 운영되고 있더군요."

"네. 신경을 좀 많이 쓰고 있습니다. 사용 시간 테스트도 겸하고 있구요. 정부 기준에 적합한지 알아봐야 하니까요."

"그래서 말인데 넥스트에너지에서 진행 중인 사업들을 세미나에서 소개를 좀 해주시는 게 어떨까 합니다. 괜찮으시겠어요?"

"좋은 말씀이긴 합니다만……. 혹시 과장님 시간 되시면 저하고 식사 한 번 같이 하시겠어요? 제가 거기 근처에 대구탕 잘하는 데 알고 있습니다."

"좋습니다. 언제가 좋으세요?"

"세미나가 언제라고 하셨죠?"

"다음달 15일입니다."

"그럼 아직 시간이 많네요. 제가 미국을 좀 다녀와야 합니다. 다음 수요일 점심 어떠세요? 그 전에 저희 직원 시켜서 관련 자료들 먼저 보내드리겠습니다."

"그렇게 하시죠. 그럼 자료 받아보고 검토해서 다음 주에 뵙겠습니다. 그런데 미국엔 무슨 일로 가시나요?"

“하하, 그건 다녀와서 말씀드리겠습니다. 공문은 바로 좀 부탁드립니다. 그럼 다음 주에 뵙겠습니다.”

“네. 다녀와서 뵙겠습니다.”

영태가 전화를 끊고 자리에서 일어났다.

“됐어!!! 김 대리. 사장님 안에 계시지? 가자!”

“네. 무슨 일이세요?”

영태가 흥분해서 급히 사장실로 향하고 김 대리도 뒤따랐다.

“사장님. 드디어 고기가 미끼를 물었습니다!”

영태가 사장실 문을 활짝 열어젖히며 말했다.

“왜 그래? 뭔데?”

박 사장이 얼른 관심을 보이며 물었다.

“농림부에서 세미나에 참석해달라고 연락이 왔습니다. 그것도 30분간 사업설명을 해달라구요.”

“그래? 이거 대박이네!!”

“이럴 줄 알았습니다. 자식들 실적 내기에 급했거든요. 아마 우리 쪽 사업을 자기들이 지원하는 형태로 광고를 하려고 할 겁니다.”

“그러겠지. 짜식들. 남의 밥상에 숟가락 거저 올리려고? 하하, 대박이야. 고생했어, 임 팀장!”

“김 대리. 여기 주소로 자료 보내줘. 프린트해서 퀵으로 보내주고, 자료엔 재사용 안 되도록 모든 페이지 우측 상단에 배경으로 우리 회사 로고 넣어버려. 이메일로는 하나도 넘기지 말고. 공문 오는 건 잘 받아서 사장님 드리고.”

“네.”

"임 팀장. 이제 모든 게 잘될 거야."

"네. 사장님. 그런데 제가 미국에 좀 다녀와야겠습니다."

"왜 그러나? 무슨 일이 또 있어?"

"다녀와서 말씀드리겠습니다. 이제 우리가 제대로 사업을 시작할 때가 온 것 같습니다. 지금까지는 사업기반을 마련한 것에 불과합니다."

"그런가? 이 정도면 다 된 것도 같은데. 돈이 더 필요한가?"

"돈은 당연히 더 필요합니다. 독일 기업들하고 진행 중인 얘기들 현실화시켜야죠. 그것만 이뤄져도 우린 이 시장에서 선도기업이 될 겁니다."

"그거 꼭 해야 하나? 독일 애들 무척 깐깐하던데. 주식도 올랐는데 대충 접으면 안 될까?"

"사장님. 제가 주식으로 사기치고 작전하려고 이 전략을 시작한 게 아니라는 거 잘 아시지 않습니까? 그랬으면 아마 지금쯤 제가 몇 십억 해먹고 사장님 안 봤을 겁니다. 이제부터가 진짜 사업입니다. 아무 생각 마시고 계시면 다녀와서 제대로 보고 드리겠습니다."

"그래? 그러지 뭐. 다녀와."

박 사장이 말했다. 영태는 흥분된 상태로 사장실을 나서며 김 대리와 하이파이브까지 했다. 좀처럼 흥분하지 않는 영태였지만, 기다리던 농림부의 전화가 영태의 기분을 엄청나게 들뜨게 했던 것이었다.

OFF BOARD MARKET

16

균열

토사구팽. 사냥이 끝났으니 개를 삶을 것인가?

지난 5일간 영태는 맨해튼에서 수도 없이 사람들을 만났다. 그리고 어제 저녁, 마침내 영태는 그가 원했던 증권사 사람들을 만나 프로젝트에 참여할 수 있을 것 같다는 긍정적인 대답을 받았다. 그들은 미국 내에서 마케팅 회사를 설립하자는 제안을 했다. 마케팅 회사의 지분은 절반씩 나누어 가지고 모든 제품 생산은 한국에서 진행하는 방식이었다. 세계시장을 대상으로 영업을 할 수 있으나 유럽 쪽은 한국에서 별도 진행할 수 있다는 조건도 있었다. 거절할 이유가 없는 조건이었다.

우선 생산할 제품들은 영태의 계획대로 아동용 완구 키트들이었다. 다른 제품들은 현실적으로 제품사용 승인을 받기 위한 절차들도 까다로웠고 완벽한 기술력의 제품을 만드는 데도 시간이 걸렸기 때문이었다.

바이오매스를 이용한 발전시설 설립에 필요한 150억 원 자금도 단계별로 지원해주기로 했다. 다만 발전시설은 별도 법인으로 설립해 미국 측에서 49%의 지분을 갖는 조건이었다.

이 정도면 정말 기대 이상의 충분한 성과였기에, 영태는 지난밤 늦게까지 그들과 술을 마셨다. 그 바람에 항상 일찍 일어나던 영태는 오늘따라 8시까지 호텔방에 잠들어 있었다.

웅~~~ 웅~~~

영태는 책상 위에서 시끄럽게 울리는 휴대폰 진동 소리에 간신히 잠에서 깼다.

"여보세요."

"팀장님. 저예요. 영림이."

이 대리였다. 목소리가 다급했다.

"어, 그래. 어쩐 일이야? 회사 아니야? 그나저나 왜 갑자기 이름을 대고 그래? 무슨 일 생긴 거야?"

"글쎄요. 저도 아직 상황 파악이 안 되어서요. 아직 제가 보내드린 이메일 안 보신 것 같아서 전화 드렸어요."

"뭔데 그래?"

"보시고 나서 제가 어떻게 해야 할지 바로 연락주세요. 그리고 내일 들어오시죠?"

"어. 내일 들어가지. 확인하고 연락할게."

이 대리의 음성에서 뭔가 심각함을 느낀 영태는 바로 이메일을 열었다. 음성파일이 하나 들어 있었다. 영태는 파일을 실행시켰다.

'형님 저 왔습니다.'

박 이사의 목소리였다.

'그래 철규아. 어서 와라.'

박 사장의 목소리도 들렸다. 박 사장의 동생인 박철규 이사는 영태의 뜻에 따라 쫓겨나서 다시는 회사로 오지 않았었다. 그런데 이 파일은 영태의 지시로 이 대리가 박 사장 방에 설치된 녹음기에서 나온 것이므로, 결국 회사에서 쫓겨난 박 이사가 다시 박 사장의 방에 들락날락거린다는 뜻이었다. 안 좋은 소식이었다.

'이리 앉아라. 그동안 서운했냐? 기분 풀어라. 어쨌거나 회사에서 5억이나 지원해서 지금은 네 사업 하고 있지 않냐?'

'누가 뭐래요? 그런데 왜 불렀수? 큰형님도 계시고, 연주 누님도 와 계신 걸 보니 뭐 중요한 일인가 봅니다?'

박 고문과 박 실장도 와있는 모양이었다.

'다른 게 아니고, 임 팀장 그 자식이 미국에 다시 갔다.'

'그놈은 거길 또 왜 갔대요?'

'나도 모른다. 말을 안 해주니까. 이 새낀 내가 무슨 핫바지 줄 아는지. 맨날 지 맘대로야.'

'좀 그렇긴 하지. 가끔 지가 사장 같으니까. 근데 뭔 일이에요?'

'연주야. 네가 설명 좀 해줘라. 난 헷갈려서.'

'우리가 여기서 회의를 했는데, 이제 그만 임 팀장하고 갈라서야 하지 않을까 싶어.'

'왜요? 이만큼이나 만들어 놨는데, 임 팀장 빼고 잘할 수 있겠어요?'

'야! 우리가 주식 정리해서 돈 만들고 우리끼리 잘 살면 됐지. 임 팀장까지 끼워서 뭐하겠냐? 그리고 그 자식 때문에 1년 뒤엔 주식 30만 주 가까이 쌩으로 남한테 주게 생겼잖아. 그뿐이냐? 공장 매입하고, 사람 뽑고, 기자재 사들이고, 돈이 얼만 줄 알아? 회사에 돈도 10억 이상 현찰로 돌고 있고, 주식도 이만하면 우리 꺼 팔아서 한 몇 십억 더 만들 수 있어. 그러니 임 팀장 그 자식 없어도 우리끼리 충분하지 않겠어? 자꾸 이것저것 하자고 하니까 아주 짜증나서 말야. 돈만 있으면 우리가 뭔들 못하겠냐?'

덜컥, 문 여는 소리가 들렸다.

'어, 어서 와.'

'다들 계셨네요.'

기획실장의 목소리가 등장했다.

'그래. 우리끼리 먼저 얘기 시작했는데, 기획실장이 어제 나한테 해 준 얘기 다시 좀 해봐.'

'그러지요. 먼저 여기 박 이사님도 계시지만, 어디 박 이사님을 내보내고 싶어서 내보냈습니까? 다 임 팀장이 작업한 거잖아요?'

'그렇지. 우리가 절대로 너 내보내려고 한 거 아니다. 임 팀장 그놈이 다 시킨 거야.'

'그런데 여기 누구라도 그 꼴 안 당할 사람 있을 것 같으세요? 막말로 임 팀장이 우리 뒤에서 무슨 일을 꾸미는지 알구요?'

'그래 맞는 말이야. 임 팀장 가끔 며칠씩 사라졌다가 나타나면 뭐가 하나씩 툭툭 튀어나오는데 아주 깜짝깜짝 놀란다니까.'

'그런데 다들 봤겠지만. 임 사장 그 사람 함부로 보면 큰일 나요. 뭐가 뒤에 있는지 모르는 사람이에요.'

'그까짓 게 있어봤자다. 내가 후배들 풀면 그만이야. 안 되면 중국에 출장 한 번 보내지 뭐. 거기선 누가 어떻게 되는지 신경도 안 쓰고, 사

람 몇 명 죽어나가도 조사도 못해.'

'형님이 그렇게 말씀해주시니 속이 다 시원합니다.'

'어린놈이 건방을 부리긴 하더라고. 그리고 우리 형제들이 잘돼야지. 갈라져서야 되겠냐?'

'맞는 말씀입니다. 그래 기획실장, 우리가 뭐부터 하면 되겠어?'

'일단 우리가 주식을 정리해서 돈을 좀 마련해야 합니다. 그러려면 임 팀장한테 들키지 말아야 하는데, 지금은 웬만해선 걸리게 되어 있습니다. 어디 그 친구가 연결 안 되는 곳이 있어야죠? 그래서 말인데 박 이사님이 밖에서 작업을 좀 해주셔야겠습니다. 주변 분들한테 소개받아서 개별적으로 매매계약서만 써서 주식을 판 후에 돈이 마련되면 임 팀장을 내보내고 주식은 그때 넘기는 걸로 했으면 합니다. 매매가는 시장가에서 30% 할인해주면 반응이 올 겁니다. 한두 달 정도만 유예기간을 두면 충분할 거고요. 그동안 회사에서는 임 팀장 하는 대로 잘 따라가기만 하세요. 어떠세요? 하실 수 있겠어요?'

'나야 뭐, 어렵진 않은데. 요즘 사업도 잘 되고. 시간이 될라나 모르겠네.'

'야! 잔말 말고 네가 해! 그 대신에 8,000원 이상만 받으면 니가 다 가지고. 어때?'

'하하, 그 정도라면 좋습니다. 그럼 각서 쓰시죠? 그래야 서로 믿고 딴말 안 하죠.'

'이 자식이……. 그래 쓰자, 죽어도 이건 비밀이다.'

'당연하죠.'

녹음파일은 여기까지였다. 영태는 뒤통수를 맞은 것처럼 머리가 멍

했다. 역시 피는 물보다 진한 건가? 믿었던 박 고문까지 포함해서 박씨 4남매가 영태를 물 먹일 계획을 세우고 있었다. 거기다 평소 그다지 감정이 좋지 않던 기획실장까지 합세했다면 이미 결론은 났다. 영태가 되돌리기엔 이미 그들이 너무 멀리 나가버린 것이다. 역시 박 사장은 순수하게 사업을 할 만한 그릇이 못 되는 건가? 자리가 사람을 만든다길래 믿어봤건만……. 영태는 또다시 인간에 대한 실망감을 느꼈다.

영태는 이 대리에게 전화를 걸었다.

"이 대리. 나야. 기획실장이 요즘도 자기한테 말실수하지?"

"그 인간이야 늘 그렇죠 뭐."

"그래. 그럼 내일 당장 날 잡자. 실수하거든 바로 말꼬리 잡아서 싸움 걸어. 박 사장한테도 얘기하고. 분명히 기획실장 편을 들거야. 그럼 바로 그만둔다 그러고 회사에서 나가서 내 사무실로 가 있어. 거기서 나랑 마무리하자."

"그럴게요. 김 대리한텐 뭐라고 할까요?"

"김 대리는 아직 나랑 할 일이 좀 있으니까 거기에 있으라고 하고, 내색하지 말라고 해. 조만간 김 대리도 내 사무실로 보낼게."

"네. 인간들이 참 싫어지네요."

"이 바닥이 다 그렇지 뭐. 내가 꿈을 꾼 거지. 나 같은 인간이 꿈을 꾸는 게 아닌데. 하하, 이 대리한테 미안하네."

"아녜요. 더 좋은 일이 있겠죠."

"그래. 그렇게 생각하자고. 지금 바로 이 대리 자리 컴퓨터 하드 다른 걸로 바꾸고 컴퓨터엔 기본적인 회사 자료들만 남겨둬. 어차피 평소에 노 이사한테 회사자료들 전부 백업시켜 뒀으니까 이 대리 컴퓨터엔 최근에 작업 중이던 파일 몇 개만 두면 될 거야. 개인적인 것들 오늘밤에 모두 치우고 자질구레한 것만 몇 개 놔두고 내일 나갈 때 싸가지고 가. 미리 준비해둔 것처럼 보이지 않도록 하고."

"그렇게 할게요. 조심해서 돌아오세요."

"그래. 돌아가서 맛있는 밥 살게."

"다이어트 중이긴 하지만 특별히 장어 먹어드릴게요. 강화도 가요."

"그래. 조심히 들어가."

영태는 통화를 마치고 바로 다시 김 대리에게 전화를 걸었다.

"선주 씨. 나야."

"어쩐 일이세요? 미국이죠?"

"그래. 아직 미국이야. 곧 들어가."

"무슨 일 있어요? 왜 갑자기 이름을 부르고 그래요?"

"음. 다른 게 아니고, 회사 사람들이 내 뒤통수 칠 준비를 하고 있네. 하하."

"에고…… 그 인간들 밑천이 그게 다인데 어쩌겠어요? 아마 사업이 잘 되니까 자리들이 불안했겠죠."

"그래서 말인데 이 대리는 내일 정리를 할 거야. 선주 씨는 내일 아침에 일찍 나가서 사장실에서 서류 한 장만 빼내줘. 거기 어젯밤에 작성한 각서가 있을 거야. 그거 원본 그대로 꺼내서 가져오고, 칼라로 복사해서 한 장 넣어둬. 알아보지 못하도록 잘해줘."

"네. 그러죠. 또 다른 건요?"

"기획실장의 최근 근황과 알아보고 다녔던 곳, 만난 사람들이 누군지 한 번 체크해줘. 아마 사기꾼들 몇 놈 만나고 있을 거야. 자기 나름

대로 독립하려고 준비 중일지도 모르고."

"안 그래도 요즘 무슨 전화를 그렇게 해대는지 했어요. 알아볼게요."

"그래. 그럼 들어가서 보자고. 영림 씨가 강화도에 장어 먹으러 가자는데 어때?"

"좋죠. 임 사장님 장어 꼬리 많이 드릴게요. 앞으로 우리 얼굴 되고 몸매도 되는 두 여자 밤낮으로 먹여 살리려면 힘이 좋아지셔야죠, 큭큭."

"이 상황에 농담이 나오니? 대단하다 대단해. 내가 그래서 자길 좋아한다. 잘 주무시게."

"네. 곧 봬요."

김 대리의 농담에 영태의 기분이 한결 풀렸다. 역시 두 사람은 믿을 만한 파트너들이었다.

영태는 박 사장에게 전화를 걸었다.

"사장님, 제가 일정이 하루 늦춰졌습니다. 내일 예정이었는데 모레 들어갑니다. 일이 쉽지가 않네요. 그럼 모레 뵙겠습니다."

"그래, 고생 많네. 잘 마치고 조심해서 들어와. 우린 자네 없으면 안 되잖아? 하하."

박 사장이 친근한 척 말을 했다. 영태는 구역질이 나왔지만 내색하지 않고 잘 참았다. 영태에겐 시간이 필요했다. 기획실장의 뒷덜미를 잡아야 했기 때문이었다. 그렇게 해서 저들이 빠져나올 수 없는 깊은 함정을 준비해야 했다.

사장에게 말한 것과는 달리 다음 날 바로 귀국한 영태는 김 대리를 통해 기획실장이 역삼동에 있는 브로커들과 자금을 모집 중이란 사실을 알아냈다. 그리고 그들 사무실에 심부름센터 직원을 손님으로 위장시켜 내부를 살펴보게 했다. 사무실 안에서는 바이오매스 발전시설에 관한 수많은 자료들이 발견되었고, 사무실 입구에 걸린 '진성투자'라는 이름의 등기부등본을 확인해보니 기획실장이 대표이사로 등재되어 있었다.

'못난 인간. 여기서 바지사장 노릇을 하려는구나. 사장 소리가 그렇게 듣고 싶었나?'

그야말로 한심할 지경이었다. 아마도 지난번 출장으로 알게 된 독일 쪽 라인을 연결시키고, 박 사장한텐 10,000원에 팔아야 한다고 하고는 딜러들한테 1,000원쯤 더 얹어서 파는 식으로 주식 매도를 부추겨 중간에서 수수료를 일부 챙길 생각일 것이다. 하려면 뭐라도 제대로 챙겨서 나갈 궁리를 해야지, 겨우 이 정도로 배신을 하려는 그 사람이 한심하기 그지없었다.

주식 시장을 살펴보니 시장은 그야말로 대박 그 자체였다. 매매의 열기는 식을 줄을 몰랐다. 온라인 게시판들은 흥분된 분위기 일색이었고, 투자에 성공한 사람들의 영웅담이 넘쳐났다. 온갖 뉴스들이 재생산되고 심지어 가격을 떨구려고 딜러들이 악의적으로 만든 루머들조차 시장에선 긍정적으로 받아들여지고 있었다. 시장 과열 상황에서 투자자들의 편의에 의해 경제지표들이 재해석되는 것과 유사한 상황이었다. 그런 상황에선 어떤 투자이론도 먹히지 않는다. 오직 시장은 투자자들이 원하는 방향으로 흐를 뿐이었다.

영태의 개인사무실로 나이 지긋한 사람 한 명이 들어왔다.

"김 사장님, 오셨어요? 오랜만에 뵙습니다."

영태가 자리에서 일어나 그 남자를 맞았다. 김 사장은 다단계에서 한 번 재미를 봤지만 그 후로 연신 사업에 실패해서 지금은 돈이 되는 곳이면 어디든 기웃거리는 그런 인물이었다.

"그러게. 자네가 날 보자고 하다니, 어쩐 일인가? 요즘 바쁘다며?"

"늘 그렇죠 뭐. 다른 아니라……. 식구들하고 함께 저 한 번 도와주실 수 있으세요? 제가 수고비는 넉넉히 챙겨드리겠습니다."

"뭔데 그러나? 자네가 그리 말한다면 우리야 좋지."

"한 사람, 혼내줄 놈이 있어서요. 역삼동에 가시면 진성투자라고 있습니다. 거기 가셔서 적당히 분위기만 잡아주시면 됩니다."

"그래? 그런 거라면 어렵지 않지. 근데 사람이 여럿 필요한가 보네?"

"네. 대여섯 명 있어야 할 겁니다. 그쪽이 지금 프로젝트를 개발 중인데 자금이 절실하거든요. 거기 가셔서 자금유치 대가로 15%만 떼어 달라고 하시면 바로 달려들 겁니다."

"그래? 그런데 난 자금줄이 없는데?"

"그냥 몇 명씩 보내서 그럴듯하게 돈줄 있는 것처럼 꾸미시면 됩니다."

"그래? 뭐 어떤 컨셉으로 해야 하나? 우리가 그런 연기라면 아주 자신 있지."

"일단 차기 대권을 위한 집권당 비자금 관리자들로 두 명 꾸미시구요, 여의도에 2주만 조그만 사무실 임대하세요. 집기류 같은 건 필요 없을 겁니다. 그냥 드나드시기만 하시면 됩니다. 미팅은 여의도 빌딩 안에 있는 카페에서만 하시구요. 도청 당한다고 적당히 분위기만 잡아주셔도 속아 넘어갈 겁니다. 그리고 통일교 자금 관리자들 세 명 만드세요. 사무실은 필요 없을 겁니다. 투자 같은 거는 잘 안 한다고 하시구요. 대신에 담당실장이 결제만 하면 바로 100억 정도는 지원된다고 하세요. 이번에 작업할 사람이 하도 잘난 척을 해대는 사람이라 그 정도만 해도 자기가 알아서 통일교가 어쩌고 하면서 난리가 날 겁니다. 마지막으로 전직 대통령 비자금 관리하는 사람 한 명만 만드세요. 나이 좀 있으신 분으로 하시구요, 수행비서는 덩치 큰 사람으로 까만 양복 입히시구요. 휴대폰 같은 것도 없다고 하세요. 안주머니에 가짜 권총 하나 정도 넣어두면 좋고요. 한 2주만 작업해주시면 바로 넘어올 겁니다."

"그렇게 하지. 어렵진 않겠구만. 다단계 쪽 사람들이 워낙 이런 연기를 잘하거든. 내일 당장 가능할 것 같은데?"

"여기 연락처 있습니다. 3일 내로 그 사람들이 연락 오도록 작업해주세요."

김 사장이 씩 웃더니 영태의 메모를 받고 자리를 나섰다.

다음 날 영태는 회사로 출근해 노 이사를 찾아갔다.

"이사님, 출장 다녀왔습니다. 그런데 보니까 이 대리가 없네요? 휴대폰으로도 연락이 안 되던데, 무슨 일 있었나요? 이런 친구가 아닌데……."

"어? 아, 그게 말이지. 이 대리가 회사를 그만두겠다네."

노 이사가 머쓱거리며 말했다.

"네? 나한테 말도 없이 그만둬요? 이 친구가 제정신이야 뭐야!!!"

영태가 의도된 고성을 지르며 화를 냈다.

"아니, 그 친구 잘못이 아니고, 서로 간에 오해가 좀 있었어."

"오해고 뭐고 지금 이 상황에 미치지 않으면 어떻게 자기를 데려온 나한테 한마디 말도 없이 회사를 무단으로 안 나와요? 내가 사람을 잘못 봤지!! 김 대리한테 가서 전화해보라고 해야겠네요."

영태가 노 이사에게 인사하고 방을 나섰다.

"김 대리! 이게 어찌된 일이야! 이 대리한테 전화해서 당장 기어 나오라고 해!!!"

"왜 소리를 지르고 그러세요? 그리고 제 전화도 안 받아요."

"뭐라고? 아이 씨 진짜 미치겠네!!! 지금이 얼마나 중요한 시기인데!!! 하……. 됐고, 나 싫다는 사람 절대 안 잡으니까 김 대리도 싫으면 나가!!!"

"아니 아까부터 왜 나한테 그러시는 거냐고요? 내가 뭘 어쨌다고?"

회사에 영태와 김 대리의 고성이 울렸다. 다들 무슨 일인가 싶어 구경했다. 그렇게 둘은 한참을 씩씩대며 싸웠고, 이 소문은 즉시 박 사장, 박 고문 등에게로 전달됐다.

잠시 후 영태의 요청에 따라 박 사장 등이 회의실로 모였다. 회의실 문이 닫히자 김 대리가 아무도 모르게 피식 웃음을 지었다.

"다들 모여 주셔서 감사합니다. 염려해주신 덕분에 미국에 잘 다녀왔고요, 다행히 결과도 괜찮아서 마음이 편안합니다."

영태가 말했다.

"그래. 우리 임 팀장 고생이 많아."

박 사장이 웃으며 말했다. 거짓된 웃음이었다.

"간단히 보고 드리겠습니다. 우선 미국 증권사에서 현지에 마케팅 회사를 설립하자는 제안을 했습니다. 지분은 절반씩 나누고 모든 제품 생산은 한국에서 진행하기로 합의했습니다. 단, 유럽 쪽은 한국에서 별도 진행할 수 있다는 조건입니다. 우선 생산할 제품들은 아동용 완구 키트들입니다. 우리 연구소에서 개발해서 미국으로 먼저 수출을 시작할 겁니다. 다들 잘 아시겠지만 수소를 이용한 다른 제품들은 현실적으로 제품사용 승인을 받기 위한 절차들도 까다롭고 완벽한 기술력의 제품을 만드는 것도 시간이 많이 걸립니다. 어쩌면 몇 십 년 걸릴 지도 모르고요. 그래서 완구 먼저 만들기로 했습니다. 그리고 바이오매스를 이용한 발전시설 설립에 필요한 150억 원 자금도 단계별로 지원될 겁니다. 다만, 발전시설은 별도 법인으로 설립해 미국 측에서 49%의 지분을 갖는 조건입니다. 질문 있으십니까?"

"지분을 49% 가져간다고? 너무 많지 않나?"

"그 대신 모든 비용은 미국에서 지원합니다. 법률문제나 회계 기술 검증 등 모든 걸 다 미국에서 책임질 겁니다. 이미 그쪽에서 수소전문가가 우리의 계획을 검토했기에 진행에 무리가 없을 겁니다. 경영권 보호 차원에서 우리가 1% 더 가져왔습니다. 그것으로도 큰 성과입니다."

"그럼 좋네요. 신경 쓸 게 없다면야……."

"그런데 우리가 저쪽에 해줘야 할 것들이 있습니다. 해외 증권사와 합작해서 법인도 만들고 투자금도 들여오고 사업을 해야 해서, 우리 회사에 대한 공식적인 자료들을 넘겨야 합니다. 제일 먼저 3주 내에 미국공인회계사를 통해 작성된 재무제표를 저들에게 줘야 합니다. 이를 위해 우리 회사에 대한 실질적인 감사가 이뤄질 겁니다. 지금 상황에서 달라질 것도 없고 문제될 것도 없습니다. 다만 이제부터는 우리가 제대로 기업의 모양을 갖추고 체계적인 시스템 하에서 모든 의사결정과 자금을 관리해야만 합니다. 조금 불편하실 수도 있지만 어느 회사나 반드시 필요한 과정이니까 잘 협조해주시면 좋겠습니다."

"그래. 다들 임 팀장 말 잘 듣고 협력해주도록. 그럼 내가 오늘 바빠서 회의를 이만 마치자구. 기획실장은 지시한 거 잘 되고 있지?"

"네. 사장님. 잘 되고 있습니다. 곧 좋은 결과를 들려드릴 수 있을 겁니다."

기획실장과 박 사장이 서로 눈빛을 교환했다. 그러나 그들의 미세한 표정까지 영태는 간파하고 있었다.

기획실장은 오늘 아침 영태가 작업을 지시한 김 사장의 사람들에게 연락을 받았던 참이었다. 하지만 모든 상황은 실시간으로 영태에게 전달되고 있었고, 심지어 전화기가 켜진 채 미팅에 들어가서 영태가 실시간으로 들을 수도 있었다. 그들은 아주 훌륭한 배우들이었다. 정말 전직 대통령의 비자금을 관리하고 있는 사람이라고 믿을 수밖에 없을 정도로 뛰어난 언변과 그럴 듯한 위장 실력을 보였다. 갑자기 들이닥친 엄청난(그들의 입장에서) 투자자들로 인해 진성투자는 난리도 아니었다.

다음 날 저녁, 기획실장은 긴급하게 박 씨 남매들을 회사로 불러들였다. 그들은 자신들의 대화가 모두 녹음되고 있다는 사실을 모른 채 흥분하고 있었다.

"사장님. 어쩌면 우리 계획이 좀 더 빨리 진행될 수도 있을 것 같습니다. 오늘 제가 아주 기가 막힌 사람들을 만났습니다."

"그래 무슨 일인데 이렇게 갑자기 모두 모이라고 한 거야?"

"아마 한 번쯤 들어보셨을 겁니다. 대선을 위한 선거자금 운영책이 있다는 거 아시죠? 그 자금은 투자수익이 높은 곳에 집중 투자된다는 것도 들어보셨을 겁니다."

"그거야 소문으로 떠도는 말이 아닌가?"

"그리고 통일교에서 이권사업에 개입하고 있다는 거 아시죠? 세계적인 단체라 한 번 움직이는 자금들이 기본 백억 원대라고 합니다. 그리고 전직 대통령들 비자금 관리인이 따로 있단 얘기도 들어보셨죠? 제가 최근에 이 사람들을 모두 만났습니다. 다들 우리 회사 주식에 관심들이 많더라구요. 서로 투자를 하겠다고 찾아왔었습니다."

"정말요? 나도 시장에서 소문으로만 듣던 말인데, 정말 그 사람들이 우리 주식을 사려고 한다구요?"

"박 실장님. 지금 아주 대박이 난 겁니다. 이런 식이면 그 사람들이 우리 주식 띄워서 얼마까지 갈지 모르는 일입니다"

"기획실장. 그래 그 사람들이 뭐라고 하는데? 구체적으로 얘기를 좀 해봐."

"저쪽에선 주식을 한 주당 5,000원에 요구하고 있습니다. 한 군데에서 50만 주씩 총 150만 주를 사려고 합니다."

"그럼 주식이 너무 많이 나가는데? 절반 가까이 나가는 거잖아? 괜찮을까?"

"사장님 그까짓 주식 다 줘버리면 어떻습니까? 우리야 돈만 왕창 벌고 나서 다른 회사 차려서 다시 사업하면 그만이죠. 안 그렇습니까?"

"오빠. 기획실장님 말이 맞아요. 돈만 있으면 뭔들 못하겠어요? 150

만 주면 돈이 75억 원이에요."

"그렇다면 말이야. 아예 그쪽이랑 딜을 더 해보는 건 어때?"

"고문님. 안 그래도 지금 그러는 중입니다. 아예 300만 주 넘기는 걸로 얘기 중입니다. 가격은 4,000원까지 낮춰서요."

기획실장은 속으로 환호를 질렀다. 그는 이들의 눈을 속이고 있었다. 영태의 지시로 김 사장은 기획실장에게 전체 300만 주를 240억 원에 거래하겠다고 딜을 했다. 거래가격을 8,000원에 하겠다는 기획실장의 말에 김 사장은 흔쾌히 승낙을 했던 것이다. 물론 엄청난 권력들을 앞세워 회사 주식을 십만 원대까지 올릴 거라는 말도 안 되는 소리들을 했지만, 이미 돈에 눈이 멀어버린 기획실장은 깜박 속아 넘어갔다. 그런 상황에서 기획실장은 자신의 주머니를 채우려 박 씨 남매들에겐 4,000원에 거래한다고 말하고 있는 것이다. 중간에서 120억 원이나 챙기려는 속내, 그는 기업인으로서의 기본 도리도 없고 인간으로서의 기본적인 양심도 사라진 사람이었다. 물론 박 씨 남매도 다를 바는 없었다.

"그런데 사장님. 저쪽에서 요구해온 게 있습니다. 사업설명회를 하자고 하는데요. 자기들이 들어올 명분도 만들고 대외적으로 잔치를 벌여야 자기들이 권력자들을 끌어들여 올 수 있다고 합니다."

"그래, 원래 잔치가 클수록 먹을 게 많은 법이야. 그 사람들 일할 줄 아는구만!"

어리석은 사람들은 이 상황이 영태가 파놓은 늪이라는 걸 상상도 못한 채 돈에 눈이 멀고 있었다.

"그럼 언제쯤 하면 좋을까? 안 그래도 임 팀장이 회계감사니 뭐니 해서 3주 안에 미국에다 재무제표랑 자료 넘겨야 한다고 하는데, 말

나온 김에 열흘 안에 해치우고 우리는 빠지자고."

"그게 좋겠습니다. 빈껍데기 들고 있을 임 팀장 얼굴이 볼 만하겠어요."

"근데 오빠, 이게 정말 잘하는 일일까? 난 사실 임 팀장이 좀 무서운데."

"연주야. 그 자식 엉뚱한 짓 하면 내가 책임진다고 했잖아. 걱정마라. 오빠 아직 안 죽었어. 애들 연락하면 바로 정리될 거야."

"그래요. 큰오빠만 믿고 있을게요."

그렇게 밤늦도록 그들의 작전모의가 계속되었다. 그리고 다음 날 아침 박 사장은 이례적으로 아침 일찍 전체회의를 소집했다.

OFF BOARD MARKET

17

함정

모택동, 체게바라, 호치민...
그들은 자신들이 원하는 시간(Time) 장소(Place) 상황(Occasion)을 만들어 전쟁을 치렀다.

회사로 출근하는 차 안에서 영태는 고민에 빠졌다. 영태에겐 박 씨 남매들을 비롯한 회사 임직원들 모두를 상대로 하는 혼자만의 싸움이 기다리고 있었고, 이 싸움은 자칫 모두가 망하는 결과를 가져올 수도 있었다. 문득 영태는 군대에서 익혔던 게릴라전술이 떠올랐다. 주식을 시작하고 나서 차트를 분석할 때 항상 함께 새기는 말이었다.

敵進我退(적진아퇴) 적이 진군하면 물러나고
敵止我憂(적주아요) 적이 머물면 교란하고
敵避我擊(적피아타) 적이 피곤하면 공격하고
敵退我進(적퇴아추) 적이 달아나면 쫓는다
利而誘之(이이유지) 이롭게 함으로써 적을 유혹하고
乳勣我追(유적심입) 이를 통해 적을 깊이 유인한다.

흔히들 말하는 모택동의 16자전법에 손자병법의 문구를 덧붙인 것이었다. 중국에서 국민당의 장제스 군대 10만이 공산당의 모택동 군대 홍군 4만을 맞아 폭도진압에 들어간 적이 있었다. 모택동은 첩자를 활용해 적들의 위치와 이동경로 등을 정확히 알아냈고 뛰어난 게릴라 전술로 승리를 쟁취했다. 이 후 수십만의 군대가 수차례에 걸쳐 그들을 진압하고자 했지만 홍군은 결국 그들을 물리치고 훗날 모택동은 국가주석에 오르게 되었다.

그 당시 전쟁의 원칙으로 세웠던 것이 바로 이것이었다. 이 전략은 훗날 체게바라에 의해 쿠바의 혁명을 이끌었고, 베트남의 호치민은 이 전략으로 미군을 몰아내기도 했다. 그들은 모두 이 전략을 바탕으로 자신들이 원하는 시간(Time)에 원하는 장소(Place)에서 완벽한 상황(Occasion)을 만들어 전쟁을 치렀다. 적들을 척박한 기후나 환경 속으로 완벽하고 깊숙히 유인해 그들의 위력을 무력화시켜 완벽히 제압한 것이었다.

영태의 적들은 완벽하게 미끼를 물고 영태가 유인하는 곳으로 이동하고 있었다. 이제 그들이 자멸할 수 있도록 조금만 더 유인하면 이 싸움은 영태의 승리로 끝날 것이다. 그런데 완벽한 함정 속으로 그들은 뛰어 들어오고 있었지만 아직 영태가 빠져나갈 퇴로가 마련되어 있지 않았다. 영태로선 그게 고민이었다.

회사에 도착한 영태는 사장이 소집한 전체회의에 참석하기 위해 회의실로 발걸음을 옮겼다.

"다들 모였으니까 중대한 발표를 하겠습니다."

박 사장이 입을 열었다. 회의실엔 모두가 모여 있었다.

"최근 미국 쪽과 중요한 이야기들이 오가고 있다는 걸 잘 아실 겁니다. 임 팀장이 아주 고생을 많이 했어요. 임 팀장한테 고마움을 아주 많이 느끼고 있어요."

"별말씀을요. 그렇게 생각해주시니 감사드립니다."

영태가 애써 웃음을 보이며 손사래를 쳤다.

"그래서 말인데 내가 생각을 좀 해보니까 내 주머니에 돈이 좀 있어야 어딜 가서 누굴 만나더라도 당당할 수 있을 것 같더라고. 그래서 미국 쪽하고 서류 마무리 짓기 전에 사업설명회를 열어서 10억 원 정도만 추가로 회사에 유입시켰으면 합니다. 이에 대해 여러분들 의견도 들어보고, 뭘 준비해야 할지도 의논하려고 다들 오라고 했어요."

"좋은 생각이십니다. 우리가 가진 게 클수록 거래도 유리하게 할 수 있습니다. 사업설명회를 아주 제대로 크게 해야겠습니다."

"그럼 강남의 호텔에다 바로 예약을 하죠. 제 친구가 지배인인데 잘 해줄 겁니다."

임 팀장이 출근하기 전 이미 박 사장으로부터 계획을 전달받은 노 이사와 조 부장이 앞장서서 바람을 잡았다. 이어서 기획실장이 영태의 눈치를 보며 말을 건넸다.

"임 팀장님 생각은 어때요? 아무 말이 없네? 뭐 잘못된 거라도 있어요?"

"아, 아닙니다. 제가 왜 그 생각을 못 했을까? 뭐 그런 생각을 했습니다. 아주 좋은 계획입니다. 그럼 일을 두 가지로 나눠야 하니까 사람들도 나눠야겠네요. 제가 김 대리 데리고 회계사무실로 출근하면서 서류들 정리하겠습니다. 다른 분들은 사업설명회 쪽에 붙어서 준비들을 하시는 게 어떨까요?"

영태가 아무것도 모르는 척 대답했다.

'저놈이 걸려들었구나. 안 그래도 김 대리가 저놈 사람이라 껄끄러웠는데 스스로 정리를 해주네.' 박 사장이 속으로 영태를 비웃으며 다시 입을 열었다.

"임 팀장 말이 일리가 있네. 그럼 그렇게 하자고. 그런데 뭘 어떻게 준비해야 하나?"

"제가 말씀드리겠습니다."

기획실장이 먼저 나섰다.

"실장님. 아마 제가 도움이 더 되실 겁니다. 많이 해봤으니까요."

영태가 기획실장의 말을 가로막았다. 이들에게 늪을 만들어줬으니 이젠 아주 깊이 빠져들게 하려는 계획이었다.

"우선 조 부장님 말씀처럼 강남에 호텔 예약하십시오. 그리고 문천시에 시장님하고 이 의원님 모셔오시구요. 그 분들 통해서 정계 인사들 아는 대로 모조리 불러야만 합니다. 이 의원님한테 중앙에 당 총무님도 잠깐 오시게 할 수 있게 해달라고 하면 최고로 좋습니다. 그리고 그동안 찍어 놓은 사진들 모두 크게 현상해서 호텔 입구부터 행사장까지 가득 채우세요. 시범주택 사진은 대형현수막으로 특별제작해서 걸어 두시구요. 모든 회사 소개 자료 인쇄해서 입구에 두시고, 인터넷 신문에 홍보 기사랑 사업설명회 광고 크게 내야 합니다. 언론 쪽엔 에너지 신문이랑 일간지 기자들 초대장 보내시구요, 경제신문 1면에 사업설명회 광고 하나 내야 합니다. 지난번에 섭외했던 종교계 분들하고 서울대 관계자분들 모두 모시구요. 그리고 얼마 전에 농림부에서 연락이 왔었잖아요? 그쪽 분들도 모두 참석해달라고 초대장 보내시는 게 좋겠습니다. 언론들 앞에서 이름 내기 좋아하시는 분들이니 모두 한마디씩 인사할 수 있는 시간을 할애해주시구요. 중요한 건 반드시 사진촬영 시간을 별도로 가지셔야 한다는 겁니다. 아주 훌륭한 홍보자료로 쓰일 겁니다. 주식 관련한 인터넷 사이트들엔 모두 팝업창을 띄워서 공지를 올리시구요. 그 정도면 아마 수백 명이 몰려들 겁니다."

영태가 빠른 목소리로 말했다.

"그거 좋은 생각이네. 기획실장은 지금 임 팀장 말 그대로 시행하도록 하세요."

"네. 바로 처리하겠습니다."

"그리고 사장님. 박 실장님 통해서 장외주식 딜러들도 모두 부르라고 하시는 게 좋겠습니다."

"그래. 그걸 잊었네. 역시 임 팀장이 일을 할 줄 아는구만. 그런데 행사 당일엔 임 팀장이 와서 프레젠테이션도 좀 하고 사람들도 좀 챙겨야 하지 않을까?"

"글쎄요. 행사가 크니까 프레젠테이션은 사장님께서 직접 하셔야 할 것 같습니다. 상석에 고문님하고 감사님 앉히시고, 사회는 기획실장님이 보셔야 하구요. 노 이사님께서 전체적인 진행을 체크하시고, 연구소장님과 조 부장님은 제품들 시연하는 거 직접 챙기셔야 합니다. 그리고 열흘 뒤라면 제가 국내에 없습니다. 싱가포르에서 미국 투자사가 소개해준 법무법인 국제변호사를 만나기로 되어 있습니다. 앞으로 진행될 실질적인 법률 문제들을 자문해주는 회사인데 급하게 잡은 일정이라 조정을 할 수가 없습니다."

'하하, 네 놈이 못 온다니 하늘이 돕는구나.'

박 사장이 마음속으로 영태를 비웃으며 말을 이었다.

"아쉽구만. 그래도 그쪽 일이 중요하니까 잘 다녀오라고. 김 대리는 한국에 있나?"

"김 대리도 데려갈까 합니다. 제가 영어가 좀 짧아서요."

"그래. 좋도록 해. 비용은 넉넉히 가져가고. 잘해봐."

"네. 감사합니다. 그리고 한 가지 더 말씀드릴 게 있습니다. 제가 그동안 투자유치를 위해 주식담당팀장으로 다녔습니다. 그런데 이제 회사도 안정이 되고 하니까 그런 직함은 회사가 너무 양아치 같아 보일 수 있을 것 같습니다. 그래서 오늘부로 저는 공식직함 없이 일을 하겠습니다. 미국 측하고 계약이 완료되면 어차피 중간에서 다리 역할을 해줘야 할 사람이 필요하니까 그때 제가 적당한 직함으로 다시 공식적인 활동을 하는 게 좋을 것 같습니다."

영태는 더 이상 자신이 공식적으로 회사와 얽히는 걸 원치 않았다.

"그래요? 좀 서운하긴 하지만 어쩔 수 없지. 그럼 오늘부로 공식적으로 임 팀장은 회사 사람이 아니니까 다들 그렇게 알고 사람들한테 말하세요."

"자! 그럼…… 이제 각자 일하러 갑시다. 서둘러야 합니다."

그날부터 모든 인터넷과 신문에 넥스트에너지의 사업설명회 광고가 시작되었다. 100억 원 이상의 자금이 들어온다는 생각에 한 번에 수천만 원씩 하는 광고비를 겁 없이 지불하고 있었다. 인터넷과 신문 지면에 나간 광고비만 2억 원 가까이 들었다. 행사도 거창하게 진행되었다. 강남 호텔의 대형 연회장을 빌리고 음료와 다과는 300명 분량을 주문했다. 프레젠테이션과 제품 시연을 위해 연예인 결혼식만큼이나 화려한 무대세팅이 진행되었고, 호텔 직원을 뺀 행사 도우미만 30

명을 섭외했다. 분위기를 띄우기 위해 가수와 아나운서 개그맨 등 몇몇 연예인들도 섭외하면서 사업설명회는 정체성을 잃고 박 사장 남매들의 허영심을 채우는 쇼가 되고 있었다. 3시간짜리 행사를 치르는 데만 2억 원 이상이 소요되었다. 그렇게 그들은 깊은 늪 속으로 빠져들어가고 있었다.

OFF BOARD MARKET

18

계속기업

주식은 정상적인 경영에 의한 존재가치가 입증되어야만 한다. 그렇지 않으면 사기다.
계속기업으로서의 존속능력에 대한 평가는 전적으로 경영자의 책임이다.

"어? 강 이사님. 어쩐 일이세요?"

며칠 뒤 오전, 영태에게 전화가 걸려왔다. 역삼동에서 일하는 투자업체의 강도훈 이사였다. 강 이사는 조금이라도 미심쩍은 주식은 건드리지 않는 아주 예민한 딜러였다. 어디에서도 함부로 입을 열지 않는 과묵한 성격 탓에 영태와는 오랫동안 친분을 쌓고 있었다.

"잘 지냈어? 음, 내가 임 사장한테 이런 말 한다고 서운해하지 말고, 솔직하게 얘기해봐. 몇 가지 소문을 들어서 그래."

"아…… 대통령 비자금에 통일교 어쩌고 하는 거요?"

"응. 그거 임 사장이 진행 중인 거 맞아? 임 사장 그런 거 말만 해도 질색하는 사람이잖아?"

"이사님. 누가 뭐래도 제가 진행 중인 거 아니니까 걱정 마세요. 절대 들어가지 마시구요."

"그래. 뭔가 있구만. 그런데 이거 너무 과열되는데? 난리도 아니야. 딜러들끼리도 싸우고 있어. 물량 잡아보려고."

"아마 그럴 겁니다. 그냥 보고만 계세요."

"선량하게 다치는 사람들도 나오지 않을까? 걱정이네. 판이 너무 커. 게다가 주식이 어디서 나오는지 꾸준히 조금씩 풀리고 있어. 소액주주 물량이라고 하는데 한 곳에서만 계속 나오니까 그것도 믿어지지가 않아."

"거기 사장이 몰래 빼내는 겁니다. 욕심이 과해서 아마 체할 겁니다. 떡을 입에 물고는 물에 비친 자기 입 안의 떡을 먹겠다고 입을 벌려봐야 자기 떡마저 놓치고 마는 거죠."

"그래. 그렇구만."

"이사님 말 나온 김에 한 가지만 여쭙겠습니다. 혹시 이사님 주변에 돈 많고 질이 안 좋은 사람 한 명 있습니까? 넥스트에너지 주식 관심 있는 사람으로요."

"있지. 왜 없겠어? 아주 골치 아픈 사람들이 있지. 대부업자들. 요즘 그 친구들 그 주식 잡으려고 여기저기 들쑤시고 다니더라고."

"그럼 그중에 제일 나쁜 사람으로 한 명 섭외 좀 해주세요."

"알겠어. 그런데 왜?"

"제가 주식을 10만 주 넘기려고요. 이사님한테 피해가 가면 안 되니까 손해는 보지 않도록 하겠습니다."

"그래. 어떡하면 되나?"

"넥스트에너지 주식 호가가 지금 15,000원을 넘기고 있습니다. 사업설명회 당일 얼마나 더 오를지 모르고요. 그 전에 제가 주식을 10,000원에 이사님께 드리겠습니다. 이사님이 얼마에 넘기시든 그건 알아서 하시구요. 사업설명회 당일 아침에 무조건 팔라고 강요를 해야 합니다. 반드시 통화기록이나 서류들 남기시구요. 아무리 이사님이 안 좋다고 말해도 그 사람들 절대로 안 팔 겁니다. 그래도 무조건 하루 종일 우기십시오. 시장에 잘못 알려진 거고 아주 위험하다고 욕이라도 하세요. 가격 빠지기 시작하면 그 사람들이 알아서 할 겁니다."

"음. 심각한 상황이군. 그렇지?"

"네. 누구한테 이런 부탁을 하나 난처했는데, 마침 이사님께서 연락 주셔서 말씀드려 봅니다. 죄송합니다."

"좋아. 내가 해주지. 뭐 나야 돈도 벌고 못된 놈 혼내주고, 좋은 게 좋은 거 아니겠나."

"그럼 부탁드리겠습니다. 사람 섭외되면 연락 주세요. 계약금 절반 넣어주시면 주식 바로 보내겠습니다. 입고되는 거 확인하시는 대로 바로 잔금도 보내주시고요."

"그렇게 하지. 아마 오후에 연락을 할 수 있을 것 같네."

"네. 기다리겠습니다."

그날 오후 영태는 10만 주를 강 이사에게 넘기고 10억 원을 받았다.

입금을 확인한 후 영태는 이 대리와 김 대리를 사무실로 불렀다.

"선주 씨, 영림 씨. 지난 몇 달간 고생했어. 지금까지 급여랑 상여금이랑 대충 1,000만 원 정도씩 받았나?"

"조금 더 되죠. 게다가 사장님이 지난번에 넉넉히 챙겨주셨잖아요. 몇 달 받은 것 치곤 꽤 되죠."

"그래. 그럼 이거 받아. 아직 마무리된 건 아닌데 우리 좀 쉽시다. 올해는 다른 일 못할 것 같아서 챙겨 넣었어. 두 사람은 이제 할 일 없으니까 여행도 다녀오고 편히 쉬어. 한동안 뉴스 같은 거 보지 말고."

두 사람은 봉투를 받아들고 5,000만 원씩 들어 있는 수표를 확인했다.

"사장님 좀 많은데요? 별로 한 일도 없는데."

"아니야. 두 사람 없었으면 내가 어떻게 일을 해? 두 사람 덕분에 내가 믿고 일하잖아. 그리고 이건 내 신용카드인데 두 사람 여행 가서 써. 어차피 한도가 많진 않으니까 바닥나더라도 나한테 무린 없어. 그렇다고 두 사람 여행하는 데 모자라진 않을 거니 걱정 말고. 한 달쯤 지난번에 갔던 발리 리조트에서 쉬고 있으면 나도 따라갈게."

"그래요. 먼저 가서 자리 잡고 있죠. 그런데 사장님 주식시장이 저렇게 난리인데 좀 걱정이에요. 사장님한테 피해가 오지는 않을는지……."

"그런 건 걱정 마. 나야 직원으로 정상적인 업무를 한 건데 뭐. 영림 씨도 회계사님하고 재무제표 문제없도록 잘 정리해 뒀지?"

"네. 주금 납입한 거랑 문제될 만한 것들은 모두 잘 처리했어요. 나중에 누가 물어봐도 딱히 잘못될 건 없을 거예요."

"그리고 선주 씨는 회사에 있는 서류들 모두 확인했지?"

"네. 서류들 중에 사장님 사인 들어간 게 있나 모두 확인했어요. 한 장도 없던데요? 같이 일하면서 사인한 게 왜 하나도 없어요? 그런 걸 왜 몰랐지?"

"당연하지. 그런 거 안 하니까. 그리고 이사회 서류들하고 주총서류들, 최초 회사 소개 자료랑 각종 인증 받았던 서류들에 박 사장하고 그 남매들 그리고 기획실장이 작성한 걸로 사인 받아 놓은 건 원본으로 몽땅 가지고 왔지?"

"네. 회사엔 사본들만 있어요. 여기 있습니다."

"좋아. 이건 스캔 뜨고 사진 찍어서 모두 보관하고 다시 돌려놓자. 굳이 보여줄 필요는 없지만 보험 같은 거야. 그쪽에서 양아치처럼 물고 늘어질 것을 대비해서. 영림 씨도 그동안 녹음한 것 중에 박 사장이 업무지시한 것들 모아서 다 정리했지?"

"네. 여기 USB 있어요. 원본도 없애고 이거 하나 있어요."

"그래. 고마워."

"사장님. 그래도 저는 걱정이에요. 저 사람들 저런 식으로 주식 팔려고 난리인데 모르는 사람들이 주식 사서 손해보는 건 어떡해요? 그건 누가 책임져요?"

두 사람이 정말 심각한 표정으로 영태를 쳐다보았다.

"이런 거라고 생각해. '인간의 욕심이 저들을 저렇게 만든 거다.' 내가 재미있는 얘기 하나 들려줄까? 혹시 금고기 이야기라고 알아?"

"무슨 얘기에요? 금도끼 은도끼는 아는데."

"옛날 어느 바닷가에 어부 할아버지와 할머니가 살았는데, 어느 날 할아버지가 금고기를 잡았어. 그런데 금고기가 눈물을 글썽이며 용왕의 아들이라고 애원하면서 앞으로 할아버지가 말하는 건 다 들어준다고 하는 거야. 그래서 할아버지는 금고기를 놓아줬지. 그런데 이 얘기를 들은 할머니가 난리가 난 거야. 쌀이라도 한 가마 두고 가라고 하지 왜 그냥 보냈냐는 거지. 그래서 다음 날 할아버지가 금고기를 만나서 쌀을 달라고 했더니 집에 쌀이 몇 가마니가 생긴 거야. 그러니까 이 할머니가 욕심이 더 생기는 거야. 다음 날은 빨래통을 새로 달라고 하더니, 그 다음 날은 집을 달라고 하는 거지. 그리고 나서도 모자랐는지 자신을 장군의 부인으로 만들어달라고 하더니만 마침내는 여왕으로 만들어달라고 했지. 그렇게 할머니는 엄청난 부자가 되고 호화로운 궁전에 살면서 모든 걸 누리고 살게 돼. 그리고는 귀찮다면서 할아버지를 마구간으로 쫓아내버렸어. 그런데 여기서 끝이면 그나마 다행인데, 이 할머니 욕심이 끝이 없어서 금고기한테 부탁만 하는 게 짜증났던 거야. 마침내는 금고기를 불러서 자기가 용왕이 되게 해달라고 협박을 했지. 그러자 그 말을 전해들은 금고기는 그냥 사라져버렸고, 집으로 돌아온 할아버지가 본 건 낡고 쓰러져가는 오두막에 누더기를 걸친 초라한 거지꼴의 할머니뿐이었대."

"그 얘기 어릴 때 들어서 기억도 안 나는데, 사장님은 잘 아시네요?"

"이게 단순히 아이들 읽는 동화가 아니라, 경제학에서 사용되는 '한계효용체감의 법칙' 개념이 들어 있거든."

"아! 뭔가를 가지게 되면 횟수를 거듭할수록 기쁨이 줄어든다, 뭐 그런 이론이죠?"

"맞아. 인간의 욕망에 관한 얘기지. 인간의 욕망은 끝이 없고, 그것이 초래하는 결과가 얼마나 참담한지. 인간의 욕심은 절대 채워지지 않아. 3,000만 원짜리 차를 타는 사람은 1억 원짜리 스포츠카를 부러워하고, 3억 원짜리 아파트에 사는 사람은 10억 원짜리 펜트하우스에 사는 사람을 부러워해. 그러면서도 사람들은 끊임없이 자신의 욕심을 감추기 위해 그리고 실패를 정당화하기 위해, 스스로를 합리화하는 논리를 만들어내지. 비극이야. 결국 경제적으로도 정신적으로도 파멸을 맞게 되고 마니까."

"그런데 그 이야기랑 지금 주식이랑 무슨 상관이에요? 욕심 부리면 안 된, 뭐 그런 거?"

"만약 이 이야기를 들려주고 어린아이들에게 할머니에 대한 것을 물어보면 어떤 반응을 보일까?"

"욕심 많은 할머니? 그 정도?"

"이 이야기의 처음 부분, 할머니가 쌀을 요구하는 부분에서 아이들은 할아버지가 집안 상황에 너무 무책임해서 그렇다고 하더라고. 할머니를 감싸는 거야. 금고기를 놓아주는 당연한 대가라고도 하고, 할머니가 어렵게 살아서 불쌍하다고도 하더라고. 그런데 이 이야기를 끝까지 다 들려주고 나면 이 할머니는 욕심 많은 나쁜 할머니가 돼. 욕심 많은 나쁜 할머니가 하늘의 벌을 받은 건 권선징악 스토리가 되는 거지."

"아하, 그래서 지금 욕심에 가득 찬 사람들이 덤벼드는 건 그들의 죗값을 치르는 거다…… 이런 거예요?"

"응. 처음 주식에 투자한 사람들이 있었어. 그땐 박 사장도 투자자들도 순수했지. 다들 잘해보자고 응원했고. 그렇게 1차, 2차 들어왔던 사람들은 그래서 복을 받았어. 수익을 잘 냈으니까. 그리고 그 사람들은 회사에서 직접 연결해서 주식을 매매했으니 당연히 소개한 사람들도 도의적인 부분이 걸려 있었고. 그리고 그들에게 약속했던 경영상의 부분들도 당연히 지켜졌잖아? 그러고 나서 장외주식 시장이 오픈되고 시장에 풀린 주식들이 한두 바퀴 회전을 하는 과정에서도 손해를 보진 않았지. 물론 가격이 높긴 했지만 그건 투자자들과 딜러들의 몫이었어. 회사에서 일부 거래한 주식들은 그들의 선택이었고.

그런데 문제는 이제부터야. 이전까지는 어떤 형태로 진행하던 무리한 과정은 없었는데 지금 박 사장 남매들이 진행하는 건 매우 심각한 문제들이 있어. 만약 그들이 내 제안을 받아들여서 미국 측과 손을 잡고 제품을 생산해서 시장에 내다 팔았다면, 주주들에게 약속했던 과정을 이행하고 정상적인 기업 경영을 한 거니까 전혀 문제가 되지 않아. 그 과정에서 주가가 떨어지더라도 그 부분은 시장에서 발생하는 자연스러운 가격의 변동이지 기업이 뭘 어떻게 조정할 수 있는 게 아니니까. 이게 문제가 된다면 주식시장에서 하루에도 수백 개씩 마이너스 수익률을 기록하는 기업들은 모두 고소를 당해야겠지. 하지만 시장의 흐름에 의해 움직이는 주가에 대해서는 어떤 책임도 묻지 않아. 물을 수도 없고. 자본주의 사회의 효율적인 시장 하에서 보이지 않는 손에 의해 움직인 주가에 대해 누가 그 책임을 물을 수 있겠어?"

"듣고 보니 그렇네요. 그럼 지금 박 사장 일행은 왜 문제가 되는 거예요?"

"일단 그들은 주주들과의 약속을 이행하지 않을 거잖아. 사업설명회에서 저들은 경영을 정상적으로 해서 회사가 잘될 거라는 약속에 초점을 맞추고 각종 이미지들을 들이밀며 청사진을 제시할 거야. 하지만 이게 실제로 진행이 되지 않는 거지. 어쩌면 나중엔 진행하는 척만 할 거고. 이건 명백히 투자자들이 의사결정을 할 때 잘못된 정보를 제공하는 행위야.

그리고 저들은 주가를 극대화시키기 위해 시장에 확인되지 않은 정보들을 마구 흘리고 있어. 어떤 투자자를 만난 것만으로 마치 모든 게 이뤄진 것처럼 말을 하고 있어. 곧 막대한 자금이 들어와서 엄청난 사업을 진행할 것처럼 말이야. 이것도 역시 거짓말을 하는 거야.

그리고 마지막으로 저들은 분명 투자자들의 눈을 속일 거야. 당장의 주가상승을 위해 제품에다 손을 쓸 거거든. 우린 그동안 연구개발의 한계에 대해 분명히 설명했고 그 한계들이 세계적으로나 국내적으로 동일한 선상에 있음을 설명해왔어. 그리고 그 한계에 맞춰 현재 시장에 출시 가능한 완구류 키트부터 판매를 하고자 했지. 하지만 그 정도로는 저들이 주장하는 가격대를 맞추기엔 역부족이라고 생각할 거야. 그래서 아마도 저들은 제품에 약품을 추가한다든지 압력을 높인다든지 이런 다양한 방법으로 사람들의 눈을 속일 게 틀림없어. 이건 명백한 사기행위야."

"그러고 보니 그동안 사장님이 박 사장이나 다른 임직원들에게 철저하게 입조심을 시킨 이유가 있군요. 다들 사장님이 하라는 말만 하고 그동안 주식 팔아서 자금 유치하려고 자연스럽게 해왔던 거짓말 같은 건 입에도 담지 않았잖아요."

"맞아. 그게 제일 중요한 차이야. 지금 저들은 사업설명회에 막대한 자금을 쏟아 부으면서 고삐 풀린 망아지처럼 닥치는 대로 미래의 화려한 청사진을 제시할 건데, 주식이란 게 근본적으로 기업의 정상적인 경영이 뒷받침되어야만 그 존재가치가 입증되는 거잖아? 말만 앞서서는 그것을 입증할 수가 없지. 그게 바로 사기인 거야."

"그런데 그게 사람들이 잘 모르잖아요? 자세한 기사라도 나면 모를까 그런 건 나오지도 않고, 나중에야 나오긴 하지만 그때는 이미 다들 무너진 다음이구요. 알 수 있는 방법이 없는데 어떡하겠어요?"

"방법이 있어. 바로 회계감사보고서를 확인하는 거야. 회계감사보고서 마지막엔 특기사항이라는 항목이 있는데, 감사인이 회사에 대한 특별한 사항을 기록하는 항목이야. 기업회계기준에 의한 기록과는 별개로 경영상의 중대한 사항들을 기록하는 거지. 그걸 이해하려면 회계상의 중요한 원칙을 알아야 하는데, 재무제표를 작성할 때 '계속기업(Going Concern)의 가정'이라는 게 있어. 기업이 영업활동을 청산 또는 중단할 의도가 있거나, 경영활동을 계속할 수 없는 상황에 놓인 경우를 제외하고는 기업이 계속 존속해야 한다는 뜻이지. 이걸 관리감독하기 위해 감사인은 회계보고서에 그 의견을 반드시 표명하도록 되어 있거든. 회계감사 결과 '적정' 의견을 받는 것과 별개로 기록되는 거라 투자자들의 주의가 필요하지. 예를 들어 얼마 전 세계주식시장을 출렁이게 만들고 미국경제를 흔들었던 제너럴모터스(GM)의 감사보고서가 대표적인데, 회계법인이 'GM의 계속되는 영업손실과 주주들의 손실 그리고 채무상환 능력을 감안할 때 회사가 계속 생존할 수 있는지에 대한 의문이 제기된다'라는 식의 특기사항을 미국증권거래위원회(SEC)에 보고했었어. 국내의 경우 실제로 상장폐지되는 사례들이 상당히 많은 편인데, 그런 기업들 중 약 25% 정도가 이런 식의 멘트를 회계보고서에 기록하고 있고. 중요한 건 투자자들이 회계감사 의견에만 신경을 쓰지 이런 특기사항엔 신경을 안 쓴다는 거야. 적자가 나든 문제가 있든 회사에서 모든 자료를 제공하고 회계기준에 맞게 기록되면 회계의견은 '적정'하다고 기록되지만, 회사의 존폐와는 무관할 때가 많아. 실제 통계에서도 '계속기업가정의 불확실성'을 특기사항으로 기재한 회사 4곳 중 1곳은 2년 내 상장이 폐지되고 있고."

"그런 게 있어요? 난 그런 거 보지도 않았는데."

"다들 그래. 누구라도 증권거래소 DART 시스템에 접속해서 확인할 수 있는데 아무도 확인을 안 하지. 그냥 공시에 적정인지, 한정인지, 거절인지, 그런 것만 보니까. 장외시장의 경우 이런 감사보고서가 제공되지 않으니까 사람들의 말만 믿고 좋은 게 좋은 거라는 생각에 주식을 사버리는데 아주 위험해. 정상적인 기업이라면 최대한의 정보를 제공할 거야. 하다못해 세무신고했던 재무제표라도 확인하고, 대표이사가 말하는 거 일일이 조사를 해보고 나서 주식을 매수해도 늦지 않는데, 사람들은 혹시나 자기가 회사에서 말하는 황금의 기회를 놓치지나 않을까 두려워서 눈과 귀를 막고는 주식을 매수하거든. 인터넷 통해서 정부기관이나 대기업부설 연구기관 같은 데서 규정이나 논문을 확인해도 되고, 급하면 비슷한 회사에 전화를 걸어서 물어봐도 돼. 예를 들어 얼마 전에 미국 텍사스주의 유전을 개발한다고 내세운 일당들이 백억 원대 사기를 친 사건이 있었어. 그런데 아주 웃기는 건 구글 인터넷에 검색만 해도 이게 사기라는 걸 알 수 있다는 거지. 구글에 텍사스주 유전을 검색하다보면 '미국의 에너지정책에 따라 미국의 자국영토 내에 있는 유전에서는 굴착을 한시적으로 금지한다'는 법조항에 대한 기사가 나오거든. 그런데도 백억 원 이상이나 사람들이 투자를 했다는 건 아무도 조사를 안 했다는 거야. 그냥 대박이 나고 월 30% 수익을 보장한다니까 무작정 덤빈 거지. 민법에도 있듯이 사기행위에 대해 사기를 당한 사람도 사전에 조사를 했어야 할 책임이 있는데, 주식시장에선 그렇지 못한 경우가 대부분이야. 안타까운 현실이지. 그래서 뉴스를 보면 대부분의 사기 피해자들이 노인이나 주부들이고."

"맞아요. 뉴스 보면 노인들, 주부들이 맨날 당해요. 그런데요 회사가 어려워지는 게 딱히 누구 책임이라고 할 수 있나요? 사업하다 보면 망할 수도 있죠."

"맞아. 지금 박 사장도 그렇게 생각하고 주식 팔아서 튀려고만 하는데, 사실 그건 아주 중대한 과실이야. 계속기업으로서의 존속능력에 대한 평가는 전적으로 경영자 책임이거든. 즉 경영자가 '어려운 상황 속에서도 우리 회사는 계속 간다'고 말한 것 자체에 전적으로 책임을 져야 하는 거야. 그동안 수많은 투자자들과의 미팅에서 자신감을 표현한다는 생각만으로 박 사장이 이런 말을 했지만, 실제적으로 그 책임의 무게는 상당히 크다는 걸 모르고 있다는 거지."

"그럼 지금 사업설명회 준비 중인데 저 사람들은 어떻게 되나요?"

"저들은 지금 계속기업의 원칙을 근본부터 무시하고 어떻게든 돈만 들어오면 회사에서 뛰쳐나갈 생각만 하고 있잖아? 박 사장은 당연히 책임을 져야 하고, 박 실장은 감사인으로 지정되어 있으니 박 사장의 경영능력과 회사의 영업현황을 감시하지 못한 책임을 져야 해. 그리고 기획실장은 허위사실을 공표하고 투자자들을 기만했으니 그에 대한 책임을 져야 하고. 물론 옆에서 도운 사람들도 세 사람에 비해선 가볍겠지만 법적 책임을 물게 되어 있어."

"결국 주식시장이 '정상적인 경영의 지속'이란 것과 맞물려 있네요. 주가의 변동은 그 다음이구요. 시장에서 변동되는 주가에 대해서 누가 뭐랄 수 없는 거니까, 회사에서 말한 영업계획을 지속적으로 이행하고 매출을 창출해내고 적절한 회계처리를 한다면 아무 문제없이 진행되었을 상황인데, 박 사장 일행의 욕심으로 '경영'이라는 근본이 무너지면서 결국 주식은 사기가 되어버린 거네요. 그 사람들 그냥 사장님 말대로 미국 측하고 제품 만들어서 사업 계속했으면 좋았을 텐데……. 욕심이 화근이네요."

"역시 선주 씨가 그동안 보고 들은 게 있어서인지 정리가 빠르네. 하하."

"사업 아무나 못 하겠어요. 사실 주식회사라고 해서 '주식을 가진 만큼만 책임지면 그만이지' 뭐 이런 생각들을 대충 갖고 있었는데 그게 아니군요. 기업을 정상적으로 존속시키고 끊임없이 영업활동을 지속해야 한다는 책임이란 게 엄청 무겁네요."

"영림 씨도 전공자답게 이해가 빠른 걸? 맞아. 우리가 진행한 장외 시장에서의 활동들로 주가가 상승하고 시장에서 유통이 활성화된 것은 사업의 초기자금을 모으려는 수많은 투자유치 방법들 중 하나에 불과해. 자금을 유치하는 단계에서 심각한 정보의 누락이나 비현실적인 거짓말을 하면 안 되겠지만, 약간의 과장이 있었더라도 정상적인 영업/생산 활동만 지속해준다면 크게 문제될 건 없거든."

"그런데 사장님은 왜 저렇게 저 사람들 판을 키워버린 거예요? 지난번에 보니까 이건 사업설명회가 아니라 슈퍼스타급 연예인들 결혼식보다 더 화려하던데요?"

"그게, 저 사람들 적당히 해서는 빠져나가려고 기를 쓸 테니까. 기껏 해봐야 법적으로도 1~2년 형이면 나올 거고. 그래서 판을 키워줘서 다시는 장외주식 시장을 어지럽히지 못하도록 하려고. 저런 사람들 그동안 내 덕에 돈 맛을 조금 봤기 때문에 나 모방해서 어떻게든 다시 주식 팔아서 돈 만들려고 기를 쓸 거거든. 아예 싹을 잘라야 해. 그리고 욕심에 눈 먼 투자자들이나 수수료 몇 푼 챙기려고 온갖 허위사실들로 투자자들 꼬드겨내는 딜러들도 마찬가지고. 지금 넥스트에너지 주식을 둘러싸고 있는 이 모든 사람들은 모두 박 사장과 다를 게 하나도 없는 쓰레기들에 불과해. 쓰레기들은 한 번에 치워야지 안 그러면 거리가 더 어지러워지거든."

"사장님 독하단 소리 듣긴 했지만, 지금 보니 정말 독하네요. 이번 사업설명회 둘러싸고 얼마나 많은 사람들이 엮여 있는지 뻔히 아시면서, 언론이나 정부 쪽에서도 오잖아요?"

"잘 알아. 하지만 결국 한 사람이지. 박 사장 한 사람과 그 복제인간들. 시간이 지나고 자신들이 얼마나 어리석었는지를 깨닫는 사람이 있기만을 바라야지. 자신은 선량했고 딱 한 번이었다고 억울하다고 하는 사람도 있겠지만, 그 한 번의 선택에 대한 책임이 아주 무겁다는 걸 알게 될 거야. 주식시장이 얼마나 냉혹한지 배우겠지. 대부분은 자신들이 잘했다고 자기 스스로가 또 다른 박 사장이 되어서 넥스트에너지의 한 자리를 차지하려고 할 거야. 그리고 여과 없이 일시적인 호재성 뉴스에 집중하는 언론들도 혼이 나야 해. 성과에만 급급해서 앞뒤 안보고 들이미는 정부실무자들도 혼 좀 나야 하고 ……."

"사장님도 문제 생기지 않을까요? 걱정이네. 저 사람들이 가만히 있겠어요?"

"난 걱정 없어. 이 회사는 분명히 '계속기업의 가정'을 충실히 이행하던 시기와 박 사장 일당들에 의해 주도된 그렇지 않은 시기로 구분되거든. 난 그런 불법적인 시기엔 관여한 바가 없어. 회사에 출근도 하지 않았고, 업무엔 더더욱 관여치 않았잖아. 회사 측엔 그러지 말라고 무척 애를 썼지만 내 힘으론 막을 수 없었지. 어쩌겠어? 힘없는 직장인이 회사를 떠나야지. 그게 전부야."

"하긴, 의견 안 맞아서 회사 떠나는 사람이 한둘이에요? 떠난 사람 의견 안 들어서 회사 망했다고 그 사람한테 뭐라 할 수는 없잖아요?"

"그나저나 이런 일 아무나 못하겠어요. 주식부터 경영, 회계, 마케팅, 그리고 홍보 쪽까지, 모든 게 어찌나 일사분란하게 짜 맞춰서 돌아가던지……. 사실 일하는 몇 달 동안 정신이 하나도 없었어요. 내가 뭐 하는지도 모르고 있는데 어느 날 보니까 전체적인 그림이 떡하니 맞춰져 있더라구요."

"주식이 그런 거야. 그만큼 힘들어. 그래도 힘든 거 이상으로 훨씬 더 매력이 있지. 하하. 이제 그만 집에 가서 쉽시다."

영태는 김 대리, 이 대리와 헤어지고 자신도 집으로 향했다.

OFF BOARD MARKET

19

파국

그들은 자신들이 무슨 짓을 하는지도 모른 채 눈앞에 놓인 돈만 보며 질주했다
이들은 또다시 서로가 배신을 논의하고 있었다.

사업설명회 날 아침이 밝았다. 아직 꿈속을 헤매는 영태와 달리 이른 시간부터 넥스트에너지 본사 사장실에는 박 사장을 비롯한 전원이 집결해 있었다.

"사장님. 아무래도 제품 시연이 걱정입니다."

"무슨 문제가 있나?"

"문제는 없는데, 사람들 앞에서 너무 약하게 보이면 안 좋을 것 같아서요. 버너에서 불도 좀 세게 나오고, 수소발생기에서 수소도 더 많이 발생했으면 좋겠는데 그게 안 되네요. 저장합금도 지금 샘플로는 15분이면 수소가 바닥나구요. 발표하고 시연하는 1시간 정도는 사람들이 잘 볼 수 있게 대량으로 나왔으면 좋겠는데."

"연구소장. 뭐 방법이 없을까?"

"글쎄요. 수소발생기는 혝산을 좀 추가하면 열량이 훨씬 올라갈 겁니다. 그런데 우린 그런 것을 안 넣기로 했는데……."

"오늘 하루만 넣읍시다. 사람들 앞에서 망신당하지 말고, 또 다른 건?"

"나머진 당장 준비하기가 어렵습니다. 저장합금 가공하는 데 시간도 필요하고, 버너도 라인 다시 만들려면 시간이 부족하구요."

"제가 알아봤는데 이렇게 하시죠?"

기획실장이 나섰다.

"어떻게? 좋은 방법이 있나?"

"알아보니까 가스량을 제어하는 장치가 있더라구요. 시연하는 무대 아래에다 제가 수소가스 큰 걸로 한 통 주문해서 설치하겠습니다. 그렇게 연결해서 시연하면 불꽃이 아주 크게 나올 겁니다. 연구소장님이 가스라인 안 보이도록 연결하는 것만 도와주세요. 사장님 어떠세요?"

"글쎄, 그렇게 해도 될까?"

"박 사장. 이제 와서 뭘 망설여? 오늘 하루만 잘 해보자고."

"그래요. 오빠. 지금 돈이 얼만데."

"그럴까? 좋아. 그렇게 하지. 기획실장하고 연구소장은 당장 시작해. 노 이사가 따라가서 필요한 거 다 지원해주고."

역시 영태의 예상이 맞았다. 이들은 이런 인간들이었다. 자신들이 무슨 짓을 하는지도 모른 채 눈앞에 놓인 돈만 보며 질주했다. 그렇게 시작된 행사엔 수많은 사람들이 몰려들었다. 정치인들은 사진 찍기에 여념이 없었고, 언론들은 앞다투어 기사를 전송했다.

농림부 관계자는 프레젠테이션이 끝나고 질의응답에 참여하면서 박 사장에게 성공적인 벤처신화를 일구어 감사하다는 말을 전하며 마치 자신들과 넥스트에너지가 함께 지금의 영광을 이루었다는 식으로 엮어갔다. 며칠 뒤 있을 세미나도 소개하며 세미나 자료에 기술협력사로 넥스트에너지를 추가해 벌써 인쇄를 마쳤다며 언론들 앞에서 자랑했다. 행사는 성공적이었고, 박 사장 일행은 단꿈에 빠져 있었다.

다시 며칠의 시간이 더 흐르는 사이, 영태는 마지막으로 박 사장 일행을 더 깊은 늪으로 집어넣을 함정을 팠다.

“김 사장님. 마지막으로 한 번씩만 사람들 더 보내죠. 지난번에 말씀드린 그대로 전달만 해주면 됩니다.”

“그래요. 사람들 순서대로 보냅니다.”

“그리고 미팅 끝나시거든 소문 좀 내주세요. 역삼동의 진성이라는 신규업체가 넥스트에너지 주식을 대량으로 비밀자금에 중개하는데 주당 8,000원으로 한다구요. 시가의 절반 수준이라 시장에 알려지면 가격 폭락할 거란 소문을 삼성동 쪽에 뿌려주세요.”

“그거야 일도 아니지요. 저녁 먹으면서 다들 그 얘기만 할 겁니다.”

그날 오후 박 사장과 기획실장은 분주히 강남 일대를 누비고 다녔다. 제일 먼저 만난 것은 대선을 위한 선거자금 운영책들이었다. 그들은 정부와의 협력사항에 관심을 보이는 척했다. 곧 세미나가 있다는 사실도 알고 있고, 농림부장관을 통한 대대적인 지원을 할 것이라 약속했다. 두 번째는 통일교라 사칭한 사람들이었는데 이들은 통일교 전세계 교단에 박 사장의 제품을 시범 삼아 설치해주겠다는 약속을 했다. 마지막으로 전직 대통령 비자금 관리인은 적당한 중견기업을 인수하도록 해줄 테니까 제대로 판을 키워보자는 제안을 했다. 사전에 영태에게 지시받은 그대로 사람들은 연기했고, 박 사장과 기획실장은 꿈을 꾸는 듯 황홀함에 젖어 있었다.

그 날 밤 늦은 시간.

박 실장이 급하게 박 사장을 찾았다.

"오빠. 들었어요? 나 참 기가 막혀서!!"

박 실장은 무척 흥분해 있었다.

"왜 그래?"

"글쎄 아무래도 기획실장이 우릴 속인 것 같아요."

"뭘 속여? 다 잘 되고 있는데."

"은영이 알죠? 장외주식 딜러 하는 동생. 내가 지금 거기 가서 저녁을 먹고 왔는데, 아주 기가 막힌 얘길 들었어요!! 기획실장 이 새끼가……!"

"야, 진정 좀 해라. 말을 해봐."

"글쎄 그 죽일 놈이 우릴 바보로 만들었어요. 주식 거래가격이 원래 8,000원이래요!"

"뭐야!!! 설마 그럴 리가……! 아니겠지?"

"오빠 이 바닥 모르죠? 비밀이 없어요. 금방 소문나거든요. 기획실장이 중간에서 절반이나 해 처먹을 심사였어요!! 내가 알아봤는데 진성이라는 신규업체가 있는데 거기 사장을 유 사장이라고 부르더라구요. 기획실장이 유 씨잖아요. 이 미친 새끼가 우리 속이고 중간에서 장난치려고 작업 중이라구요."

"이런 개자식을, 내가 아주 작살을 내버려야지. 형님부터 불러야겠다."

그렇게 박 사장 형제들이 다시 소집되고 그들은 기획실장을 칠 계획을 세웠다.

다음 날 오전 회의실.

"기획실장. 그동안 고생이 많았어."

"아닙니다. 아직 끝난 게 아닌데요."

"그래. 그런데 말야. 내가 아직 투자자들 얼굴도 한 번 못 봤네……. 이거 돈이 한두 푼도 아니고 말야. 약속 좀 잡아봐."

"네?"

기획실장은 당황했다. 서로 만나게 되면 가격이 들통 날 수 있었다.

"사장님 그건 좀 어려울 것 같습니다. 워낙 조심스러운 분들이라……. 저도 연락이 와야 만나고 있습니다."

"그래도 연락처는 있잖아?"

"네. 있긴 한데, 전화 드리기도 어려운 분들이라."

"그런 게 어디 있나? 그쪽에서도 사장 얼굴도 안 보고 투자하긴 좀 그럴 거 아냐?"

"아닙니다. 제가 잘 말씀드렸습니다. 계약도 얼마 안 남았는데 괜히 감정 상하게 만들지 말고 그냥 있는 게 좋을 것 같습니다."

기획실장은 어떻게든 그들을 만나지 않게 하려고 핑계를 댔다. 박 사장은 그런 기획실장이 괘씸했지만 드러내지 않고 참고 있었다.

"그래. 그럼 오늘도 좋은 하루 보내고, 다들 나가보세요. 고문님은 저랑 잠깐 얘기 좀 더 하시죠."

사람들이 모두 나가고 박 고문과 박 사장이 남았다.

"형님. 저 자식 말하는 거 들으셨죠?"

"그래. 저놈이 우릴 속이고 있네. 어떻게 해줄까?"

"아직은 놔두세요. 저놈 우리가 안 건드려도 아마 거래 깨지면 저쪽에서 죽일 겁니다."

"그럴까? 그래도 화가 안 풀리는데. 내가 조만간 손을 한 번 보지."

"그건 형님 좋을 대로 하십시오. 저는 오늘 농림부 사람들을 만날 겁니다. 그 사람들한테 세미나 홍보하는 거 알아보고 우리가 지원해서라도 판을 키우면 장외시장이 난리가 날 겁니다. 그러면 연주가 장외시장에서 되는 대로 물량들을 최대한 빨리 팔아치우고요."

"가격 많이 떨어질 텐데 괜찮겠어?"

"상관없습니다. 10,000원 위에서 50만 주 넘기고, 6,000원 위에서 또 50만 주 넘기고, 나머지는 3,000원에라도 넘기면 우리 손에 적어도 100억 원은 남습니다. 그걸로 우리 남매들끼리만 다시 해보자구요."

"그래. 그러자."

이들은 또다시 배신을 논의하고 있었다. 하지만 그들은 회의실 천장에 몰래 설치된 도청기를 몰랐다. 눈치 빠른 기획실장이 자신이 배신당할 일을 두려워해 사무실 곳곳에 도청기를 설치해뒀던 것이었다. 지금 이들의 대화는 기획실장의 귀에 하나도 빠짐없이 들어가고 있었다. 이제 그들은 서로를 물어뜯으며 자멸하는 게임을 시작하고 있었다.

그리고 드디어 농림부가 주관하고 지경부가 참여하는 형태로 대체에너지 사업 활성화를 위한 세미나가 개최되었다.

"연주야. 이제 시작이다. 그쪽 분위기 어때?"

"걱정 말아요. 오늘 바로 움직이면 정부 쪽에서 부담스럽다고 하니까 내일부터 주식 팔 거예요. 정부 쪽엔 우리가 제품개발비로 50억 정도만 시장에서 조달하는 걸로 말해뒀어요. 그래도 주식이 많이 나가면 문제될 수 있으니까 최대한 눈에 안 띄도록 오늘 작업을 해둘게요. 딜러들한테도 교육 좀 시키고."

"그래. 네가 알아서 잘 해라. 난 이제 들어간다."

세미나는 시작되었고, 박 사장은 꽤 오랜 시간동안 사업설명회에서 했던 방식 그대로 제품을 시연하고 사업현황을 브리핑했다. 농림부 협력기업으로 소개된 이 자리의 상황을 담은 사진들은 실시간으로 박 실장에게 전달되었고, 이는 곧바로 장외주식 딜러들에게 뿌려졌다. 그 시각 코리아스탁닷컴에서의 넥스트에너지 매매호가는 20,000원을 찍고 있었고, 일부 소량의 주식들이 실거래가 18,500원에 거래되고 있었다. 모든 것이 완벽하게 진행되는 듯 보여졌다. 박 사장 일행은 내일부터 황금을 쓸어 담을 것이란 환상에 빠져 있었다.

그날 저녁 기획실장이 박 사장을 찾아왔다. 이미 서로의 발톱을 드러낸 사람들은 거만하게 웃고들 있었다.

"사장님. 제가 아주 재미있는 소리를 들었습니다."

"그런가? 얘기해보지. 나도 들려줄 얘기가 있는데."

"장외에서 주식이 내일부터 풀릴 거라고 하던데, 박 실장님이 작업 중이라죠? 주식은 나랑 저쪽으로 넘기기로 하셨는데 그러시면 곤란합니다."

"하하, 그랬던가? 난 또 자네가 미팅도 주선을 안 하길래 일이 잘못된 줄 알았지. 우리도 먹고 살아야 하지 않겠나? 그나저나 내가 듣기로 대량으로 주식이 비밀자금에 넘어가는데 단가가 8,000원이라던데, 혹시 자네 아는 바가 있나?"

"글쎄요. 무슨 소리인지 모르겠네요. 사장님. 제가 나서면 시장이 한순간에 허물어질 수도 있습니다. 저랑 다시 거래하시죠? 제가 6,000원으로 조정을 해보겠습니다."

"이런, 그건 곤란한데. 집에서 기르던 똥개가 좀 컸다고 밥그릇을 가지고 주인한테 따지면 어떡하나? 주인 입장에선 내보내는 수밖에 없을 것 같은데. 자네라면 어쩌겠나?"

박 사장이 조롱하는 목소리로 말했다.

"주인이 밥 가지고 장난치면 물고서라도 제대로 밥을 먹어야죠!"

기획실장이 물러나지 않고 맞섰다.

"어쩔 수 없구만. 이 시간부로 자넨 해고야. 자네 컴퓨터 조사했더니 지난번에 임 팀장이 특허청 지원하라고 보내준 돈 중에서 3,000만 원이나 회사 주식 사는 데 썼더군. 그걸로 이번에 수익도 꽤 냈고. 회사자금 횡령하고 미공개정보를 이용한 임직원의 부당한 단기차익 실현에 대해서 경찰에 고소장 접수될 거야. 준비해 두는 게 좋아."

박 사장이 경멸하는 표정을 지으며 말했다.

"아, 그러시군요. 알겠습니다. 그건 그렇고 이거 좀 봐주시죠. 이거 보고도 그러실 수 있으시려나?"

기획실장이 픽 웃으며 사진을 한 장 내밀었다. 그걸 본 박 사장의 얼굴이 순식간에 일그러졌다.

"이 미친놈이, 이건 네가 하자고 한 거잖아?"

"직원이 뭔 아이디어를 못 냅니까? 사장이 지시하면 그냥 하는 게 직원인데. 같이 죽어봅시다."

사진 속엔 사업설명회와 세미나에서 시연하던 장면이 있었다. 그런데 그 속엔 순수한 자체 기술이 아닌 대용량 수소가스통이 함께 놓인 무대 하단의 모습도 같이 보였다.

"그 사진 한 장이면 아마 사장님 콩밥 좀 먹어야 할 겁니다. 어디 누가 더 길게 먹나 해볼까요?"

"이 개자식!! 당장 나가!!!"

"하하. 어떻게 하는 게 좋겠는지 한 번 잘 생각해보세요."

기획실장이 비웃음을 날리며 방을 나갔다.

"형님 당장 와주세요. 급합니다. 당장요! 연주도 같이 데리고 오세요."

박 사장은 바로 박 고문에게 전화를 했고 그날 밤 세 사람은 밤 늦도록 이 일을 의논했다. 그리고 나온 결론은 궁색했다.

"결국 길이 없어요. 그냥 기획실장 달래서 반씩 어떻게 정리해봐야 할 것 같아요."

박 사장이 말했다.

"그래. 그렇게 하자. 일 끝나고 내가 그놈 모가지를 비틀어버리마."

박 고문이 한숨을 내쉬며 말했다.

"오빠 그래요. 지금은 어쨌든 돈부터 가져와야지."

박 실장도 억울한 듯 입술을 깨물며 얘기했다.

다음 날 오전 8시.

넥스트에너지 본사 사장실에 박 사장과 박 실장, 그리고 기획실장이 마주앉았다.

"야, 유 실장. 우리 같이 살자."

박 사장이 말했다.

"저도 그러고 싶습니다. 사장님. 그런데 제겐 길이 없네요. 사장님이 길을 내주셔야 가능하니 제가 뭘 어쩌겠습니까?"

기획실장이 대답했다.

"그래. 이렇게 하지. 절반은 그쪽으로 주겠네. 6,000원에 거래하지. 그리고 절반은 우리가 시장에 풀겠네. 그 정도만 해도 자네 몫이 제법 될 거야."

"사장님. 그래봐야 사장님들 주머니에 채워지는 거랑 제 주머니에 들어오는 거랑 차이가 너무 나지 않습니까? 사장님이나 저나 체격도 비슷해서 옷에 붙은 주머니도 크기가 비슷한데 채워지는 건 왜 이렇게 달라야 합니까? 그냥 저는 처음 채우려던 주머니 그대로 채우겠습니다. 싫으시면 5분 뒤에 자료가 검찰로 넘어갈 겁니다."

"너 이 자식. 오늘 일 후회하게 될 거다."

"나중에 누가 더 성공하나 보면 되지 않겠습니까? 그럼 거래된 걸로 알고 가보겠습니다. 오후에 그 사람들 만나서 계약하기로 했으니까 주식이나 잘 보내주세요."

기획실장이 그렇게 자리를 뜨려는 순간, 노 이사가 급하게 사무실로 뛰어 들어왔다.

"사장님. 큰일 났습니다. 지금 뉴스에 우리 회사 얘기가 나옵니다. 그런데 아주 심각합니다."

노 이사가 급하게 사무실에 설치된 TV를 켰다. TV에서는 아침뉴스가 진행 중이었다.

'최근 수소에너지를 가정에서도 무한히 사용할 수 있도록 제품들을 개발했다던 벤처기업이 사실은 과장된 허위사실 유포를 통해 주식을 판매한 것으로 드러나 장외주식 시장에 충격을 주고 있습니다. 이 회사에서 진행했던 사업설명회는 약 5억 원의 자금이 투입되어 화려하게 진행되었고, 이 자리엔 정관계 인사를 비롯해 정부부서까지 참여한 것으로 알려져 충격을 더합니다. 제보된 자료에 따르면 이 회사는 제품을 시연하는 무대 하단에 몰래 수소가스통을 설치해두고 사람들을 속이기도 한 것으로 드러났습니다.'

"너 이 자식 벌써 언론에 뿌린 거야?!!!"

박 사장이 기획실장을 향해 소리쳤다.

"내가 그럴 리가 없잖아요!! 이게 무슨!!"

기획실장도 놀라긴 마찬가지였다.

'더구나 이 회사의 대표이사는 존재하지도 않는 전직 대통령의 비자금 관리인이나 종교단체 혹은 현 정부의 대선자금 관리인들과 접촉중이며, 자신들의 회사가 그들의 지원으로 막대한 자금을 유치하고 대형사업에 참여할 것이라는 허위사실을 유포해 투자자들을 속인 것으로 드러났습니다.'

"있지도 않은 사실이라니? 어떻게 된 거야?"

"가만있어보세요."

기획실장이 전화기를 들었다.

"여보세요. 회장님. 저 넥스트에너지 유 실장입니다. 어떻게 된 겁니까? 있지도 않은 얘기라고 뉴스에 나옵니다."

"어이쿠…… 유 실장님? 누구시더라? 난 당신 모르는데. 그리고 나 농사짓고 사는 사람입니다. 무슨 얘길 하시는 건지…… 허허."

김 사장이 능청을 떨며 말했다.

"아니 무슨 소리세요? 접니다. 넥스트에너지 유 실장이라구요!!"

"이봐요. 그러게 욕심 부리고 헛된 꿈꾸면 다치는 거예요. 젊은 사람이 성실하게 살아야지. 그럼 뉴스 마저 보시구려."

전화가 끊어지고 기획실장은 소파에 무너지듯 내려앉았다.

'한때 건실한 회사로 평가받던 벤처기업이 경영진들의 욕심으로 인해 수많은 피해자들을 만들어낸 희대의 주식사기사건으로 기록될 전망입니다. 이 사건으로 현재 20,000원에 가까운 주식가격은 증권회사 업무가 시작되는 잠시 뒤부터 폭락할 것으로 예상되며, 이로 인한 피해금액은 100억 원대에 이를 것으로 예상되고 있습니다. 금융당국은 감사팀을 보내는 한편, 검찰에 즉시 기소하겠다는 방침을 세웠습니다.'

뉴스는 한동안 계속되었다.

그리고 잠시 후 회사로 한 무더기의 정장 차림을 한 사람들이 들이닥쳤다.

"북부지원 검사 김재동입니다. 지금부터 국세청 금감원과 공조하여 이 곳을 압수수색하겠습니다. 그리고 박철민 대표이사와 박연주 감사 그리고 유현수 기획실장 세 사람은 주가조작 등에 관한 혐의로 긴급체포하겠습니다. 마침 세 분 모두 이곳에 계시니 가시는 길이 외롭진 않겠습니다."

그렇게 이들의 행각은 마무리 되는 듯 보였다.

그 시각 영태는 인천공항에서 뉴스를 보며 이 대리와 김 대리가 쉬고 있는 발리로 출발하는 비행기에 올라탔다.

OFF BOARD MARKET
20

그리고 그 후

•

그들은 사업을 하는 척만 했다. 사람들의 눈을 속이는 데만 치중한 것이다.
결국 목적은 주식을 파는 것이었지만 그들은 한결같이 이렇게 말했다.
자신들은 선량한 피해자라고…….

몇 달의 시간이 훌쩍 지나버렸다. 넥스트에너지 박 사장은 역시 구속이 되었고, 다른 사람들도 각각의 죗값에 맞도록 처벌이 이루어졌다. 하지만 어느 누구도 정신을 차린 것 같진 않았다. 문제는 뒤늦게 시장에 뛰어든 눈먼 투기자들이었다. 이들은 회사가 사라지면 자신들이 가진 주식이 휴지조각이 된다는 두려움에 검찰과 법원에 탄원서까지 써가며 회사의 청산을 막았다. 이 과정에서 박 사장과 다른 임직원들의 형량은 대폭 축소되었다. 그리고 그들은 자신들이 잘못된 판단을 했을 리 없다고 굳게 믿고, 주주들 중심의 긴급경영위원회를 만들었다. 박 고문을 사장 자리에 앉히고, 몇몇 주주들이 회사로 직접 들어왔다.

게다가 이들은 자신들의 주식을 처분하기 위해 박 실장과 기획실장을 다시 영입했다. 심지어 기획실장은 기획이사로 승진해 회사운영 전반에 관여했다. 그들이 하는 일이라고는 사람들에게 온갖 감언이설로 절대 불가능할 회사의 부활을 사실처럼 말하는 것이었고, 그 전에 로또와 같은 대박을 맞으려면 자신들의 주식을 살 것을 요구하기도 했다. 심지어 온라인상에 카페나 블로그를 만들어 활동하면서 댓글들을 조작해 마치 회사가 엄청난 힘을 가지고 사업이 정상적으로 돌아가는 것처럼 꾸미기도 했다. 투자금이 들어오면 주식을 더 찍어내거나, 투자유치를 위해 이자를 지불하는 데 사용하고, 남는 돈으로는 회사의 경영과 무관하게 회사의 인테리어나 외관을 꾸미는 데 사용했다. 심지어 그들은 투자자들을 많이 만나기 위해 사무실을 강남으로 이전하기까지 했다.

그들은 사업을 하는 척만 했다. 사람들의 눈을 속이는 데만 치중한 것이다. 결국 목적은 주식을 파는 것이었지만 그들은 한결같이 이렇게 말했다. 자신들은 선량한 피해자라고…….

하지만 그들은 자신들을 속이고 있었다. 그들은 처음부터 선량하지 않았고, 투기자에 불과했으며, 지금 다른 사람들을 속이고 있었다. 이들의 인생이 어떻게 흘러가든 그건 중요한 것이 아니었다.

악인은 결국 자멸할 테니까.

박 사장이 처음부터 제대로 된 사람들과 함께 했다면 그들은 어쩌면 지금 작지만 제법 탄탄한 회사를 꾸리고 있었을지 모르는 일이다. 하지만 사람들은 어디에서부터 잘못된 것인지 알려고 하지 않고 남의 탓만 했다. 자신을 속이고 남을 속이는 사람이 주식을 만지게 되면 결국 자멸하는 길이 될 뿐임을 그들은 알지 못했다.

영태는 지금 강남에서 영업 중인 장외주식중개업체에서 주관한 강

연회의 강단에 서 있었다.

"2시간동안 무슨 말을 할까 고민하면서 참 길다고 생각했는데, 막상 해보니까 굉장히 짧은 시간이네요. 앞서 말한 것들. 가치를 평가하고, 법률적인 것들을 이해하고, 투자자들에게 말하는 화법을 잘 안다고 해서 여러분들이 뛰어난 전문가로 시장에 참여한다고는 생각지 마십시오. 그것들은 자칫 스스로를 다시는 빠져나올 수 없는 함정에 빠트릴 수 있으니까요. 마지막으로 들려드릴 이 말만 꼭 기억하신다면 여러분들은 아무리 깊고 잘 가려진 함정이 있더라도 반드시 그 앞에서 멈출 수 있을 겁니다."

영태가 잠시 말을 멈췄다. 사람들이 눈빛을 반짝이며 영태의 말을 기다렸다.

"논어에 이런 말이 있습니다.

'亡而爲有, 虛而爲盈, 約而爲泰, 難乎有恒矣 망이위유, 허이위영, 약이위태, 난호유항의'

'없으면서 있는 척하고, 비었으면서 가득한 척하고, 적으면서 많은 척하면, 언제나 변치 않는 마음을 갖기 어렵다'라는 뜻입니다.

초심부터 잘못된 사람들을 우리는 사기꾼이라고 합니다. 하지만 많은 사람들이 초심을 잃기 때문에 사기꾼이 됩니다. 현대의 일그러진 자본주의 사회에서 돈을 만지다 보면, 초심을 잃고 더 많은 것을 가진 척하고 더 많은 것을 가지려 하는 욕심에 흔들리지 않는 사람은 없을 겁니다. 하지만 자신만은 속이지 마십시오. 자신을 속이지 않는다면 모든 위험이 여러분들을 피해갈 겁니다.

자신의 본질이 어떤지를 알고, 자신을 속이지 않으면서 시장에 참여하신다면 여러분들은 반드시 다른 사람들을 행복하게 만드는 그런 딜러가 되실 겁니다. 이로써 오늘 강의 마치겠습니다. 긴 시간 잘 들어주셔서 감사합니다."

영태가 인사를 하자 객석에서 박수가 터져 나왔다.

강의를 마치고 건물 밖으로 나온 영태는 삼성동에서 역삼동에 이르는 강남대로변의 사람들을 보았다. 이런 낮 시간에 무슨 사람들이 이리도 많은 건지. 다단계업체들의 소형버스는 연신 사람들을 실어 날랐고, 잘 차려입고 화려하게 치장한 장외주식업체의 주부사원들은 몇몇 사람들을 이끌며 한시도 쉬지 않고 말을 하고 있었다. 대기업 건물 안에 있는 사람들은 자기 자리에서 열심히 일할 시간이지만, 지금 이 거리에 나와 끊임없이 사람을 만나야만 하는 저 분들은 얼마나 고단한 삶을 이어가고 있을까? 다른 사람을 속이고, 자신을 속여가면서…….

화려한 강남대로에 가려진 불쌍한 사람들 속으로 영태 역시 사라져갔다.